ヨーロッパ・デモクラシー　危機と転換

宮島 喬・木畑洋一・小川有美 編

ヨーロッパ・デモクラシー

危機と転換

岩波書店

はしがき

ヨーロッパという言葉とともに危機が語られるようになって、すでに久しい。ギリシャの財政問題から発するユーロ危機のニュースが世界を駆けめぐり始めたのが二〇一〇年のこと、そしてユーロ危機がとりあえず収束の方向に向かうと思われたところで、難民の大量流入によって難民危機が叫ばれ始めた。グローバリゼーションの進行が人々のあいだの格差をひろげ、新たな貧困層が出現するなかで、移民や難民の増加に危惧を覚え、「人の自由移動」を進めてきた欧州連合(EU)のあり方についての懸念を訴える声が強まってきた。その後、難民をめぐる騒ぎは若干下火になってきたものの、人々の不安を利用する形で、移民の排斥、反EU(開かれたヨーロッパの否定)などを訴える排外主義的傾向のポピュリスト政治勢力が力を増し、彼らによる政権獲得や連立政権への参加も一部の国で起こってきている。さらに、イギリスのEU離脱(Brexit, ブレグジット)決定やスコットランド、カタルーニャでの独立をめざす動きの強化など、政体の枠組みの動揺も表面化してきた。ヨーロッパにおけるデモクラシーの危機は深刻であり、ヨーロッパはそこからの転換という重い課題をかかえている。

本書は、そうしたヨーロッパの政治、社会をめぐる変化を、さまざまな地域・国と時間的パースペクティブとに即して検討する試みである。ただし、ユーロ危機については、本書では正面からは扱わない。

ここでまずお断りしておきたいのは、EUとヨーロッパの関係である。それらはもちろん同義ではない。「ヨーロッパとは何か」ということ自体大問題であり、それについてのコンセンサスを得ることは不可能であるが、EUをもってヨーロッパといってしまうことはできない。とはいえ、冷戦時代にヨーロッパ統合が始まった時に、欧州経済共同体（EEC）も欧州共同体（EC）も分断されたヨーロッパの西側だけに関わる存在であったことに比べた場合、二八カ国が加わる現在のEUははるかに広い範囲を包括しており、EUおよびその加盟国について語ることでヨーロッパをめぐる議論とすることは、とりあえず許されよう。本書でのヨーロッパは、そのような意味でEUと重なる言葉として用いられている。

EU自体が発足したのは一九九三年であるが、一九五〇年代からのヨーロッパ統合の歴史を振り返ってみると、危機といわれる状況がそれまでにもあったことが分かる。一九六五年には、当時のEEC委員会が連邦主義的色彩を強めたとして、ドゴール大統領のもとのフランスがEEC委員会や閣僚理事会から撤退して空席を作り、「空席危機」と呼ばれる危機が生じた。その後も、明確に危機とは呼ばれないまでも統合の将来についての悲観的な空気が強まった時期もある。EECもECもそのような困難な時期を乗り越えてきたわけであるが、最近の危機は、「複合危機」と呼ばれるように、深刻な状態が重なり合って生ずる様相を呈してきており、これまでに統合ヨーロッパが経験してきた危機よりも根深く、その克服が容易でないことは明らかである。

とはいえ、ヨーロッパの将来が暗いわけではない。EUの危機について語る際には、統合ヨーロッパがこれまでの歴史のなかで達成してきたことがらを、きちんと振り返ってみる必要がある。統合が試みられるにあたって最も重要な要因となったのは、内部での戦争の繰り返しに終止符を打ち平和な大陸を築くというヨーロッパの人々の意志であったが、それは見事に達成された。人権の尊重や地球環境を守る政策においても、統合ヨーロッパは世界の先端を走ってきた。そのような実績は、危機を乗り越えてさらに前進するための基盤をヨーロッパに与えていると考えられる。

もとより危機を克服しての前進は簡単なことではない。EUにおけるさまざまな施策がともすれば一般の人々の手から離れたところで決められているとして、「民主主義の赤字」が叫ばれることもこれまでしばしばあったが、危機からの転換はそうした「赤字」の解消なくしてはありえないであろう。本書の各章は、EUという枠組みを意識しながら、それぞれの国・地域がかかえる問題の様相を各執筆者の問題意識にそった切り口で抉り出すことを目的としており、解決策や将来の具体的展望を提示しているわけではない。しかし、そのような「赤字」が解消される先に見える「ヨーロッパ・デモクラシー」の可能性への期待は、共通した前提となっている。

ヨーロッパの問題は、私たちにとって決して他人事ではない。主権国家を包み込む地域統合のあり方を先駆的に示しつづけてきたヨーロッパが、現在の危機をどのように乗り越えていくかということは、地球上の他の地域の人々にとっても、大きな教訓となり参照基準となる。本書が、そうした意味での有効な手掛かりとなることを願っている。

二〇一八年三月

編　者

目　次

Ⅲ 開かれたヨーロッパ・デモクラシーへ

略語表

AfD：ドイツのための選択肢
BDI：ドイツ産業連盟
C's：市民の党(スペイン)
CAEN：大学区審議会(フランス)
CDU：キリスト教民主同盟(ドイツ)
CFCM：フランス・イスラーム宗教実践評議会
CiU：集中と統一(スペイン)
CMF：フランス・ムスリム・ネットワーク
CSEN：文教高等会議(フランス)
CSU：キリスト教社会同盟(ドイツ)
DUP：民主統一党(イギリス)
EC：欧州共同体
ECB：欧州中央銀行
ECSC：欧州石炭鉄鋼共同体
EEA：欧州経済領域
EEC：欧州経済共同体
EFTA：欧州自由貿易連合
ERC：カタルーニャ共和左派
FDP：自由民主党(ドイツ)
FN：国民戦線(フランス)
FNEM：イスラーム学校全国組織連盟(フランス)
FNMF：フランス・ムスリム全国連合
GUD：防衛同盟団(フランス)
ICV：カタルーニャのためのイニシアティブ緑の党
IFOP：フランス世論研究所
INVU：都市暴力指標(フランス)
IPSO：独立プレス基準組織(イギリス)
KOD：民主主義防衛委員会(ポーランド)
M5S：五つ星運動(イタリア)
OSCE：欧州安全保障協力機構
PASOK：全ギリシャ社会主義運動・ギリシャ社会党
PC：ウェールズ国民党
PDS：民主社会党(ドイツ)
PEGIDA：西洋のイスラーム化に反対する愛国的欧州人
PIIGS(ポルトガル，イタリア，アイルランド，ギリシャ，スペインの総称)
PP：国民党(スペイン)
PSC：カタルーニャ社会党
PSOE：スペイン社会労働党
RMF：フランスのムスリムの集合
SNP：スコットランド国民党
SPD：社会民主党(ドイツ)
UDMF：フランス・ムスリム民主連合
UJM：ムスリム青年連合(フランス)
UKIP：連合王国独立党(イギリス)
UOIE：欧州イスラーム連合
UOIF：フランス・ムスリム組織連合

序章　ヨーロッパ・デモクラシーの「危機」？
――社会的政治的文脈とその転換

宮島　喬

ヨーロッパ・デモクラシー

本書はタイトルに「ヨーロッパ・デモクラシー」の語をかかげる。この「デモクラシー」はおそらく単称ではなく複数で語るべきだろうが、しかし各国はそれぞれ別個の社会政治体をなしているとはいえず、〝ヨーロッパ統合〟の過程をそれなりに経ている。ＥＵと各国家との法的・制度的関係性の議論はここでは脇におくが、各国がＥＵの内なる存在でもあるという意味で、「一つの」として語るのも不可能ではない。ヨーロッパ・デモクラシーは、やや理念型的な整理となるが（現実型の示す複雑さは以下の諸章で論じる）、四つの原理、すなわち多元主義、平和主義、福祉国家、そして多文化主義からなるといえよう。狭義の政治的意味だけでなく、社会的意味も含めての理解である。

第一の多元主義とは、複数政党制にもとづく議会制のみでなく、議会・政府への抑制・均衡《チェック・アンド・バランス》の機能としての司法の存在、地域分権なども指す。平和主義とは、人権の保護、多国間主義による合意の追求、力による国境の変更の抑止などを意味する。福祉国家については言及は省く。多文化主義は、ここでは広義に用い、EU新規加盟の政治的要件を定めたコペンハーゲン基準に「マイノリティの保護」がうたわれ、特にナショナル・マイノリティおよび定住する移民との差別なき共生がそれである。なお、EUも当然一個の政治共同体であり、その枠組みの中でデモクラシーが実現されているかとなると、議論は絶えない。そのことをヨーロッパの危機の一背景とする見方もある。

一方、その「危機」と呼ばれるものは何か。この語は安易にレトリカルに使われることが多く、弁別が必要であり、少なくとも構造的な原因に関係する危機（EU内南北問題、経済社会的格差など）、状況結合的《コンジョンクチュレル》なそれ（リーマンショックやシリア難民の急増など）、さらに政治宣伝やメディアによって構築される「危機」を区別しておく必要がある。とりわけ第三のそれは、構造的危機や状況結合的危機についてのバイアスのかかった解釈を含むことが多い。

R・クーペルスらが、革新の気概を示すフランス（リオネル・ジョスパン）、イギリス（トニー・ブレア）、ドイツ（ゲルハルト・シュレーダー）の政権の成立を、ユーロ懐疑主義を超える「自由―社会―民主的」なヨーロッパの到来を告げるものとみたのは、前世紀の終わりである（クーペルス二〇〇九：一三―一四）。にもかかわらず一〇年を経ずにこの期待は陰りを生じ、西欧社会民主主義潮流の危機は今や覆いがたいようにみえる。その理由には改めて触れるが、この間に地域としてのEUの構造が大きく変わったことも、間接的な要因ではなかろうか。

南北問題と問われるガバナンス

二〇〇四年に始まる「東方拡大」により、直近のクロアチアまで一三カ国がEUに加盟した。従来からEU内の南北問題は論議の対象となっていて、かつて一九八〇年代にギリシャ、スペイン、ポルトガルという南欧三国が加盟した時、欧州共同体(EC)は地域開発基金等を大幅に増加し、それを活用してこれらの国はインフラ整備、外資を含む産業誘致、所得アップ、社会保障の整備、高速道路・鉄道の建設を実現する。あのスペイン版新幹線(AVE)のマドリッド－セビリア間の開通は一九九二年のことである。三国はこうして移民送出国の面影を変じ、出移民もぐっと減少する。それに対し、東方拡大の際、EUは「アジェンダ二〇〇〇」プログラム等で加盟前援助供与、経済改革指導を行ったが、多数の加盟国に比し規模が十分ではなく、効果は限られた。

表1(次頁)によると、新加盟国には、改革と底上げをある程度実現した国、そうでない国があり、特にルーマニア、ブルガリアの場合、改革が進まず、加盟も遅れ、格差も目立つ。そうした国々を迎えての東方拡大は「垂直的統合」との異名さえとった(田中二〇〇六:五〇)。自由移動体制を利して新加盟国から西の国々へ多くの移動者が生まれたのは当然かもしれない。なお、表1はギリシャの二〇一四年の数字の落ち込み、それほどではないがスペイン、ポルトガルの低下が、余儀なくされた緊縮財政の影響を物語る。

問題は経済格差にとどまらない。コペンハーゲン基準をクリアーしたはずの国々は、「民主主義、法の支配、人権、マイノリティの尊重と保護」を継続的に実現しているか。社会主義崩壊後、民族主義路線に転じ、それを克服したとみえながら、いくつかの国は今、右翼ポピュリスト政権を現出させている。

表1　1人当たりGDPの国別比較〔米ドル〕

	2005年	2010年	2014年
ヨーロッパ諸国平均*	21,887(100)	26,826(100)	27,594(100)
フランス	34,833(159)	40,667(152)	42,651(155)
ドイツ	35,218(161)	42,483(158)	47,965(174)
ギリシャ	22,383(102)	26,782(100)	21,414(78)
スペイン	26,388(119)	30,720(115)	29,861(108)
ポルトガル	18,826(86)	22,514(84)	22,122(80)
2004年以降のEU加盟国			
チェコ	13,212(60)	19,703(73)	19,470(71)
ハンガリー	11,146(51)	12,990(48)	13,989(51)
ポーランド	7,914(36)	12,424(46)	14,111(51)
スロヴァキア	9,063(41)	16,507(62)	18,486(67)
スロヴェニア	18,204(83)	23,393(87)	23,954(87)
ブルガリア	3,882(18)	6,742(25)	7,876(29)
ルーマニア	4,057(19)	8,275(31)	10,129(37)
クロアチア	10,374(47)	13,823(46)	11,479(42)

＊ここでの「ヨーロッパ」は国連の地域区分によるもので，ロシア等を含む．
出典：国際連合統計局(2017)．

「ユーロ危機」をめぐり緊張が走るのは二〇一〇年で、それにはユーロ圏(当時一六カ国)内の南北問題が関係し、南欧諸国、なかでもギリシャの隠された大きな財政赤字が判明、デフォルトが案じられる域に達し、ユーロの信頼が揺らいだ。その救済、より恒久的な金融安定化の基金、機構の設立のため各国の拠出が要請され、多額に及ぶ国では「われわれの税金がなぜ、それらの国の救済のために……」という反発が起こる。最大のGDPと財政黒字の国で、最多の拠出を求められるドイツでこれが強く、社会学者U・ベックは、「成功したドイツ・モデルを妬《ねた》み屋のヨーロッパ近隣諸国の攻撃から防衛すべし」といった言説が国内にあることに早くから批判を向けていた(Beck 2010: 68)。

そのドイツに一つの政治変動が生まれる。

「ドイツのための選択肢（ＡｆＤ）」の二〇一三年の結成である。同党は、ユーロ体制を維持するため債務国を救済したり、安定機構に多大の拠出をするのはドイツの利益に反するとし、ギリシャの強制的なユーロ離脱を唱え、現ＥＵへの懐疑を表明する。その限りでは、新自由主義に近い自国経済利益擁護の色調もあった。その後、同党の右派ポピュリスト色の強化と支持拡大の方向をみると、ドイツ内の地域問題との関わりもみえてくる。党の顔の一人フラウケ・ペトリーが東部（旧東独）のドレスデン出身で、党の支持票もザクセン、テューリンゲンなど東部の州で伸びたことが象徴するように、経済格差と地域停滞が背景にあるとみられる。統計でも、西部に比べ東部は失業率で三％（九％）、貧困率で五％（一九％）程度格差づけられている。

　フランスでも右翼の国民戦線（ＦＮ）が主な支持基盤とするのは、南仏の移民多住都市とならんで、北部の構造不況業種地帯と低開発の農村部であり、イタリアでも新興右翼ポピュリスト政党「五つ星運動」への支持が厚いのは、カラブリアなど地域開発が中途半端に打ち棄てられた南イタリアであって、やはり周辺部《ペリフェリー》である。

　問題の位相が異なるが、一国内の先進地域の自立（律）要求がシリアスな問題を提起することもある。ベルギーのフランデレンや北部イタリアでは潜在的にとどまるが、二〇一七年一〇月、スペイン、カタルーニャ州の独立宣言という衝撃的事態が起こる。富める地域の「地域エゴ」との批判もあるが、同地域の文化的独自性と歴史的経験はだれしも無視できない。それでも、従来、州民世論では即時独立の支持はそれほど高くなかった。それがなぜ高まったか。財政危機のなか、中央政府が豊かな同州からの税徴収を強化したといわれ、徴税自主権が認められないことへの不満がある[1]。国民党ラホイの政府が、従来の政府になく強硬に、同州の自治憲章や行動に対し司法への提訴を行い、「違憲」判決を引き出し、州民投票を阻もうと国家警察が一部で実力行使に出、住民の怒りを買う。

EUは従来、国境線変更を伴うような分離・独立は避けるものとしてきた(欧州安定条約)。だが、独立を宣した州指導者への「反乱罪」適用と自治権停止、にもかかわらず一二月の再選挙で独立派の再度の多数獲得――こうした対決状況にあって解決の糸口が見いだされない。EUは傍観あるいはもっぱらの現スペイン政府支持にとどまらず、調停に努めるべきである。

移民・難民問題とその政治化

ユーロ危機とほとんど踵を接するように、移民・難民の大量の到来が政治問題視されるようになり、メディアもそういう文脈づけを行う。しかし、問題の整理が必要である。

一つには、「人の移動の自由」を利して新加盟国から西への移動が部分的に大量移動の形をとった。突出していたのはポーランド人の英国への、ルーマニア人の南欧諸国への入国で、前者の場合一〇年間で延べ約四四万人に上り、二〇一六年六月の国民投票で票を動かす要因となる。イタリアでは〇七年から一〇年間のルーマニア人の入国は八〇万人を超えたが、国民の反応は必ずしもEU内移民に照準する英国式にはなっていない。

EU外からの人の移動は、以上と性格を異にする。苛烈な内戦を逃れ、周辺国キャンプで希望なき日々を送ったシリア難民には保護が提供されるべきで、アフガニスタン、スーダンからの難民もあった。だが、そこには「アラブの春」後の北アフリカ等からのいわゆる「経済難民」も含まれ、区別は容易ではない。最初の到着地のイタリアやギリシャで難民申請をせず（ダブリン規則ではそれがルール）、北の国々を目指す人々はハンガリーなどで阻止され、留まるも動くもできず、ブダペシュト東駅周辺で多数の難民が滞留、野宿するといった懸念される事態が生じた。これを知ったドイツ首相アンゲラ・メルケルは二〇一五年九月、難民受け入れの決断をする（Busch 2016: 37）。彼女とドイツ政府の立場は、庇護の権利を認めるという人権と寛容のドイツの伝統、EUの理念（EU基本権憲章第一八条）に沿うものだが、中欧諸国での混乱した難民排斥状況を解消しなければという「待ったなし」の緊急判断もあった。だが、入国が大量化すると、受け入れを分担し資源負担もする地方公共団体《ゲマインデ》から、受け入れ施設に限界、住民の抵抗が強いといった声が上がる。また東部ドイツ住民には、庇護権の保障（基本法第一六条一項）の国際貢献上の意義が共有されておらず、メルケル批判はより強まる。

二〇一五―一六年のフランスの三つの大きな事件や他のIS等につながるイスラーム過激派のテロは、意図的な宣伝もあり、移民に猜疑と警戒の目を向けさせる。FNはムスリム移民を一律に「同化不可能者」ととらえ、ある層の人々の共感を得る。市民の多くはテロ実行者と一般移民を区別していて、その必要を国民に説いた大統領フランソワ・オランドだが、同政府が、テロ対策の前面に立ち、一般ムスリム移民をしばしば監視、尋問の対象としたのは皮肉である。

なお、テロの実行容疑者をみると、「ホームグロウン・テロ」の名があるが、フランスに限らずベルギーその他でも移民第二世代がほとんどであり、ただし孤立した少数者である。よく「ジハーディスト」の名を冠せられるが、宗教信仰との関係は薄く、貧しさ・差別から反抗的非行とつながる若者

写真　AfDの選挙ポスター
「働きづめの人生の果実がこれ」
(ゴミ箱をのぞく老婦人．低年金の貧しいドイツ人をさしおき，多額の国家予算を難民の保護に使っている，との批判も込められていよう)(山本裕美子氏撮影)．

たちの行動とみる分析がある(Roy 2016: 9)。

ドイツでは「反イスラーム」にやや異なる面がある。この国でムスリム移民といえば、まず二〇〇万人を超えるトルコ系であるが、照準はそこになく、彼らの姿をみることもないザクセンなど東部で「西洋のイスラーム化に反対する愛国的欧州人(PEGIDA)」のような運動が生まれ、これがAfDにも影響を浸透させた。このイマジナリーな反イスラームは、隣国のテロ事件や難民の大量到来の報道に触発されたもので、相対的剥奪感のなかに生きる住民たちのスケープゴート探しの性格ももち、右派ポピュリズムに利用されやすい。

結局、移民・難民「危機」というが、それは、従来は経済的・社会的問題として扱われてきたものが、ポピュリスト政党によって最大の「政治課題」として宣伝されたことの結果ではないか(住沢二〇一七：九四)。その問題の政治化の方向としては、一つは多数の移民の存在が国民の職を奪い、地位を奪うとするもので、低学歴・不熟練の労働者、若者向けのアピールとなる。次に、移民、難民とその家族がホスト国の福祉制度依存者となり、福祉国家を危機に陥れているという批判で、オランダや北欧ではこうした批判が強い。ポピュリスト政党ならぬ保守政党にもこれに与する傾向がある。そして第三は、移民と治安問題、近年ではテロと結びつける政治化であって、ポピュリスト政党が最も多用する宣伝である。

加えて、支配政党が難民拒否を政治的シンボルとして用いる国がある。殊にEU新加盟国の中心のヴィシェグラード四国（チェコ、スロヴァキア、ポーランド、ハンガリー）がそれで、人の受け入れへの拒否の姿勢をとっていることが、危機を押し広げている（Lacroix 2016: 74）。

移民の統合と差別

そうした政治的に構築化された〝移民問題〟とは区別されるべき、移民の存在、移民の問題がある。フランス、ドイツをはじめ西の国々では既定住移民は世代を重ね、社会化され、すでに「移民から市民へ」の道程にある。フランスでは、人口学者の整理では、移民とその子ども（二世）が、総人口の二〇％を超える（Beauchemin 2015: 37）。移民のすでに五五％がフランス国籍であり、外国籍であってもかなりの範囲の市民的・社会的権利が認められている。教育レベルも上昇し、二世の三〇―四九歳層で高等教育修了者が二七％に達する（INSEE 2012: 107）。ドイツほか多くの国も定住移民の統合を進めるべく、出生地主義を加味した国籍法を導入し、当該国生まれの子どもに準自動的な国籍取得への道を開いている。またドイツは「移民（移住）法」（二〇〇四年）を成立させ、一定期間滞在後の移民・外国人に「定住許可」を得ることを可能にし、さらに帰化への道筋を付けるようになった。その国籍取得の状況をみるなら、二〇〇六―一五年の一〇年間に実に一一五万人の外国人（トルコ人は二七万人）がドイツ市民になっている。ここでも二〇〇〇年代のミクロセンサス（抽出による国勢調査）によれば、全人口の一九％が移民を背景とする人々となっている。

EU内で移動する移民がそのホスト国に一定期間居住すれば地方参政権が認められる、マーストリヒト条約の定めるヨーロッパ市民権も、移民（ギリシャ人、スペイン人、ポルトガル人等）を対象とする統合政策の意味を帯びていた。ヨーロッパ・デモクラシーが一つの原理として多文化主義（この場合でいえば多文化市民権）を重視してきたことが、これにより証される。域外出身外国人（アルジェリア人、トルコ人など）にも地方参政権を認めた国もあるが、主要国では認められず(2)、これはEU的多文化主義の限界といわれる。

ただ、この移民の統合の政策にも、問題が提起されている。きつい同化政策や、西欧的規範の押し付けが、移民集団との間に潜在的コンフリクトを生んでいる場合がある。移民たちが彼らの文化やアイデンティティを保持したいと願い、とりわけイスラーム移民が着衣、礼拝施設、学校などで要求をもつとき、争点となりやすい。ただし、西欧のかなりの国で条件付きながらそれらの承認が進んでいるのも事実である。

いずれにせよ、多数は文化的に統合に向かい、市民生活にも参加している。にもかかわらず雇用の差別があり、失業にさらされ、また宗教を理由にスティグマ化されがちなことこそが問題であり、それが社会の中に亀裂をもたらす恐れがある点で、危機の因となる。移民の存在、増加自体が危機を惹起するとするのは、一面的な議論である。

そして、国によっては移民第二世代の間から制度的、非制度的回路を用いて、政治的アクターとなる者が登場している。反差別、多文化共生を身をもって要求する点で、彼らがデモクラシーの新たな担い手となる可能性も展望されないわけではない。

ブレグジット——英—欧関係の変化と不変

六・二三国民投票の結果は、当の英国にも驚きだった。政財界も、高学歴職業人も、都市ミドルクラスも、スコットランドなど周辺地域も、大勢は残留派だった。

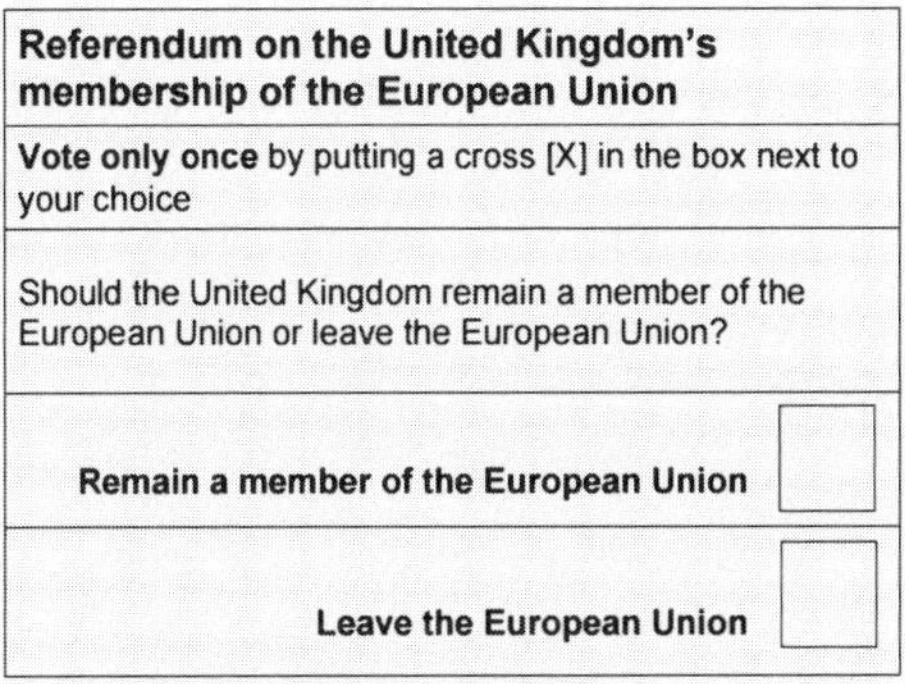

図 EU 残留・離脱を問う投票用紙
英国の国民投票(2016 年 6 月 23 日)で用いられた.
EU 残留または離脱を選ぶようになっている.

経済・貿易面で英国の輸出入額の半分以上をＥＵ二七カ国が占めているが、離脱派は、ＥＵ単一市場を離れることのシリアスな結果に触れず、ＥＵの規制からの英国経済の「解放」を主権の回復だと訴え、他方、ＥＵの「人の自由移動」がコントロール不能な大量の移民をもたらし雇用や住民生活に脅威を与えていると説いた。それに対し残留を説くデーヴィッド・キャメロンやジェレミー・コービンのリーダーシップは弱く、経済成長、新たな雇用の創出、ＥＵ経済にみられるフェアな再分配などの必要の力強い訴えがなく、それが離脱の基礎をつくったとの批判もある(Macshane 2017: 246)。北アイルランドに成立した貴重な包括和平合意が「離脱」により崩れ去る恐れ、これもあまり触れられなかった。EUのなかに在ることを利益と感じない、政治からの疎隔感の大きい、移民との接触経験の限られている高齢者やイングランド中小都市の住民の内向きの生活意識に訴える宣伝の勝利だったのか。

醒めた見方もある。もともと共通通貨やシェンゲン条約に参加せず、共通社会政策にもオプトアウト(選択的離脱)が多く、EU移民政策からも同様で、前年の二〇一五年九月にEUが決定した難民一二万人の各国分担受け入れも免れていた。そういう英国だから、と離脱の影響を小さくみる傾向もある。

むしろ英国の側にこの選択への悔恨が残る。貿易額の半分以上が対EUだという事実は重く、この相手は簡単に変えられない。また「自由な移動、居住」を利して気候温暖な南欧諸国には三、四〇万人の年金生活イギリス人が居を定めている。彼らが「離脱」を望んだはずがない。さらに、伝統色の濃い固有制度を維持してきた同国に対しEUが及ぼしてきた反差別や民主化の影響は重要で、たとえば、移民といえば旧植民地《コモンウエルス》出身移民+アイリシュに限られていた時期には、差別禁止は射程の狭い人種関係法ですまされたが、EU市民のイタリア人、ポルトガル人、フランス人などが増え、より普遍的な基準による立法が求められ、「人権法」(一九九八年)が成立する。それに、EC加盟の交渉以来すでに半世紀、同国も厖大なアキ・コミュノテール(法、指令、規則)を取り込み、国内法・規則を変えてきたことを忘れてはならない。人権法に触れたが、今離脱するからと、これらを逐一見直し、元に戻すことなどできるわけがない。ヨーロッパ化された英国が残る。離脱で英―欧関係が根本的に変わることはありえない。

ナショナル・ポピュリズムとそれへの対抗

ブレグジットに唯一賞賛の言葉を送ったのが右翼ポピュリストだったのは象徴的である。マリーヌ・ルペンは、EUの「専横」から主権国家の自由を取りもどす「勇気ある行動」だと称えた(*NY Times*. 2016. 6. 28)。だが、それは限界的な一意見にとどまり、フォローする声は広がらない。EUから離れて一体どこに市場を求められるかと問うだけでも、離脱の代償が決して小さくないことが分かる。

ポピュリズム政治、これへの対抗の必要は戦後ヨーロッパ政治で意識されてきた。議会の議席配分における五%条項、小選挙区二回投票制、抑制と均衡のための権力分散、憲法裁判所のような非選出制度への権限付与もその表れで、一九三三年ドイツ(ナチスが議会第一党となりヒトラーが組閣)や、四〇年フランス(議会がペタンに全権委任)の経験が教訓とされた(ミュラー二〇一七:一一六)。

前世紀末に政治の舞台に登場するFNに代表されるそれは、「ナショナル・ポピュリズム」と呼ばれ、P＝A・タギエフによれば、人民を代表し、その人民に訴えるとし、「エリート」、「外国人」、コスモポリト(高学歴の都市的階層)を敵手とし、抗議者的スタイルをつらぬく点に特徴がある(Taguieff 2002: 57)。その宣伝の特徴は、エリートや既成政党を攻撃しながら、階級・階層分析には進まず、移民、イスラーム、国境を開くEUなどを元凶とする点にある。そして「ナショナル」と呼ばれるゆえんは、「生粋の〇〇〇人」を称揚し、それに属さないとみなす者の排除、権利制限を示唆する点にある。T・アッカーマンは、国民戦線、オランダ自由党、連合王国独立党、スウェーデン民主党などの支持層を比較し、共通点に、相対的に教育レベルが低く、不熟練またはマニュアル労働従事者が多く、移民にネガティブな態度を持し、ヨーロッパ統合に抵抗感をもつ、という四点を挙げている(Akerman 2016: 269)。

選挙イヤーともいわれた二〇一七年から翌年にかけて、オランダ、フランス、ドイツでこれらポピュリスト政党は退けられた。しかし同勢力に保守票が奪われるのを恐れ、中道右派政党のなかにより強硬な移民規制をかかげるものも出てくる。オランダのマルク・ルッテの自由民主国民党、オーストリアのセバスティアン・クルツの国民党、元首相ベルルスコーニの「フォルツァ・イタリア」などがその例である。なお、オーストリアではその国民党が右翼自由党と連立政権を組むことになった。

中欧に二〇一〇年代に登場した政治潮流はどうか。ハンガリーの「フィデス」のヴィクトル・オルバーンも、ポーランドの「法と公正」のレフ・カチンスキも、政権に就く時点では必ずしも右翼的ではない。その後に変貌するわけで、おそらく南からの難民の入国、その報道、それへの国民の拒否反応、EUの自由経済に適応できない人々の不満に応えるべくとった、内向きの自国第一主義などの結果であろう。自民族アイデンティティを前面に出し、難民受け入れ自体を拒否する。こうした点、中東欧諸国の過去四半世紀にたどった屈曲にみちた過程が反映されているのかもしれない。それにしても、ハンガリーでは、報道の自由の法的規制、憲法裁判所の人事への介入が行われる。ポーランドでは、「司法をエリートの手から国民に取りもどす」との名の下、裁判官の任免権を「法と公正」が多数を占める議会にゆだねようとする。これには反対のデモも起こり、独立した司法権、そして報道の自由という政府・議会のチェック機能は重要なだけに、欧州委員会も座視できない。警告し、制裁の発動も検討している。

危機からの転換──市民のデモクラティック・コンセンサス

「移民・難民危機」には政治的につくられた面があることをみたが、しかし現況はそのまま放置できない。二〇一五年と一六年の庇護申請者数ではドイツが四四万人、七二万人と突出しているが、他のEU諸国でも増加し、一六年に一九カ国計で一二〇万人に達し（OECD諸国全体のそれの七〇％）、実際にはその数倍の移動者がヨーロッパの土を踏んでいる。

これを減じるには、難民の発生因となる戦争・紛争、貧困を解決するための外交活動や開発援助が必要で、EUの主要国はそれなりに関わってきた。加えて、広い国際協力による難民受け入れ分担が求められるが、それが果たされなくともEUとしての対応を考えざるをえない。基本精神に立ち帰ると、増える難民の一律拒否ではなく、庇護または補完的保護[3]を与えるべき者をできるだけ確実に保護するよう努め、そのための審査を適切に行うことである。一方、EUでの分担受け入れは、負担の分散だけでなくEU諸国の連帯のためにも重要で、これを拒む国々には説得以上の強い対応が必要となっているが、対政府だけでなく、市民社会にも働きかけるものでなければならない。

EUの「人の自由移動」に対してはどうか。これを「災厄」とみなす国があるのは前述の通りで、英国のほか、たとえば人口五七〇万人のデンマークに年々四―五万人のルーマニア人、ポーランド人の入国があり、反移民をかかげる右翼政党の進出を許している。しかし自由移動はEUの存在理由に関わり、自由な雇用アクセスとともに欧州市民権の行使でもあるから、その原則の変更はありえない。ただし大量移動を避ける上で、西と東の経済格差の是正は――長期的な課題にならざるをえないが――重要性を増している。当面の対応として、自由移動を利して東方から安価な派遣労働的な人の送り出しが行われている現状があり、EUはこれを規制する措置をとるべきだろう(4)。

政治の状況について何らかの展望をもとうとすると、容易ではない。

冒頭に述べたヨーロッパ・デモクラシーの有力な担い手だった社民系の政党がイギリス、スペインで低迷し、二〇一七年にはオランダ、フランスほかで勢いを失い、続くドイツでも社会民主党(SPD)は二〇％の得票率となる。右派、左派の政策の差が狭まり、今世紀に入っての状況をみると、SPDをはじめ多くの社民系政党は、グローバル化に現実的に適応する道を選択し、労働市場改革を事実上受け入れる。これに批判的な者は左翼政党(スペインの「ポデモス」、ジャン＝リュック・メランションの「不服従のフランス」、ドイツの「左派党」など)の支持に転じている。と思うと、ユーロ危機下の緊縮財政とも重なり、非正規雇用が増え、非組織の、ワーキングプアないしそれに近い人々で、右翼政党のキャンペーンに耳を傾ける者も増える。人権や移民の権利の擁護に前向きだった政党が、フランスの社会党のようにテロへの対応を迫られ、党を事実上分裂させ、大統領選、下院選でともに大敗する事態も起こる(宮島二〇一七：三七―三八)。この時、社会党支持者の大半は、党公認ではないエマニュエル・マクロン(社会党政府の元経済相)の支持に回ったが、未知の未来を選択したと意識する者も多い。

党再建の展望はみえていない。

しかし視点を少し変えてみよう。デモクラシーは少なくとも仏、独では、「再生」などといわないまでも、危機への対抗力は示したといえる。ユーロ危機、英国のＥＵ離脱と続き、ポピュリズム政党が、反ＥＵと反移民の宣伝により支持を伸ばし、政権参加もあり得る、などの論評もあっただけに、その流れの転換を果たしたとはいえるだろう。フランスは大統領選と下院選で、ＦＮを退けた。メルケルの勝利はやや苦いもので、ＡｆＤが得票率一二%台、連邦議会に九十余の議席を得た。だが、フランス、ドイツ双方で、有権者市民の意識の成熟の現れというか、地滑り現象は起こらなかった。

大統領選決選でのルペンの三四%の得票は、ＦＮには前例のない数字で、従来なら棄権していたような低学歴で不安定就労の若者への働きかけが行われたことが大きいという指摘がある。だが、その二カ月前に行われた世論調査では、「ＦＮはフランス民主主義にとって危険である」という意見に五八%が賛意を示し(*Le Monde*, 2017. 3. 8)、三〇年来この意識はあまり変わらない。国民の六割に及ぶデモクラティック・コンセンサスとみてよいのではないか。選挙の帰趨はこの時にみえていたといえ、事実、一回目得票率でマクロンのリードは二・五%だったが、二回目投票で一二〇〇万票上積みしたのに対し、ルペンのそれは三〇〇万票にとどまる。マクロンは選挙戦中、ＥＵの中のフランスを強調し、ルペンの移民排斥による社会の分断を批判し、選挙民に印象づけた。続く下院選でＦＮは得票率一二%台(八議席)に終わっている。

ドイツでも、ＡｆＤを、戦後ドイツの培ってきたデモクシー諸価値と相容れないと考える有権者は多数だった。その一二%台の得票は躍進なのか、それとも市民の判断がＡｆＤのそれ以上の進出を制したとみるか、新党で性格が定まっていないだけに判断しづらい。AfDが連邦議会の八分の一の議席を占めても、連携する政党がない以上、孤立した勢力であり、大きな脅威ではないという見方はある。

一方、イタリアでは二〇一八年三月の総選挙で前記の「五つ星運動」が票を伸ばし(得票率三二%)、これと中道右派(同盟、フォルツァ・イタリア)との連立、連携の可能性もないわけではない。それにしても特に南イタリアの経済停滞、高失業は深刻であり、反難民の感情とあいまって、政治の不安定要因でありつづける恐れはある。

これらポピュリスト政党が今後伸長する可能性はあるか。予測は不可能だが、仏、独とも一二、三%という得票率は大きな数字ではない。メディアはとかく誇大に扱いがちだが、数字は数字として重要である。市民たちに共有されている堅実なデモクラシー感覚をある程度恒常的なファクターと考えてよいのではないか。フランスでは、FNは度々「普通の党」へのイメージ修正を図ったものの、党創立者のナチ許容的な発言の記憶と、レイシスト的な反移民の言説がマジョリティの有権者市民の拒否を呼んだ。またワンマン的党運営が内紛を生じ、同党の志向を社会政策に向けるのに貢献したナンバー2(フロリアン・フィリポ)が二つの選挙後に離党した。AfDでもペトリーが路線対立から選挙後に去った。その後も未知のリーダーが代表者に登場するなど指導部が不安定である。一つの仮説だが、これらポピュリストにも、中間層以上へのアピールも狙う新自由主義に近い反移民、反イスラームのEU懐疑派と、低学歴の労働者や小自営業主など不安と貧困のなかで排外(反移民、反EU)へ向かう層を惹きつけようというグループが併存し、対立の芽をはらんでいるのではないか。

ただ、これらの党に票を投じた人々・地域の存在は残るわけで、各国内で、またEUのなかで非受益者と感じる層（非熟練労働者、小自営業者、若者、東部ドイツなどの住民）にどう対応していくかが課題である。EUの社会政策は、これまでイギリスの反対または留保でしばしばブレーキがかけられてきたが、その離脱を転機に、構造不況地域、めぐまれない農業地域、雇用弱者の若者やマイノリティへの思い切った支援を「結束政策」の重点とし、社会基金など諸基金を増額し、行う必要があろう。

EUの将来についてはパターン化された一議論がある。二〇〇五年のEU憲法批准の挫折により、欧州統合の深化への展望は潰えたとするものである。そうかもしれないが、EUは存続するのであり、これが不可逆であることがむしろ認識されてきた。実際、英国の離脱の諸帰結が明らかになるにつれ、EUによる利益、保障、安全がいかに大であるかを認識した各国指導者からは、軽率なEU批判、まして離脱論は消えた。

民主的正統性と有効性へ――EUの課題

EUの向かう究極ゴールの形態の議論とは別に、その民主的正統化と有効機能化の課題がある。二〇〇九年末発効のリスボン条約を振り返れば、EUの民主的正統性を高めようとする二つの改革が目にとまる。一つは、欧州人権条約が規定する広範な自由と人権を正式にEU法に取りこみ、市民的・政治的権利のほか、生命倫理、子どもの権利、障害者差別撤廃、消費者保護など、より現代的権利も含み、法的拘束力をもたせた。いま一つは、かねてEUにその欠如が批判されてきた参加民主主義に一つの回路を開く試みで、同条約で「市民イニシアティブ」と一般に呼ばれる、一〇〇万人以上の欧州市民の署名により政策立法の提案ができる市民発議制度(第一一条四項)が設けられた(鷲江二〇〇九:一一六)。これらが実際に意味をもつか否かは、市民たちが積極的に生かすか、欧州委員会やその機関・人が官僚的ルーティンを脱し市民の側に立つか、にかかっているとしても。

EUの今後に向けてのガバナンスの課題は、適当な表現かどうか分からないが、連帯強化と機能化にあるとした場合、何が重要か。中心国のドイツ、フランスはともにEU重視、その求心力維持を望む意思を有する政権をもつだろう。このことは重要である。そのなかで特にユーロ体制を強化することに意欲を示すのはマクロンのフランスで、ユーロ国、非ユーロ国一体でEU予算を組むよりは、ユーロ圏独自の予算、財務相、議会も置くという案を練っている。これには非ユーロ国からどんな反応が出るだろうか。かねてドイツはEUの制度改革には一般に提案を控える傾向があり、メルケルは、国内世論を考慮しながら、財政規律の重視、南欧諸国のその遵守の要求に向かうかもしれない。そこにSPDが加わって、よりEU重視の観点から、拠出により積極的になるなど、フランスも歓迎するEUを支える力が付け加わるかもしれない。しかしなお、EUの活動に積極的関与の姿勢を示さない中東欧諸国への働きかけは――加盟国間合意がEUの決定の原則だけに――必要であり、大きな課題である。

注

(1) スペインの自治州(自治共同体、現在一七)には共通に均一の権限が認められているわけではなく、バスク州は同地方の歴史的経緯から所得税、法人税などの幅広い徴税権が認められていて、カタルーニャ州も同様の権限を認めるよう中央政府に要求してきたが、拒否されている。

（2）移民受け入れ国といってよい西ヨーロッパの国々で、国籍の区別なく一定の滞在要件を満たす外国人に地方参政権を認めているのはアイルランド、スウェーデン、デンマーク、ノルウェー、オランダ、ベルギーであり、仏、独、伊、英などでは実現されていない。

（3）補完的保護（subsidiary protection）とは、難民の基準を満たさなくとも、送還すれば刑罰、拷問を受ける恐れがあり、年齢、健康状態、家族的つながりなど人道的に考慮すべき理由等により与えられる保護で、EU指令（二〇〇四年）は、保護とその地位付与を規定している。

（4）自由移動の下で、中東欧の企業が派遣労働者的に西欧の企業に労働者を送り込み、後者の支払う社会保障費は中東欧水準でよいとされ、このため西欧企業での受入数が増えている。平等、公正の点で問題であり、西欧基準の社会保障費に切り替えるべきとの声がある。

参考文献

クーペルス、ルネ、ヨハネス・カンデル編（二〇〇九）（原書一九九八）『EU時代の到来――ヨーロッパ・福祉社会・社会民主主義』田中浩・柴田寿子監訳、未来社。
国際連合統計局編（二〇一七）『国際連合世界統計年鑑（二〇一四―二〇一六）』原書房。
住沢博紀（二〇一七）「危機の中の欧州政治と地域政策の変容――マルチレベル・ガバナンスの再構成」八木紀一郎・清水耕一・徳丸宜穂編著『欧州統合と社会経済イノベーション――地域を基礎にした政策の進化』日本経済評論社
田中素香（二〇〇六）「東方拡大とEU経済」羽場久美子・小森田秋夫・田中素香編『ヨーロッパの東方拡大』岩波書店。

宮島喬（二〇一七）『フランスを問う――国民、市民、移民』人文書院。

ミュラー、ヤン＝ヴェルナー（二〇一七）（原書二〇一六）『ポピュリズムとは何か』板橋拓己訳、岩波書店。

鷲江義勝編著（二〇〇九）『リスボン条約による欧州統合の新展開――ＥＵの新基本条約』ミネルヴァ書房。

Akkerman, Tjitske, S. L. de Lange, M. Rooduijin eds. (2016) *Radical Right-Wing Populist Parties in Western Europe: Into the Mainstream ?*, Routledge.

Beauchemin, Cris, C. Hamel, P. Simon eds. (2015) *Trajectoires et origines: Enquête sur la diversité des populations en France*, INED.

Beck, Urlich (2010) *Nachrichten aus der Weltinnenpolitik*, Suhrkamp (cited from English edition: *Twenty Observations on a World in Turmoil*, Polity, 2012, 68).

Busch, Klaus (2016) *Das Versagen Europas: Die Euro- und die Flüchtlingskrise sowie die »Brexit«-Diskussion*, VSA.

INSEE (2012) *Immigrés et descendants d'immigrés en France.*

Lacroix, Thomas (2016) *Migrants: l'impasse européenne*, Armand Colin.

Macshane, Denis (2017) *Brexit, No Exit: Why(in the End)Britain Won't Leave Europe*, I. B. Tauris.

Roy, Olivier (2016) *Le djihad et la mort*, Seuil.

Taguieff, Pierre-André (2002) *L'illusion populiste*, Berg International.

I

ヨーロッパ・デモクラシーの展開と課題

第１章　難民危機後のドイツ・デモクラシー
――民主的正統性と連邦憲法裁判所

大西楠テア

一　ヨーロッパにおけるデモクラシーの危機？

二〇一七年一一月、連邦憲法裁判所長官アンドレアス・フォスクーレは「ドイツ放送」主催の会議において、ポーランド、ハンガリー、トルコ、アメリカにおけるポピュリズム、反民主的な政治態度の蔓延に警鐘を鳴らした。そのような政治態度は異なる見解を持つ人間を非国民であると圧殺するものであり、それゆえこれらの国家において、表現の自由を保障し、少数者の最後の砦である憲法裁判所が攻撃の対象になるのは偶然ではないという。フォスクーレは同様の主張を様々な機会を捉えて繰り返しており、二〇一六年一〇月にも仏元首相であり憲法院長官のロラン・ファビウスとともに、『南西ドイツ新聞』および『ル・モンド』紙上でヨーロッパにおける法治国家とデモクラシーの危機を懸念し、法の支配を守るために各国の憲法裁判所は連帯すべきであると主張した。このような形で独仏の憲法裁判所長官がヨーロッパの政治情勢について発言するのは異例のことである。

確かに、フォスクーレの指摘するように、ヨーロッパにおいてはデモクラシーの危機ともいえる状況が続いている。すでに通貨危機を通じてEU内部での負担の不公平、国民投票による「民意」の恣意的な利用といった問題が顕在化していたが、難民危機を契機として、EUの国境管理体制に対する不信、難民の受け入れをめぐるEU加盟国間の亀裂、さらには社会の分裂へと発展した。イギリスにおいてはEU離脱を決めた国民投票で反ヨーロッパ・反移民が争点化し、東欧においてもEUに対して強硬な立場をとる政権が司法の独立を脅かす改革を進め、二〇一七年にはEUを牽引する独仏においても、五月のフランス大統領選挙、九月のドイツ連邦議会選挙で反ヨーロッパ・反移民を掲げる勢力が支持を伸ばした。

難民危機はヨーロッパの根幹を揺るがす危機へとつながるのであろうか。ドイツにとって難民危機は、庇護権、法治国家、そしてデモクラシーへの挑戦を伴った。ドイツはナチス時代に多くの亡命者を出した経験を省りみて、国家主権に優位するものとして庇護権を憲法上保障する、難民に寛容な国家である。二〇一五年九月ダブリン規則を一時停止して、ハンガリーで足止めされていた難民を受け入れるとアンゲラ・メルケル首相が発表したのも、難民に対する人道的措置を重視するドイツの基本的価値決定から理解できる。他方において、メルケル首相のこの決定は、イタリア、ギリシャが増大する難民を管理しきれずにいるなかで、ダブリン規則が崩壊するのを公式に後押しする効果を持った。例外的な状況とはいえ、国境管理のルールを放棄したことへの批判は法律家の間でも根強い。このメルケル首相の決定は、一時は政治的に支持されるものの、すぐにドイツの難民受入れ能力を超えるとの批判が噴出する。キリスト教民主同盟（CDU）、キリスト教社会同盟（CSU）というメルケルの支持母体であるはずの与党からの批判に加え、メルケルへの批判票を吸収して二〇一六年の地方選挙および二〇一七年の連邦議会選挙では右派ポピュリスト政党である「ドイツのための選択肢（ＡｆＤ）」の進出を見た。

しかしながら、危機は必ずしも制度の崩壊を意味するわけではない。制度化された権威に対する批判は、その権威にかけられていた高い期待の裏返しでもある。そして、批判に応え、危機を乗り越えることで、その制度はさらに強固にもなりうるのである。

今後もしばらくは後を引くであろう難民危機の帰結を現時点で予見することはできないが、本章においては難民危機後のドイツ・デモクラシーの問題を考察する上で重要と思われる二つの視点を提示したい。その一つは、他のＥＵ加盟国でも反ＥＵ的言説のターゲットとなっている「国家主権侵食」の問題である。マーストリヒト条約により政治統合を果たして設立されたＥＵは、二回の条約改正を経て法的権限を大幅に拡大し、統合を一段と深化させた。その帰結として、すでに多くの政策がドイツ単独で実現できるものではなくなり、ドイツ連邦議会において成立する法律の多数が「ヨーロッパ法の執行法律」になっていると揶揄されることもある。このような状況のもと、国民国家にとっては国家主権を侵食から守り、ＥＵにおいてその影響力をいかに確保していくかが課題となる。同時に、この問題はＥＵにおけるデモクラシーの問題と表裏の関係にある（林二〇一二）。我々の想定するデモクラシーが、国民国家を前提とした国民による民主的正統化をモデルとする限りにおいて、ＥＵにおける国家主権の維持は国民による民主的統制の確保につながるからである。

もう一つの視点は、他のＥＵ加盟国と比較したドイツの特徴であり、戦後ドイツにおいて進行した政治過程の法化である。ナチスを経験した戦後ドイツの基本法は「民意」を警戒して様々な制度的な装置を用意した。憲法改正に限界を設け、自由で民主的な秩序を脅かすものへの基本権喪失の手続を用意し、基本法に適合しない場合には型式的に民主的な決定であっても憲法違反であるとして覆す憲法裁判権を設けた。憲法裁判権は民主主義と本質的に緊張関係に立つものの、連邦憲法裁判所はドイツ社会において高い権威と国民の支持を獲得するに至った。連邦憲法裁判所の統制が強く作用し、政治過程の法化が進行しているという意味で、「民意」の制約はヨーロッパによって急にもたらされたものではなく、戦後ドイツの政治過程に根付いている。

二　ヨーロッパ統合とドイツ

戦後ドイツはヨーロッパ統合による主権の制限を常に実感してきた。そもそもヨーロッパ統合は第二次世界大戦の反省を踏まえてヨーロッパにおける新たな国際秩序を模索したのであり、ドイツの国力をヨーロッパ統合の枠組内に抑え込み、主権国家体制を乗り越えて新秩序を構築することに本質的な意義がある。この意味で「国家主権の侵食」は近年新たに生じた現象ではなく、戦後ドイツに内在しつづけてきた。そしてヨーロッパ統合は戦後ドイツが国際社会に復帰するための唯一の道であると同時に、ドイツが「栄光」を再び獲得する活路でもあった。ヨーロッパをリードする主要国の一つとしての現在の地位を見る限り、ドイツはヨーロッパ統合によって主権の制限を受けつつ、この枠組を最大限に利用することに成功したといえよう。その際、ドイツにとって有利に働いた事情としてドイツの連邦国家としての伝統がある。ヨーロッパ統合が国家結合として連邦と類似の秩序構造を持ったことから、ドイツにとってはこの秩序において影響力を発揮する道を比較的容易に見出すことができたのである。後に紹介する「連邦論」の論者は、通貨危機後のドイツはヨーロッパ統合において指導的な地位を獲得し、ヘゲモニーを行使するに至っているとまで指摘する(Schönberger 2012)。

では、近年強い批判にさらされているヨーロッパ統合における「民意」の欠損という問題はドイツにおいてどのように意識されてきたのか。そもそも、国民国家を乗り越える試みとして出発したヨーロッパ統合においては、国民の政治的「意思」という契機は薄められ、多くの重要な決定は各加盟国政府を代表するエリート間の折衝に基づいて下される。そこではテクノクラートの専門的合理性が、国民による民主的正統性の稀薄さを埋め合わせるものとされた。とはいえ統合が深化し、EUの権限が広範になるのに応じて、EUの統治に相応の民主的正統化を確保すべく、ドイツにおいては早い段階から欧州議会の権限強化が議論されてきた。ここでもドイツは連邦制における多層的構造をEUにおいて見出す。すなわち、連邦制国家であるドイツにおいては国民の代表である連邦議会と並んで、州政府の構成員によって構成される連邦参議院が存在し、少なからぬ法律がこの連邦参議院との「連邦制的妥協」によって成立する。ここでは州の住民が州議会によって代表され、州政府の代表である連邦参議院に向かう民主的正統性の連鎖が、国民代表機関である連邦議会に向かう民主的正統性の連鎖と併存する。このような連邦制的な複合的正統化の仕組をドイツは欧州議会にも見出すことができるのである。

連邦としてのEU

EUをめぐる従来の議論は主権の所在をめぐって、EUが(連邦)国家になるのかという点を問題としてきた。EUは従来の国際法上の国家連合には解消できない広範な主権制限を伴う政治体である一方、あくまで条約を基礎にした国際法上の団体であり、国家にはなりきれない。EUが、諸国家間の条約に基礎を持つ国際法上の団体であるとすれば、EU諸機関の権限は条約による個別的授権によってのみ基礎づけられる。授権の範囲を超えてEU機関が行為する余地はない。そして、EUの行使する公権力が加盟国国内で法的拘束力を持つのも、主権を有する各構成国があらかじめEUの公権力行使に同意を与え、その国内的執行を命じているからであると説明される(林二〇一二)。

しかしながら、EUは統合の進展に伴って多くの二次法を制定し、欧州司法裁判所がこれらEU法を解釈運用することによって、しばしば条約制定時には予定されていなかった法発展をもたらした。欧州共同体は「新しい法秩序を構築する」との理解のもと、欧州司法裁判所は「ヨーロッパ法は国内法に統合される」とし、国内法化を伴わない直接の妥当力や国内法に対する適用上の優位といった諸原則を確立してゆく。その結果、現在のヨーロッパ法は加盟国の国内法とともに多層的な秩序を形成するに至っている。

このように、EUには従来の国際法理解によっては説明できない特別な面が存在するのは確かであり、そうであるからこそEUにおける主権の所在をめぐって、これまで多くの議論がなされてきた。しかしながら、EUが国家連合なのか(連邦)国家なのかという問いの立て方によってはEUの正しい姿を知ることはできない。主権はEUと加盟国のどちらにあるのか、EUの基本条約は国際法上の条約なのか、それとも憲法なのかといった、二分法的議論のもとではEUを「国家ではない」あるいは「従来の国際法上の国家結合ではない」といった形で消極的にしか定義できないからである。加えて、統合を深化させた現在のEUにおいてはEUレベル、国内法レベルが相互に作用して政策が形成される現象や、EU裁判所と国内裁判所による法適用の複線化が見られ(大西二〇一五)、EUと加盟国のどちらに主権があるのかといった議論はますます説得力を失っている。一方において、EU立法の起草過程において各国が自国の政策を反映させようとした結果、EU立法やそれを実現する国内法には層をまたいで複数の政策目的が流入している。それゆえEUと加盟国を対置させるのではなく、EU内部における政策調整が問題にされなくてはいけない。他方においては、ヨーロッパ法上の特定の概念がEU裁判所や複数の加盟国の裁判所によって適用・解釈されることで、法発展はもはやEUないし加盟国単独では完結しない。欧州委員会内部での政策調整を経て成立したEU指令を加盟国の立法者が国内法化し、それをめぐる訴訟で欧州裁判所が国内法の指令違反を判示する、これをうけて、再度立法を行うと、今度は加盟国の憲法裁判所が違憲の判断を下すといった動態的法発展を説明するには、立法権限が究極的にはEUにあるのか、それとも加盟国にあるのか、といった二分法的・静態的な思考枠組では対応することができないのである。

そこで、ドイツでは、連邦制を読みなおすことで「連邦論」を提唱し、国家連合と連邦国家の二項対立を乗り越えようとする議論が登場している(シェーンベルガー二〇一三)。「連邦論」は、連邦における主権は個別国家にあるのか連邦にあるのか、国家結合設立の基本条約は条約なのか、それとも憲法としての性質を持つのか、といった論点が、一九世紀のドイツにおいて提起されていたことに着目しつつ、連邦的秩序の歴史的な多様性からＥＵを理解するための理論枠組を得ようとする。初めての統一国家であるドイツ帝国の設立時期に発展したドイツ公法学は、連邦国家概念に一元的な政治単位としての国家や単一不可分の主権といった集権的な色彩を負わせ、集権的な近代国家としての統一性を強調しすぎた。この一九世紀の理論枠組に依拠する現在の憲法学およびヨーロッパ法学は、連邦国家と国家連合を二分法的に把握せざるをえない。しかしながら、複数の政治単位が結合して作られる秩序である「連邦」は、歴史的に様々な形態を経験しており、集権的な連邦国家と分権的な国家連合という理論枠組は自明ではない。主権の所在にこだわるのをやめて、連邦的な諸制度や法実践の歴史的な蓄積に目を向けるとき、ＥＵの姿をより正確に捉えることができるとするのが「連邦論」の主張である。

ヨーロッパ統合と民主制

複数の政治単位が結びつき、共同の仕組を発展させていく「連邦」においては、単一の政治単位の内部におけるような民主的正統化モデルは容易には成り立たない。近代的主権概念に縛られた公法学は、単一国家をモデルとして国民による民主的正統化を志向するが、ＥＵにおける政治的決定は、民主的正統性を与える諸国家の国民からはるかに遠く離れたところで行われる。ＥＵの行為は加盟国の授権に基礎づけられることを通して、加盟国国民による民主的正統化を受けるとされるものの、国民—議会—政府—欧州理事会という連鎖による民主的正統化は国民が遠くかけ離れており、欧州理事会における政治的調整は時に予測不可能なものになるため、国民に対する民主的な答責は機能しない。

そして、ＥＵの行動能力を高めるために、欧州理事会で全会一致ではなく特別多数決による意思決定の領域が拡大するほど、ＥＵの意思決定は自立性を強め、加盟国政府によってコントロール可能な領域は狭められる。ここで生じる「他者による支配」と「民主主義の赤字」を埋め合わせるために、ＥＵ市民によって直接に選挙された欧州議会に期待がかけられ、その権限の拡大が求められていくことになった。

しかしながら、ＥＵには国民国家におけるのと同様な同質な単数形の国民は存在せず、複数の諸国民が存在するに過ぎない。ＥＵ内部には複数の言語が併存し、統一的な政治的言論の場が存在するとはいえず、メディアも国や言語ごとに分断されているために、ヨーロッパレベルでの政党も未発達である。ＥＵ市民としての意識よりも各加盟国の国民としての意識が優位するなかで、民主的意思形成の場としての統一的なヨーロッパ公共圏が存在するとはいいがたい。それゆえ、国民代表としての議会を中心に据えた民主制のモデルをＥＵへと投影する試みは現実的な基礎を欠くと批判されるのである。欧州議会を通じたＥＵ市民による民主的正統化が機能しないとすると、加盟国がＥＵの統治構造の内部で実質的な権限を保持することで、国民による民主的正統化を確保することが不可欠であるとの議論は根強い支持を得ることになるのである（林二〇一二）。

国民国家の民主制モデルを範としてＥＵの「民主主義の赤字」が論じられるのであるが、そこで範とされる民主制モデルは、実のところ単一国家の国内ですら実現されているかは疑わしい。行政国家現象、組織された諸利益と国家との交渉が有する政治的重要性に鑑みると、国民代表としての議会による民主的支配には限界がある。「民主主義の赤字」はＥＵに限られたものではない。さらにドイツについて見れば、国民によって直接選挙される連邦議会と州の代表である連邦参議院とが併存し、二つの正統化の鎖を形づくっている。これに加えて、ドイツの政治過程は「協調的連邦制」の構造における様々な妥協を強いられている。

このように見ると、EUにおける「民主主義の赤字」は、これまで単一国家をめぐって議論されてきた権力分立や法の支配といった憲法原理をいかに応用し、より多くの正統性を有するかという問いに還元することができると指摘されている（林二〇〇九）。ヨーロッパにおける「民主主義の赤字」を埋め合わせるドイツの議論においては、加盟国国民や欧州議会を通じた民主的正統化を補強するものとして、欧州委員会における政策決定が専門合理性を持つことに由来する統治の正統化が広く認められている。さらに、近年では支配の正統性の淵源は集合体としての国民にではなく個人に求める見解や、統治の実効性に求める見解も登場している（林二〇〇九）。EUは個人が政治的決定に影響力を持ちうるにはあまりに巨大であるが、その代わりに国民国家が単独では持ちえない問題解決能力を持つに至ったのであるから、そのような統治体としてのEUの支配は、諸個人による自由や福祉が有効に実現することによって正統化できるのではないかとの見解である。また、国家の正統性を個人の自己決定から構成しなおし、基本権保護による個人の自由や自己決定を保障することが統治を正統化するとの見解もある。

三　ドイツのデモクラシーと憲法裁判所

以上に見たように、反EU的言説のターゲットとなっている国家主権侵食の問題は、加盟国国民によるEUの統治に対するコントロール、そして民主的正統化の問題として構成できる。支配の正統化の問題と通底し、ドイツ・デモクラシーを見る上での第二の視点は、ドイツの民主制にとって憲法裁判所が果たしている役割である。ナチスによるヴァイマル共和国の転覆を経験したドイツ連邦共和国基本法は、「民意」を警戒して憲法を保障するために様々な制度的な装置を用意した。すなわち、「闘う民主主義」を採用し、憲法改正に限界を設け、民主的決定さえをも統制する憲法裁判所を設けた。

国民の憲法擁護義務を定め、自由で民主的な秩序を脅かす者に対しては基本権を喪失させる手続を用意する基本法には、カール・レーベンシュタインの定式化した「闘う民主主義」の思想が通底していることが知られている。加えて、憲法改正手続を規定する基本法第七九条三項は、人間の尊厳を定めた同法第一条および国家の基本原理を定めた同法第二〇条を憲法改正によっても変更できない不可侵条項として定めている。憲法改正に限界を設けることで、憲法制定時より将来の国民を縛っているのである。また第七九条二項は連邦議会と連邦参議院における三分の二の多数決を要件としつつも国民投票は予定していない。憲法改正手続が加重多数決を要し、国民投票を行わないとしていることは、エリートの決定を表現し、政党国家体制に拘束されることを意味する。ここで憲法改正は専門知識に基づいた法形成となるのである(Masing 2005＝二〇一三)。最後に、基本法によって創設された連邦憲法裁判所は、議会の制定する法律を違憲無効にする権限を持ち、その意味で国民の決定を反故にすることが可能な機関である。

違憲審査制は、多数者の専制から少数者の権利を保護するために民意を代表する議会の決定を専門

写真　連邦憲法裁判所（カールスルーエ）（DPA：共同通信イメージズ）．

家集団からなる裁判所が覆す制度である。そうであるにもかかわらず、現在のドイツにおいて連邦憲法裁判所は民意から離れた存在とは見なされておらず、総じてドイツの民主制の擁護者として国民の信頼を勝ち得ている。民主的正統性を持たない機関でありながら、連邦憲法裁判所がここまで国民の信頼を集めるに至った理由はどこにあるのであろうか。また、政治的に重要な決定を行いながらも司法の一翼として政治部門から独立した地位を得るに至ったのには、どのような要因が関わっているのであろうか。

ドイツにおける憲法裁判権の設立

憲法裁判所は第二次世界大戦およびナチス独裁における広範な人権侵害の経験を省みて、基本法の起草者が導入した新しい制度であった。そもそも、早い段階で民主革命を経験したイギリスやフランスをモデルとする伝統的民主制理解においては、国民の基本権は民主的議会の制定する「法律によって」保障されるのであり、議会を基本権によって制約するという発想はない。ドイツはナチスの独裁を経験したからこそ、議会の制定する「法律に対して」も基本権を保障する必要を感じ、憲法裁判所を設立したのである。加えて、日本やアメリカのように通常の民刑事の裁判のなかで違憲審査が行われる付随的違憲審査制に対して、ドイツにおいて違憲審査は特別の裁判所により担われている。このような形での憲法保障は、独裁制による断絶と行政および司法における旧来のエリートへの不信の表現である(Schönberger 2011＝二〇一四)。ドイツの連邦憲法裁判所は、民主化されていない社会において、新憲法が準備した自由で民主的な秩序を実際に動かす役割を担うことが期待されていたのである。

しかしながら、連邦憲法裁判所は設立当初から「憲法の番人」として成功を約束された機関ではなかった。基本法制定機関として組織されたのは国民代表ではなく、州政府の代表からなる議会評議会であったが、ここでも憲法裁判権についての明確なイメージが存在していたわけではなく、個人が直接に憲法裁判所に提訴することを認めるかについても議論は分かれた。制定時の基本法とこれに先立って組織された専門員会が起草したヘレンキームゼー草案を比較すると、草案段階では存在した私人による憲法裁判所への提訴権は採用されておらず、また、連邦憲法裁判所に独立の一章を充てて特別の意義を不要とした草案と異なり、基本法はこれを「裁判」の章に組み入れている。連邦憲法裁判所の権限や手続の詳細は後の立法に委ねられたが、連邦憲法裁判所法が成立し、連邦憲法裁判所が活動を開始したのは一九五一年のことであった。この立法過程の背景としてCDU／CSUがヴァイマル時代の司法との連続的発展をもって司法再建の道と考えたのに対して、社会民主党(SPD)はヴァイマル時代の最高裁判所であるライヒ裁判所の司法運用に批判的な目を向けており、従来の司法と人的に連続性を有しない新設の連邦憲法裁判所を重視したことが指摘されている(宍戸二〇〇五)。

連邦憲法裁判所法は第一条において「連邦憲法裁判所は他のすべての憲法機関に対して自立し独立

する、連邦の裁判所である」とした上で、各八名の裁判官によって構成される二つの法廷を設置した。各法廷について連邦議会と連邦参議院が同数の裁判官選出権を有する。この選出は連邦参議院では総会によるが、連邦議会では一二人の選挙人委員会による。いずれの場合も投票数の三分の二の多数が必要である。慣行として各政党が優先推薦権を持ち、憲法裁判所内部における政党政治的均衡が確保されている。同法成立当初の管轄権配分では第一法廷に抽象的・具体的規範審査と憲法異議が、第二法廷には機関訴訟と連邦制に関する争訟を中心とする手続が委ねられ、そのため各法廷は俗に「基本権法廷」、「国事裁判所法廷」と呼ばれた。

連邦憲法裁判所の受容

基本法の制定から二年遅れて活動を開始したにもかかわらず、連邦憲法裁判所は自己の権限強化に成功し、連邦議会、連邦参議院、そして連邦政府と並び立つ憲法機関としての地位を獲得していった。しかしながら、その道のりは決して容易なものではなく、連邦憲法裁判所はその歩みのなかでいくつかの危機を経験した。

連邦憲法裁判所にとって最初の危機は、欧州防衛共同体条約の批准と再軍備をめぐる政治的論争に巻き込まれたことである。再軍備の是非をめぐる論争は「基本法が事前の憲法改正なしに再軍備を許容するか」という憲法論として構成され、SPDが第一法廷に、CDU／CSUは第二法廷に提訴を試みるという事態に発展した。一九五三年九月の連邦議会選挙に大勝したアデナウアー政権が再軍備のための憲法改正を成し遂げたことでこの論争は決着を見るが、第一法廷の裁判官の多くがSPDに、第二法廷の裁判官がＣＤＵに親和的傾向を持っていたことで、「赤い法廷と黒い法廷」との俗称とともに憲法裁判権の政治性が明るみに出ることになった。実質的に国家の基本政策が問題となる論点について当事者が司法戦術に訴え、自己にとって有利な法廷に申立を行うことは、憲法裁判権を党利党略の道具と貶める危険をはらんでいる。他方において、こうした政治的論争は連邦憲法裁判所自身に対して、連邦憲法裁判所とその判決の政治的性格について再考を要求するものであった（宍戸二〇〇五）。

再軍備をめぐる論争と同時期、連邦憲法裁判所は司法省からの独立をも果たす。当初、連邦憲法裁判所は他の連邦裁判所と同様に連邦政府の率いる司法省の監督下に置かれ、その予算および人事も司法省の管理下に置かれていた。このような状況を改善すべく、初代憲法裁判官の一人であるゲルハルト・ライプホルツは合同部において、連邦憲法裁判所が「裁判官の独立のあらゆる保障を備えた独立の裁判所」であり、「憲法の番人としての性格を持ち、同時に最高の権威を備えた憲法機関」であること、連邦議会、連邦参議院、連邦政府と「憲法上対等であること」を主張する報告書を作成した。この報告書は連邦憲法裁判所の地位に見合った実務を求める覚書に結実し、一九五二年六月に連邦大統領、連邦議会、連邦参議院、連邦政府に送付された。当時の司法相トーマス・デーラーは司法省の権限喪失を恐れてこの覚書に反発し、その後の司法省と連邦憲法裁判所のやり取りのなかで、裁判所内部の意見の相違も表出し、「地位論争」に発展する。

加えて、当時の連邦憲法裁判所は他の裁判権とも緊張関係にあった。当時の連邦憲法裁判所法では具体的規範審査の中立は当該裁判系列の最高裁判所を経由することになっていたが、戦前からの司法エリートが君臨する連邦最高裁判所は、しばしば勧告意見を付与したり、下級審の申立を妨げたりして、連邦憲法裁判所の判断の余地を狭めたのである。こうした実務に連邦憲法裁判所は反発し、第一次連邦憲法裁判所法改正によって下級審の直接申立が実現することになった。

このように設立当初の憲法裁判所を取り囲む政治状況は相当に厳しいものであった。基本法が導入した「憲法の優位」とそれを保障する「強い憲法裁判権」は、ドイツ社会において十分に意識されているとはいいがたい状況にあったのである。にもかかわらず、連邦憲法裁判所が自らの地位を確立することができた要因として、まずは、「憲法の番人」として自らの地位を示していった憲法裁判所自身の活動に求めることができよう。連邦憲法裁判所は、再軍備論争をめぐる危機を乗り越え、地位論争を通じて司法省からの独立を果たし、憲法機関としての地位と権威を自ら作り出すことに尽力した。

この権威の創出に有利に作用したのは、戦後ドイツにおける議院内閣制の政治システムである。連邦憲法裁判所が激しい政治的対立を裁く際に権威を獲得できたのは、判決を支持するだけの十分な影響力を持つ政治的諸勢力が存在し、政権交代の現実的可能性を前提として、未来の野党たる政府・与党も将来における期待利益を憲法裁判所に有していたからである(宍戸二〇〇五)。連邦憲法裁判所は、こうした政治的諸力とのバランスのなかで、法的に精緻な判決が持つ論理の力を通じて、高い権威を確立することとなった。

加えて、連邦通常裁判所など旧来の司法がナチスとの連続性を断ち切れていなかったこと、議会および行政の権威が失墜していたことも憲法裁判所の権威を相対的に高めた(Schönberger 2011＝二〇一四)。戦後にあって、行政権はもとより、議会もまた信頼を失っていたところ、連邦裁判所はこれらに代わる新たな権威として登場した。その際、連邦憲法裁判所はドイツ国民に根付いていた前民主的で権威隷属的な政治文化において、行き場を失った権威への期待を背景として強大化してゆく。政治は本質的に汚れた業で、法はきれいな業であるというドイツの古い信仰のもと、連邦憲法裁判所は国民の支持を得ていく。初代連邦憲法裁判所の判事には、ナチス期に亡命を余儀なくされたライプホルツや自ら大学を離れていたエルンスト・フリーゼンハーンのようなナチスに汚染されていない者が選ばれ、ナチス期を通じて重要なポストについていた従来の司法、すなわち連邦通常裁判所判事たちとは明瞭に異なる人選が行われた。

最後に、ドイツ連邦共和国が経済的に成功し、政治的に安定したことで、その憲法秩序を形づくる基本法が国民からの高い評価を得たことが連邦憲法裁判所の受容に貢献した。東西に分断され、ナチスの過去を背負ったことで、歴史や民族、文化といった統合要素が愛国心の基礎として機能しない戦後ドイツにおいては、基本法を基礎とした愛国心、憲法パトリオティズム現象が生じる。このような形で基本法が高い評価を得たことは、憲法の守護者としての連邦憲法裁判所に対する国民からの信頼を引き寄せることになったのである。

政治の法化と憲法裁判所批判

連邦憲法裁判所にとっての第二の危機は一九七〇年代にやってくる。一九七〇年代に野党に転じたCDU／CSUは、SPD・FDP政権の諸政策に対して訴訟戦術に訴え、連邦憲法裁判所は各種の改革立法を原則的にあるいは部分的には正当化するものの、その効果や以後の法改正を限定する内容の判決を数多く下した。そのため、中絶を部分的に制限する第一次堕胎判決や兵役拒否をめぐる一連の判決について、ＳＰＤと自由民主党（ＦＤＰ）の連立政権の政策に歯止めをかける政治的敵対者――「ボンの黒い政治家とカールスルーエの赤い法服の連合」――としての批判をうけることになる。こうした判決傾向は一九七九年の共同決定判決を機に変化を示すようになり、一九八〇年代には連邦憲法裁判所は政治部門の判断を尊重しつつ、政治的紛争を収束させる機能を担うようになる。こうした判決傾向の変化と並行して第二の危機は終息していった（渡辺二〇〇三）。

こうして七〇年代には連邦憲法裁判所が政治的に重要な事件にしばしば関わるようになる。このとき、連邦憲法裁判所の政治過程に対する影響は、違憲判決による法律の無効化に限られない、より深刻なものであった（宍戸二〇〇五）。すなわち、立法理由において、連邦憲法裁判所の判決が援用されたり、極端な例では、ある立法の合憲性を確実なものとするために、連邦議会が立法審議を中断して連邦憲法裁判所の判決を待つということも行われた。

法案が判決の趣旨と一致するかが立法審議で過度に重視されるなかで、「政治の法化」は進行していった。同時に、連邦憲法裁判所が政治過程において過度に影響力を持つ支配的存在になりつつあるという「裁判国家化」が批判され、連邦憲法裁判所の限界画定が論じられるようになる。憲法が「政治的法」であることから、憲法裁判権に由来する「裁判」の政治性を肯定しつつ、その限界を確定しなくてはならないとの議論である。連邦憲法裁判所は、憲法機関として連邦議会や連邦政府と並びたつ存在でありながら、裁判所でもあるという二重性から、必然的に政治の舞台で司法の言葉も語り、司法の舞台で政治の言葉も語る。このような全く異なる制度的な論理にさらされていることは、それが上手く作用する分には政治を法的な理性に導き、司法の硬直を打破するものの、失敗すると、司法から制度的な日常合理性を奪い、政治的判断における民主的なプロセスに基づく自由で公的な責任を伴わないままに政治的判断を下すことになってしまう(Schönberger 2011＝二〇一四)。

最後の、そして最も大きな危機は、一九九〇年代半ばに突如として生じた政界・学界・メディアからの強力な連邦憲法裁判所批判によって始まる(畑尻一九九七)。この批判は、後述する十字架事件、兵士一般に向けられた集団侮辱罪の成立を表現の自由によって制限した「兵士は殺人者だ」事件など、自由主義的な一連の判決に対して向けられていた。グローバル化が進展し、社会の多様化が進むなか、連邦憲法裁判所が伝統的な価値観を考慮せずに基本権内在的な論理を貫いたことに世論は大きく反発し、少数者保護を優先するあまりに民意を軽視しているとの批判が噴出した。これまでの危機が、すべて連邦憲法裁判所と連邦政府ないし連邦議会との間での憲法機関同士での対立であったのに対し、この第三の危機は、連邦・州の閣僚、国会議員を主導者としつつ、各層の国民を巻き込んだ大規模な反対キャンペーンに発展する。それまで世論調査で高い数値を誇っていた連邦憲法裁判所への支持率も急落した。十字架事件においては、教室に十字架を掲げることを義務づけるバイエルン州の学校規則が違憲とされたが、これに対してバイエルン州首相をはじめとする政治家たちはドイツ社会におけるキリスト教の伝統を消極的に評価するものであるとして、公然と批判の声をあげる。彼らが判決に反対する抗議行動を国民に呼びかけた結果、一九九五年九月の大抗議集会には二万五〇〇〇人が集まり、判決に対しては二五万六〇〇〇通の抗議文が寄せられる事態に至った。

この第三の危機は、政治家が国民に対して公然と抗議行動を呼びかけ、連邦憲法裁判所裁判官の資質を疑い、裁判所を貶める発言がなされたこと、裁判官や法学教授といった法律家からも厳しい批判が相次いだ点で従来の連邦憲法裁判所批判とは質的に異なると評されている。加えて、判決に対する批判の根拠として、「国民の名において下される判決であるのに、国民の大多数の価値観に反し、国民に受け入れられていない」ことが持ち出されたのも特徴的であった。すなわち、連邦憲法裁判所によって政治的に重要な決定が行われていることに対する「民意」からの反発を内容としていたのである。

この批判に応える形で連邦憲法裁判所長官ユッタ・リンバッハは、判決の「国民による受容」について次のような講演を行った(Limbach 1999＝二〇〇一)。リンバッハは、国民による受容は、法がよりよく機能するための社会的条件以上のものであり、民主制にあっては憲法の民主制原理から帰結される法的なファクターであるという。そして、憲法裁判所の判決は世論や法律家仲間による批判に服すべきものであり、この批判に耐えうる水準を維持することで国民によって受容されなければならない。確かに、連邦憲法裁判所は、通常の裁判所と異なり、あらゆる判決において政治および社会における承認および受容のために努力することを求められてきた。それは、伝統的な裁判所と異なり、学問的で政治理論にも造詣の深い判決のスタイルにも見てとれる。リンバッハのいうように判決の「受容」が正統性と関わるものであるならば、連邦憲法裁判所は連邦議会とは異なる形ではあるものの国民を代表する道を有することになる。

この第三の危機は、庇護権を制限する基本法改正を合憲とした一九九六年の決定を転換点として終息していく。この判決以降、連邦憲法裁判所は比較的自制的態度をとるようになり、連邦憲法裁判所をめぐる論争は沈静化していった（渡辺二〇〇三）。

連邦憲法裁判所の役割変化

連邦憲法裁判所は戦後ドイツにおいて、個々の具体的紛争を解決するという任務だけでなく、憲法の基本的価値原理を国民のなかに定着させるという任務を十分に果たし、ドイツの前民主的政治文化にあって、自由で民主的な秩序を擁護した。しかしながら、民主主義の後見人としての連邦憲法裁判所は、ドイツ社会の民主的な成熟により自らの役割を終える運命にある。議会制民主主義の成熟した自由主義社会においては、「政治文化の代用物」としての憲法裁判所は不要なものになるのである（Schönberger 2011＝二〇一四）。

ドイツにとって法の支配、すなわち政治を枠づけコントロールするものとしての法は、国家の根幹に属する。ドイツにおける政治とは、単に政治的多数を得るための民主的格闘だけではなく、法と裁判所による問題解決をも意味してきた。こうした法化された社会というドイツの特徴は今後も維持されることが予測されるが、現代においては連邦憲法裁判所の役割も変化を求められている（Schönberger 2011＝二〇一四）。

第一に、連邦憲法裁判所は、新しい社会発展に合わせて創造的に基本権解釈を行うことによって応答する役割を担ってきたが、この役割をこれまでと同様に果たすことができるかは疑わしくなっている。福祉国家の登場、リスクの事前配慮や予防的制御といった政治的な采配を必要とする領域が拡大することで、そもそも政治や政策を法によって規律するための前提が成立しなくなってきている。

第二に、連邦議会における安定した議会多数派に対するカウンターバランスとしての連邦憲法裁判所像は当てはまらなくなってきている。これまでは、重要な政治的決定について、最終的には憲法改正という手段を通じて連邦憲法裁判所に対して枠づけを行う勢力が議会に存在していた。しかしながら、従来の国民政党であるCDUとSPDが徐々に支持者を減らしており、政権を担いうる政党構成が予測不能なものとなりつつある今日の状況において、連邦憲法裁判所はカウンターバランスというよりは憲法機関のなかでの比重を過分に強めてしまう。

第三に、連邦憲法裁判所の役割は、ドイツ法秩序のヨーロッパ化・国際化によっても相対化されている。現在のドイツ法秩序の少なからぬ部分はヨーロッパ法由来の性格を持つようになり、連邦憲法裁判所が解釈権を持つ基本法の地平では完結しなくなってきている。こうしたヨーロッパ法由来のドイツ法に対しては、ルクセンブルクの欧州司法裁判所が解釈権を行使する上、基本権保障という連邦憲法裁判所のかつての得意分野でもストラスブールの欧州人権裁判所の判決を尊重しなければならない。国民の視点からは超上告審たる憲法裁判所の判決をさらに覆す可能性のある超超上告審が控えているように見える。これらの競合する裁判権によって連邦憲法裁判所の権威は相対化してゆく。

さらに、連邦憲法裁判所が足掛かりとしてきた国内法を統一する価値秩序としての基本権も、EUや欧州人権条約による基本権保障によって、その優位を脅かされている。国際法、ヨーロッパ法、国内法といった法の異なる階層が複雑に絡み合えば合うほど、これらの階層を基本法から解釈しなおすことは難しくなる。その結果、戦後ドイツを特徴づけてきた、法発展における憲法の中心的役割は維持できなくなってきている。

四　ヨーロッパ統合とドイツ・デモクラシー

冒頭に紹介した講演においてフォスクーレは、ヨーロッパにおけるデモクラシーと法の支配の危機に警鐘を鳴らしつつ、ドイツの政治文化は比較的安定しており、現状は憂慮すべき状態にはないとした。こうした安定した政治文化の育成者として連邦憲法裁判所が果たしてきた役割は大きい。もっとも、このような連邦憲法裁判所の成功が決して自明のものでなかったこともすでに述べた通りである。連邦憲法裁判所は三つの危機を経験し、危機克服の過程では、政府・与党による法律を違憲無効とする判決には八名の裁判官の三分の二の多数を要求すべきとの連邦憲法裁判所法改正の提案、国民からの信頼の喪失といった危うい局面も経験している。これらの危機を乗り越え、現在の連邦憲法裁判所はきわめて高い水準での国民の信頼を集めることに成功したのである。しかしながら、この成功は戦後ドイツの政治システムをはじめとする歴史的条件に依存したものであったからこそ、フォスクーレは隣国ポーランドにおける司法改革に対して強い懸念を表明するのである。

ドイツの連邦憲法裁判所は、戦後の司法史において、他の憲法機関である連邦政府や連邦議会と対立・闘争を経験しながらも、判決の持つ法政策機能によって政治的調整に貢献した。憲法裁判所によって承認され、また制限されることで、政治的対立を伴う多くの法律が国民に受容されていった。同様の構造はヨーロッパ統合を深化させる政治決定についても見出すことができる。ヨーロッパ統合の過程において、連邦憲法裁判所はＥＵへの権限委譲を原則的に承認しつつも、主権の侵食に歯止めをかける役割を果たしてきた。

連邦憲法裁判所は、マーストリヒト判決、ユーロの導入、リスボン条約、ギリシャ危機と欧州金融安定ファシリティの設立、ヨーロッパ中央銀行の国債無制限買取決定といった重要な局面において、政治プロセスそして代表民主制の欠陥を補う役割を担い、これらの重要な政治的決定の受容に貢献した(Huber 2016)。一方において、ヨーロッパ統合が深化し、欧州司法裁判所や欧州人権裁判所との協働が求められるなかで、また、ドイツのデモクラシーが成熟するなかで、連邦憲法裁判所の民主制における役割は徐々に後退してゆく。しかしながら、他方においては、ヨーロッパ統合の深化と多層的法構造によって、連邦憲法裁判所の判例理論の影響力はヨーロッパ全域に拡大している。連邦憲法裁判所は人権保障や権力分立といった立憲主義の基本原則についての法的な基準を欧州司法裁判所や欧州人権裁判所とともに形成し、ヨーロッパにおける人権保障、法の支配を牽引する役割を増している。こうした基準形成機能によって、ドイツ連邦憲法裁判所は、ドイツのデモクラシーを担う一翼としての、そしてヨーロッパにおける基本権保護をリードする裁判所としての役割を期待され続けるだろう。

参考文献

大西楠テア(二〇一五)「グローバル化時代の移民法制——多元的システムから見たドイツの移民法制」浅野有紀・原田大樹・藤谷武史・横溝大編著『グローバル化と公法・私法関係の再編』弘文堂。

シェーンベルガー、クリストフ(二〇一三)「連邦(Bund)としてのヨーロッパ連合」大西楠テア訳、『駒澤法学』一二巻二号、一—一八頁。

宍戸常寿（二〇〇五）『憲法裁判権の動態』弘文堂。

ドイツ憲法判例研究会編（二〇〇六）『ドイツの憲法判例Ⅱ』第二版、信山社。

畑尻剛（一九九七）「批判にさらされるドイツの連邦憲法裁判所（上）」『ジュリスト』一一〇六号、七四―八一頁。

林知更（二〇〇九）「日本憲法学はＥＵ憲法論から何を学べるか」『比較法研究』七一号、九四―一〇七頁。

林知更（二〇一二）『ヨーロッパ「憲法」の形成と各国憲法の変化』信山社。

渡辺康行（二〇〇三）「概観：ドイツ連邦憲法裁判所とドイツの憲法政治」ドイツ憲法判例研究会編『ドイツの憲法判例』第二版、信山社。

Huber, Peter M.（2016）„Der Rechtsstaat unter Druck,“ in Otto Depenheuer, Christoph Grabenwarter eds., *Der Staat in der Flüchtlingskrise: Zwischen gutem Willen und geltendem Recht*, Verlag Ferdinand Schöningh GmbH.

Limbach, Jutta（1999）*Im Namen des Volkes: Macht und Verantwortung der Richter*, DVA（青柳幸一・栗城壽夫訳『国民の名において――裁判官の職業倫理』風行社、二〇〇一年）。

Masing, Johannes（2005）„Zwischen Kontinuität und Diskontinuität: Die Verfassungsänderung,“ *Der Staat*, 44(1): 1–17（棟居快行訳「継続と非継続の間――憲法改正」『レファレンス』二〇一三年、九号、一二三―一三八頁）。

Schönberger, Christoph（2011）„Anmerkungen zu Karlsruhe,“ in Matthias Jestaedt, Oliver Lepsius, Christoph Möllers, Christoph Schönberger eds., *Das entgrenzte Gericht. Eine kritische Bilanz nach sechzig Jahren Bundesverfassungsgericht*. Surkamp（鈴木秀美他訳「カールスルーエについての所見」M・イェシュテット他著、高田篤他監訳『越境する司法――ドイツ連邦憲法裁判所の光と影』風行社、二〇一四年）。

Schönberger, Christoph（2012）„Hegemon wider Willen: Zur Stellung Deutschlands in der Europäischen Union,“ *Merkur*, 66（752）: 1–8.

第2章　「普通の人」の政治と疎外
——ＥＵ問題をめぐるイギリス政党政治の困難

若松邦弘

一　イギリス政治における「普通の人」

イギリスの政党や政治家の口から「普通の人(ordinary people)」や「普通の勤労者(ordinary working people)」という言葉を聞くようになって久しい。二〇〇七年以降の金融危機を経て高まった「経済・政治エリート」に対する批判を背景に、イギリスの政治勢力はその「エリート」の対極に各々イメージする「普通の人」へのアピールを強めた。その最中、二〇一六年に行われた国民投票でのＥＵ離脱派の勝利は、大方の予想を裏切ったという驚きによって、「有権者の反乱」ととらえられた。これがイギリスの既存秩序への「反乱」とすれば、その主役こそ、「普通の人」の実体であろう。

この点で、近年のイギリス政治を考えるには、イギリスの経済構造、具体的にはロンドンへの一極集中を特徴とする構造に注目する必要がある。「普通の人」とは、そのもとで自らが既存政治による関心の外に置かれてきたと感じている有権者である。

本章はこの「普通の人」に焦点を当て、ＥＵ国民投票前後のイギリス政治の特徴を検討するものである。それによって政治観察におけるロンドン中心視点の見直しを企図している。今日のイギリス政治では大都市／地方都市／農漁村部の区分が重要となっている。経済的疲弊や政治疎外は地方都市や農漁村部で深刻になっており、その根底にはロンドンと地方の格差がある。それゆえ本章の分析はイギリスにおける中心と周辺の関係に注目するものとなる。

本章は三つの部分からなる。最初に今のイギリスの有権者配置を、近年のイギリス政治の主要争点である経済争点とEU争点に沿って検討する（第二節）。続いてその配置のもとで生じている有権者の疎外の様相を経済構造と政治参加の特徴から見出し（第三節）、さらにそのような有権者を前にした主要政党の支持調達の試みとその課題を、イギリス政治の右派と左派それぞれについて検討する（第四節）。

二　イギリスの有権者とEUへの姿勢

二〇一六年の国民投票は「EU残留多数のロンドン」と「同離脱多数の地方」の対立図式をイギリス政治に持ち込んだ。票数で見ると残留は一六〇〇万、離脱は一七〇〇万と拮抗した。これら親EUの有権者、反EUの有権者は、それぞれどのような意識や属性を持った社会層であろうか。これについては、教育歴や階層が投票動向を規定した主要要素であることがすでに確認されているものの、そのなかで地域性に言及する分析は必ずしも多くない。

参考になるのは、学術的な社会調査「イギリス社会意識調査」を行っている全国社会研究センターの分析である。そこでは年齢や階級意識、移民や福祉に対する見方など一〇種の指標をもとに、イギリスの有権者が五つに区分される（一八歳以上の四〇〇〇人を対象、二〇一六年五・九月実施）。「中産階級リベラル層」（人口比で全体の二五％、以下同）と「若年労働者階級労働党支持層」（二五％）の二カテゴリーではEU残留が多数を占め、中産階級で反福祉の保守党支持層である「豊かな欧州懐疑層」（二三％）、また「中高年労働者層」（一六％）、「経済的な疲弊色の強い反移民層」（一二％）では、EU離脱が多数を占める（Swales 2016）。

世論調査機関オピニウムと社会的市場財団の調査も同様の傾向を示す（Opinium and Social Market Foundation 2016）。こちらは有権者を七つに区分する（一八歳以上の二〇三七人を対象、二〇一六年八月実施）。EU離脱志向の勢力は、イングランド南部の高齢者を中心とする「常識派」（人口比で全体の二六％、以下同）、保守党支持の労働者が中心の「我がイギリス派」（二四％）の二つである。これに対し、スコットランドなどの伝統的左派である「民主社会主義派」（八％）、急進左派の「進歩派」（一一％）、ビジネス志向の「自由リベラル派」（七％）、都市部の穏健保守である「新しいイギリス派」（六％）、同じく都市部の中道左派「浮動票派」（同七％）が親EUであり、さらにEUへの姿勢が明瞭ではない「コミュニティ派」（五％）も存在する。

両分析のカテゴリーをイギリス政治の伝統的な政策軸である福祉―市場志向（経済争点）に沿って並べ、EUへの姿勢との二次元平面に配置したのが**図１・２**である。いずれも親EU側、反EU側に複数のカテゴリーが見出せる。EUへの姿勢という単一争点でこのように意識や属性において多様な有権者を二分したのが、二〇一六年の国民投票であった。

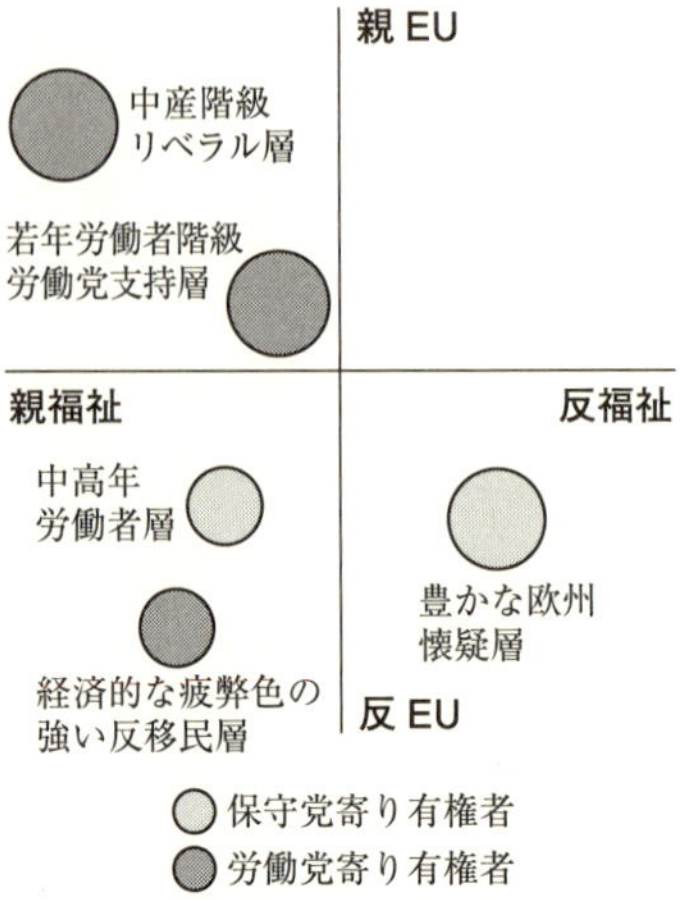

図 1　イギリスの有権者配置
（全国社会研究センター）
出典：Swales(2016) より筆者作成.

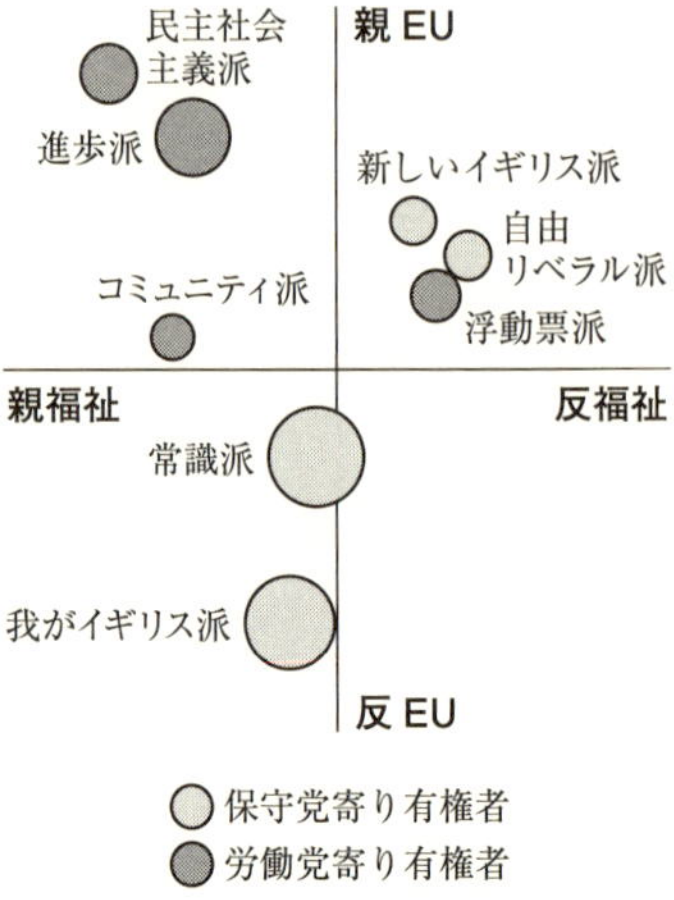

図 2　イギリスの有権者配置
（オピニウム・社会的市場財団）
出典：Opinium and Social Market Foundation(2016) より筆者作成.

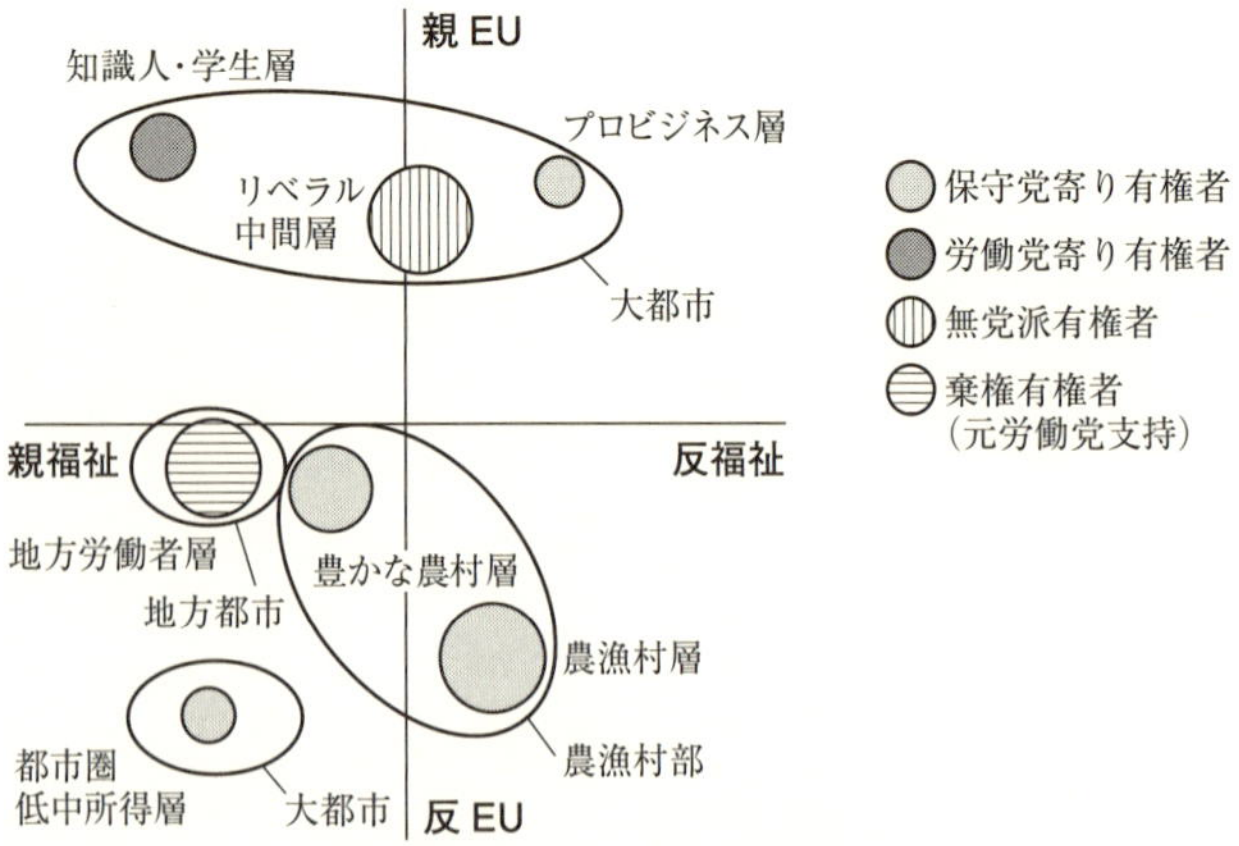

図 3　イギリスの有権者概念図
出典：筆者作成.

図3は両調査に基づく図式を修整したものである。オピニウム等の分析で示される「民主社会主義派」は現在もスコットランドなどで組織労働者として強いものの、全国的には弱体化しているため除外し、また全国社会研究センターの分析で他カテゴリーに分散して組み込まれている主に大都市の反福祉・親EU層を、党派色を考慮した上で示してある。

これが今のイギリスの有権者の概観図となる。ポイントは、大都市／地方都市／農漁村部における有権者の性格の違いである。図の上部に位置する親EU層は、その多くが大都市圏の中・若年層ホワイトカラーである。①「プロビジネス層」は保守党支持で財界寄りの高中所得者である。この層は反EUを少数含む(EUは経済活動の阻害要因との見方)。「自由リベラル派」と「新しいイギリス派」に当たる。②「リベラル中間層」はロンドンや地域中核都市に居住するブレア政権期の労働党(ニューレーバー)支持の中間層である。主要政党間で支持を移動させる傾向があり、「浮動票派」に相当する。これらと異なるもう一つの親EU層に③「知識人・学生層」がある。一九六〇年代の学生運動や一九八〇年代の都市社会主義の系譜も一部に引き継ぎ、政治参加意識の高い有権者である。「進歩派」に対応する。

これらに対し、EUに懐疑的な層は年齢がやや高く、また一般的に保守党の支持層と見られている。一つは④「豊かな農村層」であり、ロンドン近郊、とくに西方の農村地帯に居住する比較的豊かな穏健保守層である。EUの現状には懐疑的であるが、内部からの改革を求め、多くはEU「残留」に投票している。デーヴィッド・キャメロンなどのイメージである。「常識派」に相当する。これに対し、同じ農業でもロンドンの東方、イングランド東部の農村地帯は、東岸の漁村の有権者とともに「離脱」票が全国で最も多い。この⑤「農漁村層」も保守党支持が強い。自主独立精神の強い元首相、マーガレット・サッチャー、ジョン・メージャーのイメージであり、二〇〇〇年代半ばからの連合王国独立党（UKIP）の組織的な進出が最も早かった有権者である。

EU懐疑層には他に、⑥「都市圏低中所得層」も見られる。これは大都市近郊のいわゆる「下町」保守であり、テムズ川河口などに顕著である。自営業、労働者を含み、二〇一三年以降のUKIPの躍進のなか、「農漁村層」を上回って、同党の支持が最も高くなったグループである。「経済的な疲弊色の強い反移民層」や「我がイギリス派」に当たる。

イギリスにはこれら親EU層、EU懐疑層以外にもう一つ重要な有権者層がある。EUに無関心な人々である。イギリスの有権者のEUへの関心は、日常生活でEUのシンボルをよく目にする大陸欧州諸国に比べて小さい。多くの人にとってEUは関心の外にあり、従来は特段の意見を持たなかったのが実際のところである。そのなかで政治的に注目されるのが、「コミュニティ派」や「中高年労働者層」に対応する地方都市の⑦「地方労働者層」である。国民投票ではこの層から多くの「離脱」票が生じた。産業の構造転換に遅れ、疲弊の著しいイングランド北部の鉱工業地帯に多く、政治への幻滅が強い。伝統的には労働党の固い支持層であったが、一九九〇―二〇〇〇年代に同党支持からも離れ、近年はUKIPの浸透が目立つ。

いうまでもないが、以上の図式で経済軸（横軸）とEU軸（縦軸）は概念のみならず実態としても重ならない。目盛のとり方にもよるが、少なくとも三つの象限に有力な有権者層を見出すことができる。そのなかで、上記の既存調査いずれもが指摘するように、左下を中心に下半分、すなわち反EUの象限に、相応の大きさの複数のかたまりが存在する。国民投票での「離脱」票は、これらと、そのやや上方に位置する、ＥＵへの姿勢が本来は中立的な「地方労働者層」を合わせることで説明できよう。

この図式で確認したいのは、離脱支持が大都市と地方（地方都市、農漁村部）にまたがる一方、残留支持はオピニウム等の指摘する（図２）「民主社会主義派」を除き、大都市に集中する点である。地方での残留支持の弱さが、イギリスの国民投票における「残留多数のロンドン」対「離脱多数の地方」の実態である。

三　地方における政治からの疎外

地方におけるこのＥＵ残留支持の少なさは、イギリス政治のどのような構造に起因するのであろうか。これについて、地方には政治の現状に対する幻滅や不満が広く存在しており、現状の打破を求める志向が強いことを指摘できよう。これはＥＵ自体への評価と無関係のポイントである。イギリスの経済社会にはロンドン中心の構造ができあがっており、それゆえに地方では、経済社会的な疲弊とそれに対する国政のあり方への懐疑が生じている。政治（からの）疎外は地方において深刻である。

イギリスの政治的競争は従来、経済争点を軸に展開してきた。とくに近年は、既存政治における市場経済と国家介入のバランスについて不満が蓄積している。イギリスの、とりわけ地方の有権者と経済争点との関係は、この構図を踏まえて考える必要がある。

地方の不満には、長期と短期の背景を指摘できよう。前者は、過去三〇年間の経済政策とそれに対する不信である。大都市中心・金融サービス業中心の政策が一九八〇年代のサッチャリズムのもと強調され、その後の労働党ブレア政権にも受け継がれた。これは地方の疲弊の要因となったか、少なくともその是正には冷淡なものであった。そのようななか、イングランド北部を拠点とする地方銀行の信用不安(二〇〇七年九月)に始まった金融危機は、景気後退による法人税収入の減少や公共支出の拡大を招き、国の財政赤字はピークの二〇〇九年にGDP比一〇・五%に達した。財政再建のためその後に推進された緊縮策は、社会サービスや福祉の切り詰め、公共セクター職員の給与据え置きなどをもたらし、そもそもの危機の元凶とされた「エリート」(金融界、政界、財界、ロンドン)への国民の批判を高めた。

これら長期・短期の二つの要因を政治への影響から検討すると、まず長期的な変化では、一九八〇年代以来の政策に対する不満が生じている。二〇〇〇年代前半にイングランド南西部など農村部で生じた直接行動は、それが顕在化した一例である。政府による口蹄疫の対応のまずさやガソリン料金の高騰、地方税の上昇などを批判するその動きは、「農業」政策ではなく地域振興政策としての「農村」政策の欠如を糾弾するもので、当時、都市の社会的疎外の克服を最重要課題に掲げていたブレア政権に冷や水を浴びせた(Woods 2005; 若松二〇〇七)。

社会の疲弊は、これらの直接行動が生じた農村部だけでなく、古くからの工業地帯を抱えるイングランドの北部でも深刻である。地域別の所得、平均寿命、失業率を示した**表1**では、北部(ノースイースト、ノースウェスト、ヨークシャー・ハンバー)と南部(イースト、サウスイースト、サウスウェスト)について、むしろ「南高北低」の傾向を確認できる。産炭地帯の北部は古くから繊維産業、鉄鋼業、造船業

表1　地域別の所得，平均寿命，失業率

地域	世帯当たり可処分所得（GDHI, 2014年）（ポンド）		平均寿命（2013–15年生まれ）（歳） 男性	女性	失業率（2017年第3四半期）（%）
イギリス全国平均	18,565	100.0			4.3
ノースイースト	15,583	83.9	77.9	81.6	5.5
ノースウェスト	16,441	88.6	78.1	81.8	4.3
ヨークシャー・ハンバー	15,807	85.1	78.6	82.3	4.9
イーストミッドランズ	16,526	89.0	79.3	82.9	4.0
ウェストミッドランズ	16,237	87.5	78.7	82.7	5.5
イースト	19,220	103.5	80.3	83.7	3.6
ロンドン	24,625	132.6	80.2	84.1	5.0
サウスイースト	21,204	114.2	80.5	84.0	3.2
サウスウェスト	18,481	99.6	80.1	83.8	3.6
（参考）					
ウェールズ	15,815	85.2			4.1
スコットランド	17,828	96.0			4.0
北アイルランド	15,446	83.2			4.0

出典：Office for National Statistics.

が発達し、一九世紀のイギリスの黄金期を支えたが、一九八〇年代を中心とした炭鉱閉山を経て、いまや地域社会の疲弊は深刻である。

そのイングランドの北部では、国政への参加意欲の低さが懸念される。「南北の分断」は、政治について多くの場合、支持政党の傾向と関連して指摘されてきた。すなわち、北部は炭鉱や工場の労働者、公共部門職員を中心に労働党に強固な支持基盤を提供しており、保守党支持の南部と対極をなすと考えられてきた。加えて、北部は選挙での棄権が多いことも重要である。**図4**は一九九七年と二〇一〇年の総選挙における労働党の得票率と棄権率を地域ごとに示したものである。北部の諸地域（ノース、ノースウェスト、ヨークシャー・ハンバー）と中部（イーストミ

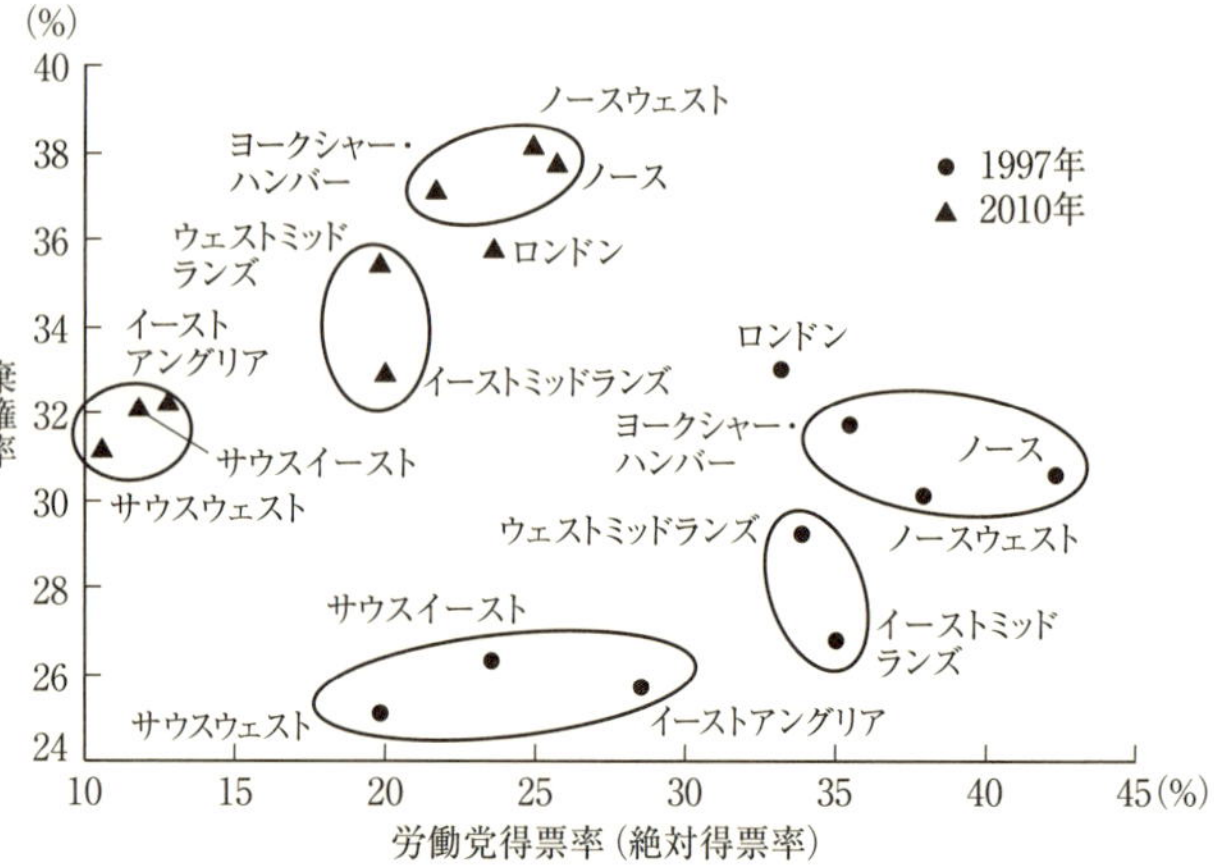

図4 地域別の労働党得票率と棄権率(1997年・2010年総選挙)
出典：注2参照，筆者作成.

ッドランズ、ウェストミッドランズ)、ロンドンを除く南部(サウスイースト、サウスウェスト、イーストアングリア)がそれぞれにグループを形成することが分かろう(統計データの都合で表1とは地域区分が一部異なる)[1]。とくに北部と南部は対照的で、北部は労働党への支持が高いのみならず、選挙での棄権も多い。なおウェストミッドランズは「北部」に準じて扱うこともできよう。地域の北半分は北部同様の古い産炭地帯である。

このように政治疎外は棄権率を見る限り、北部の方が南部より深刻である。南部の農村で直接行動が生じている時期、北部の鉱工業地帯は政治離れの状態にあった。この選挙政治からの退出は、地域経済の困難に対し手立てのない政治への幻滅と無関係でなかろう。

次に金融危機後の短期的要因であるが、二〇一〇年代の緊縮財政に伴って、ロンドンなどの大都市では若者を中心とする政治化が顕著である。とくに左派寄りの有権者にとっては、二〇一〇年に保守党主導の政権が誕生したことも大きい。学生によるデモ、金融セクター批判を核とする「オキュパイ運動」など、大規模な直接行動が二〇一〇年を境に活発化している(小堀二〇一三)。これと並行し、ロンドンでは労働党支持の顕著な回復が見られる。二〇一〇年と二〇一五年の総選挙の間で同党の得票率(絶対得票率、以下同)は五・一ポイント上昇している(二三・五%→二八・六%)。これはイングランド平均の二・四ポイントをかなり上回る。

しかしながら緊縮財政の経済的な影響は、公共支出への依存度の高い地域の方が深刻であろう。**図5**は世帯所得と公共支出の関係を地域別に示したものであるが、北部は南部より公共支出への依存度が大きく、また**図6**が示すように、二〇一〇年代に入ってから所得も相対的に伸び悩んでいる。ロンドンとの差は広がる一方である。

この点で、北部において労働党支持の回復が弱いことに注意すべきであろう。二〇一〇—一五年における同党の得票率の上昇は、ヨークシャー・ハンバーで三・一ポイント、ノースイーストで一・三ポイント、マンチェスターやリバプールを抱えるノースウェストでも四・一ポイントと、ロンドンとは見劣りがする。与党(保守党、自民党)批判票は労働党以外に流れている。労働党はもはや北部の有権者が無条件に選択する政党ではない。

一方でこの時期、北部では、ロンドンなど大都市で生じたような直接行動は少ない。動きは概ね投票行動のレベルにとどまっている。例えば注目されるのは、EUからの離脱を掲げるUKIPの支持拡大である。同党は二〇一四年の各種選挙で、進出の遅れていた北部においても勢力を伸ばした。従来は南部の保守党支持層を切り崩していたが、労働党が強い北部の自治体でも躍進したのである(サ

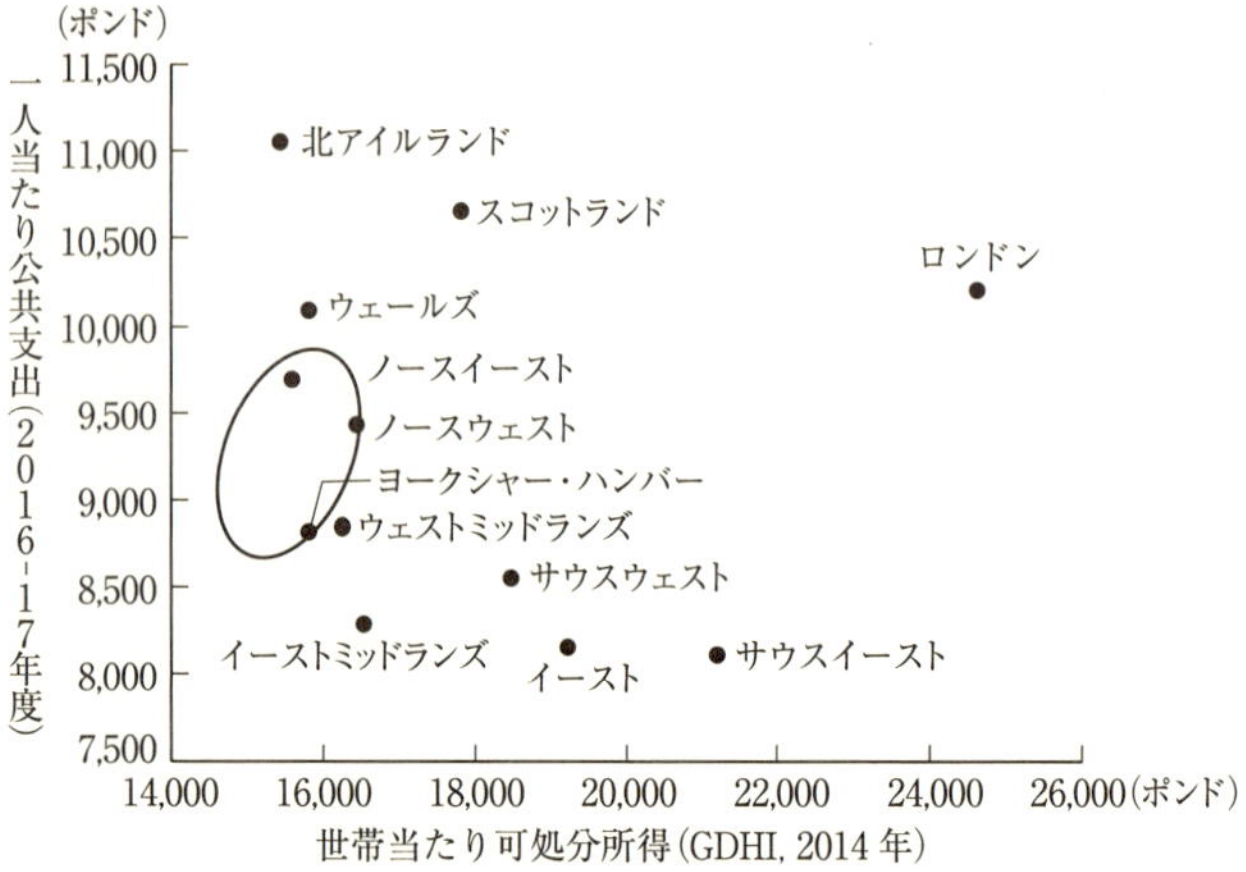

図 5　地域別の公共支出と所得
出典：Office for National Statistics.

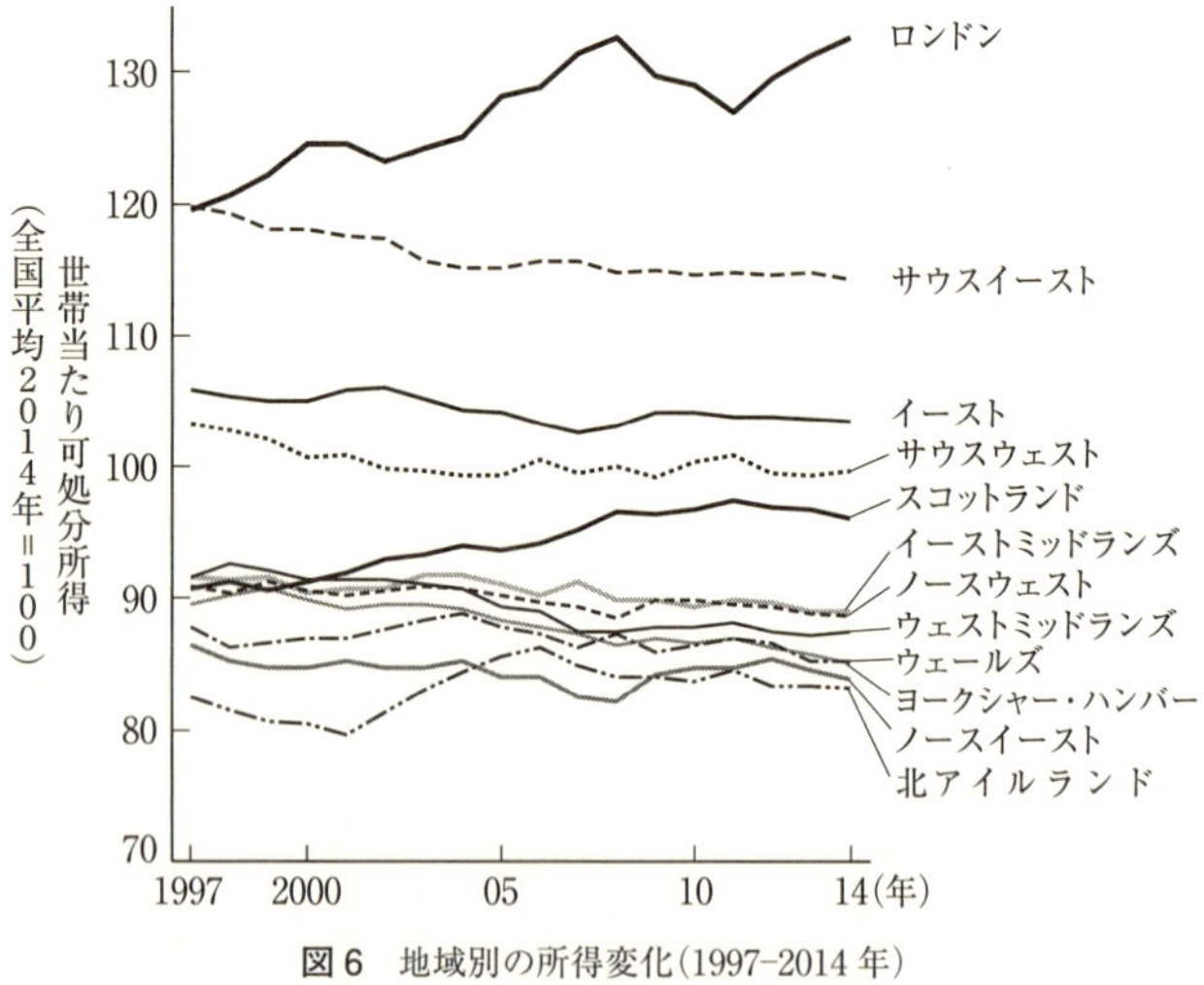

図 6　地域別の所得変化(1997–2014 年)
出典：Office for National Statistics.

ウスヨークシャーのロザラムなどペニン山脈周辺の旧炭鉱都市)。続く二〇一五年の総選挙では、連立政権への参加で崩壊した自民党票が労働党に流れることを阻み、その結果、イングランドの北部から中部にかけての労働党の伸び悩み(よって保守党の健闘)を演出することとなった。

このように二〇一六年の国民投票における「有権者の反乱」は、とりわけイングランドの北部で顕著な政治疎外と無関係ではない。国民投票での七二％という高い投票率は総選挙で棄権に回っている有権者を投票に動員し、その潜在的な不満を表出させる数字であった。国民投票は一義的にはＥＵに関してであったとしても、有権者の判断の背後には経済的疲弊と政治疎外を垣間見ることができる。先に紹介したオピニウム等の分析が、ＥＵに対して中立な姿勢の「コミュニティ派」の存在を指摘しているように(筆者は「地方労働者層」とした)、北部の「離脱」票はＥＵへの元来の姿勢に起因しない可能性がある。棄権や小政党に流れていた不満票が、既存政治を批判する形で顕在化したことが推察されるのである。

全国的に見ても、国民投票で「残留」、「離脱」がそれぞれ地域として上回った三地域と九地域は、一九九七―二〇一四年の一七年間で地域の全体的な所得水準が相対的に上昇した三地域、相対的に低下した九地域と完全に重なる(図6)。前者はスコットランド、北アイルランド、そしてロンドンである。これが国民投票での「残留多数のロンドン」対「離脱多数の地方」の実態である。残留の三地域について、スコットランドと北アイルランドを特異な地域と見るのであれば、ロンドンもイングランドのなかで経済的に、そして政治的にも特異な地域と考えるべきであろう。ロンドンと地方は異なる環境のもとにある。構造的にはロンドンの対極がイングランドの北部である。

四　主要政党の戦略と課題

国民投票での離脱多数の背後にEUへの姿勢とは無関係の構造があるとしても、国民投票自体はEUについて問うたものである。その実施を機にEUがイギリス政治の争点として浮上したのも事実である。二者択一の国民投票は隠れていた有権者の意識の違いを表面化させた。この変化は経済争点が規定してきたイギリス政治の競争をどう変えているのであろうか。

国民投票後のイギリス政治では、EU残留支持者による離脱支持者への非難も見られ、その批判は次第に辛辣になっている。背景には、先述のように両派の生活空間が分離し、お互いに顔が見えず、理解が困難なこともあろう。意見の隔たりが時とともに広がっていることを窺わせる調査も出ている。一度生じた政治社会の分断は慣性を持ち始めている。

この点で、国民投票は経済争点に起因するイギリスの政治疎外の構図を攪乱している。ロンドンなど大都市での階層的な疎外はEU残留運動の急先鋒に転じ、他方、疲弊した鉱工業都市での地理的な疎外は、農漁村と合同で、EU離脱の「地方連合」との性格を持ちつつある。

このように、EU争点はイギリスの有権者の対立構図を揺るがし始めているが、その変化がどこに向かうかはまだ明らかでない。そこでひとまずは、現状のイギリスの有権者配置をもとに、政党間競争がどう変化しているかを考えたい。ポイントは政治疎外の背景にある経済争点と新たに浮上したEU争点の組み合わせである。

まず右派であるが、右派寄りの有権者は農漁村部に有力なかたまりがある(図3)。「都市圏低中所得層」と「プロビジネス層」こそ大都市に多いものの、全国的な人口バランスでは「豊かな農村層」と「農漁村層」など地方が大きい。このため、保守党がこれらの潜在的な支持層を固め、さらに、棄権からUKIPへの投票に転じた「地方労働者層」の獲得をも狙うとすれば、経済政策の重点を地方に置くべきことは明瞭である。また、これらの有権者のEUに対する姿勢は概ね懐疑的か無関心である。親EUの「プロビジネス層」は下院議員団において多数を占めるものの、有権者数としては小さい。

この点で、国民投票後に成立した保守党メイ政権の政策的な特徴は、大都市中心の経済政策の見直し姿勢(経済争点)とEUとの離脱交渉における強硬姿勢(EU争点)をともに強調したところにある。EU懐疑色の強い保守党支持層だけでなく、政治疎外の著しい地方都市の有権者(かつては労働党支持)をも対象とする、いわゆるビッグテント戦略である。比喩的に言えば、キャメロン前政権期の国会議員視点の親EUかつ親大都市の積集合から、有権者視点の反EUと反大都市の和集合への転換が図られた。

メイ政権は地方への支持の依存に自覚的と見える。前政権下で財務相として緊縮財政を強力に進めてきたジョージ・オズボーンなど、大都市寄りのイメージの強い数人の閣僚を政権発足時の組閣で閣外に退け、産業政策や地域振興策の策定など政府主導の地方重視を印象付ける姿勢を示している。これは経済的な観点からの国民統合を重視する保守党の伝統的な政策を彷彿させるものである。

この戦略が成功したのは、二〇一七年五月の統一地方選挙(自治体議会)である。首相交代以来の世論の高い支持のもと、労働党との支持率の差は二〇一七年初めには二〇ポイント超へと拡大していた(直近二〇一五年総選挙の得票率差は七ポイント)。この選挙で保守党は過去数年UKIPに流れていた票を取り込む形で、国民投票において離脱票を投じた有権者の総取りに成功し、いわば、独り勝ちの状況となった。BBCによる推定全国支持率によれば、第二党に対するリードは国政の与党としては異例の一一ポイントに達した(前回同じ議席で争われた二〇一三年はトップの労働党を四ポイント下回っていた)。EUへの強硬姿勢と大都市中心の経済政策の見直し姿勢の二本立てが、地方での幅広い支持をもたらしたのである。そのなかには労働党からUKIPに転向していた有権者も含まれる。保守党は「普通の人」への支持拡大に成功したといえよう。一九八〇年代のサッチャー政権がナショナリズムと公有住宅のテナントへの売却で南部の労働者に支持を拡大したように、北部の労働者も保守党支持に転じる兆候が現れていた。

しかし保守党にとっての失敗はそのわずか一カ月後に生じる。二〇一七年の総選挙(六月八日)である。各種世論調査が当初示唆した大勝予想に反し、実際の結果は議席過半数割れへの後退となった。原因は公約の失敗である。高齢者ケアについて、資産を多く有する層の負担増を謳った政策が、実際には多くの高齢者の負担増につながるとの見方が広がったのである。この結果、保守党は支持層の高齢者をみすみす手放し、UKIPから流出した票の独占に失敗した。これにより、北部で労働党の追随を許したのである。イメージ転換のカギであった経済政策の致命的な失敗で、地方の不満を吸収する戦略にほころびが生じた。

この選挙後、メイ政権は下院議員団で多数派の親EU色に押される形で、EUに対する強硬姿勢を次第に崩している。同時に地方重視の経済争点を進めているが、反ＥＵ・反大都市の地方有権者の支持をつなぎとめられるかは不透明である。

地方部に集中する右派の潜在的有権者に対し、左派の潜在的有権者は、その配置と、政党による戦略の両面において、糾合に困難を抱えている。左派寄りの有権者層は、有力なかたまりが経済争点をめぐって見解の異なる大都市と地方都市に分かれている。この分断は、左派にとってはブレア政権期に推進された大都市中心の経済政策への評価に関わるものである。ブレア政権の選挙面の成功は、従来、労働党支持でなかった中道の「リベラル中間層」を支持層に取り込んだことによる。しかしその戦略は北部など地方鉱工業都市の有権者との間に摩擦を持ち込んだ。以降の左派はこの経済争点に基づく分断に悩まされている。

ＥＵ争点についての意識の違いもその境界線と概ね一致する。大都市のリベラル層はＥＵ残留志向、地方の旧組織労働者層はＥＵに中立的である。国民投票の実施は後者を離脱票へと導いたことで、両者の差異をさらに際立たせることになった。下院選挙区で離脱票の割合が最も大きい二〇選挙区のうち一二、最も小さい二〇選挙区のうち一五が労働党現職(当時)の選挙区である[2]。左派寄りの有権者ではＥＵへの姿勢の分極化が鮮明である。

この構図に新たな要素を加えているのが、大都市で台頭している反ブレア・親ＥＵの「知識人・学生層」である。先述のとおり、とくにロンドンでは直接行動の拡大と並行して、労働党の支持率も急伸している。下院議員団の多くが「リベラル中間層」と親和的な同党において、都市社会主義や平和運動の流れを汲み、また反ブレアでもあるジェレミー・コービンが党首選挙で一般党員票の後押しによって勝利したのも（二〇一五年）、このロンドンを中心とする構造変化を背景とする。左派有権者の重心に変化が生じている。

左派では有権者配置だけでなく労働党の戦略にも課題がある。コービン労働党の政策的関心の幅はメイ保守党よりかなり狭い。影の財務相ジョン・マクドネルが主張するイデオロギー色の強い公約（鉄道、水道、エネルギー、郵便の国有化など）は、反保守党・反ブレアを掲げて従来の経済政策を攻撃することで、「知識人・学生層」を中心に新たな個人党員・協賛者の獲得に成功している。二〇一〇年代前半を通じ二〇万人弱の横ばいであった党員数は、コービン氏の党首就任後急増し、二〇一七年総選挙直後に五〇万人を超えた。しかしその政策の急進性は穏健な「リベラル中間層」の離反を招き、また一方的な核兵器放棄の主張も地域経済への悪影響を懸念する組織労働者（とくにスコットランド）の反発を招いている。党首選の立候補規定緩和や各種選挙での現職への擁立審査といった党員民主主義を旗印とする党組織や同党下院議員の権限削減の動きも、党内で摩擦を生んでいる。下院議員団から出された党首不信任動議は大差で可決の事態となった（しかしその後の党首選でコービン氏は再び勝利）。コービン執行部の戦略は左派寄りの有権者の結集を幅広く目指すものとなっていない。

労働党にとってはＥＵ争点の扱いも難しい。支持層がこの争点で分裂しているとともに、党内では下院議員団の全体的な親ＥＵ志向に対し、コービン執行部には反資本主義運動に由来する反ＥＵ感情が残る。それゆえ労働党はＥＵ争点を棚上げせざるを得ない。ＥＵに対してあいまいな姿勢となるのである。

二〇一七年の総選挙は、その混乱したコービン労働党に思いがけない成功をもたらした。得票率で保守党に二・四ポイント差まで肉薄し、同党を過半数割れに追い込んだのである。しかしこの成功は先述のとおり、保守党の自滅による。コービン執行部の戦略がもたらしたものではない。選挙戦で高齢者福祉に注目が集まり、EUが大きな争点にならなかったことは、労働党にとって好都合であった。EUへの姿勢で分裂している「アンチ保守党」の有権者がこぞって労働党に投票することを可能としたのである、実際にロンドンの選挙区を中心に同党への戦略投票が大規模に生じている（若松二〇一七b）。

しかし、他力本願での成功は次の機会の失敗の種を残している。経済争点、EU争点の双方で分断された支持層の結集は、労働党にとって課題のままである。カギは、コアの支持者を超えて幅広く支持を拡大する戦略を持てるかどうかである。その際、北部の「地方労働者層」、大都市の「リベラル中間層」のいずれを優先することになるかは興味深い。

いずれにしても現状の労働党では、大都市の有権者をともに代弁する二つの勢力の争いのなか、「普通の人」である地方の有権者は蚊帳の外に置かれたままである。労働党はブレア期より前、北部の鉱工業都市に支持を依存した政党であったのに対し、いまやロンドンが主導する政党となっている。ロンドンでの支持拡大の一方で、二〇一七年統一地方選挙での惨敗、そして同年二月に北部カンブリア地方の安全区、コープランドで行われた下院補選の歴史的敗北を忘れてはならないだろう。労働党はこの選挙区（前身の選挙区を含め）で八一年ぶりに議席を失った。下院補選における国政与党の議席奪取も全国で一九八二年以来のことであった。

五　「普通の人」の政治

金融危機以降のイギリス政治では従来の見方が通用しなくなっている。経済争点に起因する不満が地方の政治疎外を深刻化させているのである。そのなか、少数政権や連立政権が成立する可能性は恒常的になり、議会主権という憲法上の大原則にもかかわらず、国政・サブナショナルレベルの住民投票に左右される政治も繰り返されている。大都市での階層的疎外はEU残留運動に一つの活路を見出しながら、いまコービン労働党と共鳴しつつある。他方、地方の地理的疎外は現状打破の期待をEU批判に投射しつつ、各党の間を彷徨っている。

この新たな状況下でいま一度確認すべきは、大都市ロンドンがイギリスの政治社会で特異な地域であるという点である。投票率ならびに労働党の得票率の急上昇、直接行動の発生、EU国民投票での「残留」多数、二〇一七年総選挙での労働党への戦略投票と、ロンドンは他と異なる独自の展開を見せている。一方で、地方における現状への不満やロンドンに対する反発は、日本の東京一極集中に対するもの以上に深刻である。イギリス政治の新たな局面は中央と周辺の関係を軸に考える必要があろう。有権者のEUへの姿勢もその影響のもとにある。

イギリス政治が注目する「普通の人」はロンドン以外にいる。その政治はロンドン中心の構造の見直しに原動力を得ている。政治疎外のもとに置かれたこれらの有権者には、ロンドンでの直接行動のように一般に認識される明瞭な政治参加の動きは小さい。しかし棄権を含む投票行動を通じ、静かな形で変化が進行している。

注

（1） 本章における地域別の各党得票率、棄権率はバトラー(David Butler)やカヴァナー(Dennis Kavanagh)らによる一連のナフィールド選挙研究の刊行データに基づく(Butler and Kavanagh 1993, 1998, 2002; Cowley and Kavanagh 2015; Kavanagh and Butler 2005; Kavanagh and Cowley 2010)。

（2） ハンレッティ(Chris Hanretty)の分析を修正(URL①)。若松(二〇一七a：一四)参照。

参考文献

小堀眞裕(二〇一三)「イギリスのポピュリズム」高橋進・石田徹編『ポピュリズム時代のデモクラシー』法律文化社。

若松邦弘(二〇〇七)「ローカルガバナンスの台頭と調整――イギリスにおける都市部の再生戦略」宮島喬・若松邦弘・小森宏美編『地域のヨーロッパ――多層化・再編・再生』人文書院。

若松邦弘(二〇一七a)「EU離脱への対応とイギリス政治のジレンマ」『国際問題』六六〇号、五―一四頁。

若松邦弘(二〇一七b)「二〇一七年イギリス総選挙の分析――国際的大都市と鉱工業地帯における支持の乖離」『改革者』六八五号、一八―二一頁。

Butler, David and Dennis Kavanagh eds. (1993) *The British General Election of 1992*, Macmillan.

Butler, David and Dennis Kavanagh eds. (1998) *The British General Election of 1997*, Palgrave Macmillan.

Butler, David and Dennis Kavanagh eds. (2002) *The British General Election of 2001*, Palgrave Macmillan.

Cowley, Philip and Dennis Kavanagh eds. (2015) *The British General Election of 2015*, Palgrave Macmillan.

Kavanagh, Dennis and David Butler eds. (2005) *The British General Election of 2005*, Palgrave Macmillan.

Kavanagh, Dennis and Philip Cowley eds.（2010）*The British General Election of 2010*, Palgrave Macmillan.
Opinium and Social Market Foundation（2016）*Dead Centre? Redefining the Centre of British Politics*, Opinium and Social Market Foundation.
Swales, Kirby（2016）*Understanding the Leave Vote*, National Centre for Social Research.
Woods, Michael（2005）*Contesting Rurality: Politics in the British Countryside*, Ashgate.

URL

① https://medium.com/@chrishanretty/revised-estimates-of-leave-vote-share-in-westminster-constituencies-c4612f06319d（二〇一七年一二月一六日閲覧）

第3章　〈共和国的統合〉とフランス
――包摂と排除の政治

中野裕二

一　〈共和国的統合〉と共和国の名の下の排除

市民統合モデルへの収斂

ヨーロッパの先進諸国は、その植民地支配の歴史から、また高度経済成長を支える労働力として、数多くの移民を受け入れてきた。受け入れ社会はそれぞれの仕方で移民との共生を図ってきたが、そのモデルは二つに大別できる。一つは、移民をマイノリティとして公的に承認し、複数の文化共同体からなる社会を構想したり、平等促進のために人種やエスニシティを考慮したりする「多文化主義モデル」であり、いま一つは、移民をマイノリティとしては承認せず他の社会成員と同じ資格の市民として扱い、そうした市民からなる国民共同体を構想する「市民統合モデル」である。

しかし、かつて多文化主義的政策を掲げたオランダでは、二〇〇〇年代初頭以降、著名人の暗殺事件やムスリム系国会議員への脅迫事件を転機として、政策の見直しが図られる。同じくイギリスでは、二〇〇五年のロンドン同時爆破テロなどを機に、イギリスの国民共同体の結束が強調される。こうした多文化主義の後退とともに、市民統合モデルへの収斂が指摘されるようになる。滞在権・永住権の許可や入国許可を得るために、受け入れ国の言語と歴史・文化の習得を中心的な目標とする統合のための試験・講習・契約を課す国が増えてきたからである(Joppke 2007; 佐藤二〇一二)。

ところで、市民統合モデルといっても、「シティズンシップ」をどのように捉えるかによって、その中身は大きく変わってくるだろう。シティズンシップを文化やエスニシティと結びつけて考えるならば、市民統合モデルは、受け入れ社会の言語や文化を身につけることを条件に移民を市民と見なすということを意味し、受け入れ社会への文化変容を迫る「同化主義」に近いものとなる。(1) これに対して、シティズンシップを文化やエスニシティとは区別されたものと考えるならば、市民統合モデルは、文化やエスニシティから「分化した」シティズンシップを共有する「市民の共同体」に移民を統合するものだということになる。

文化やエスニシティから「分化した」シティズンシップに基づいて移民の統合を図る国の典型とされてきたのがフランスである。フランスは、人々が有する社会文化的属性(人種、宗教、出自など)とは区別されたものとしてシティズンシップを構想し(デロワ二〇一三：第三章)、いかなる属性からも区別された「市民の共同体」として「国民《ネーション》」を捉えて国民統合を実現してきたし、移民の統合も国民統合の延長として考えてきた。「共和国(République)」がこうした多様な社会文化的属性を超えた共生を実現する理念と政体であると観念されるようになってきたため(Viola 2002: 16)、フランスにおける移民の市民統合モデルは〈共和国的統合〉と表現される。

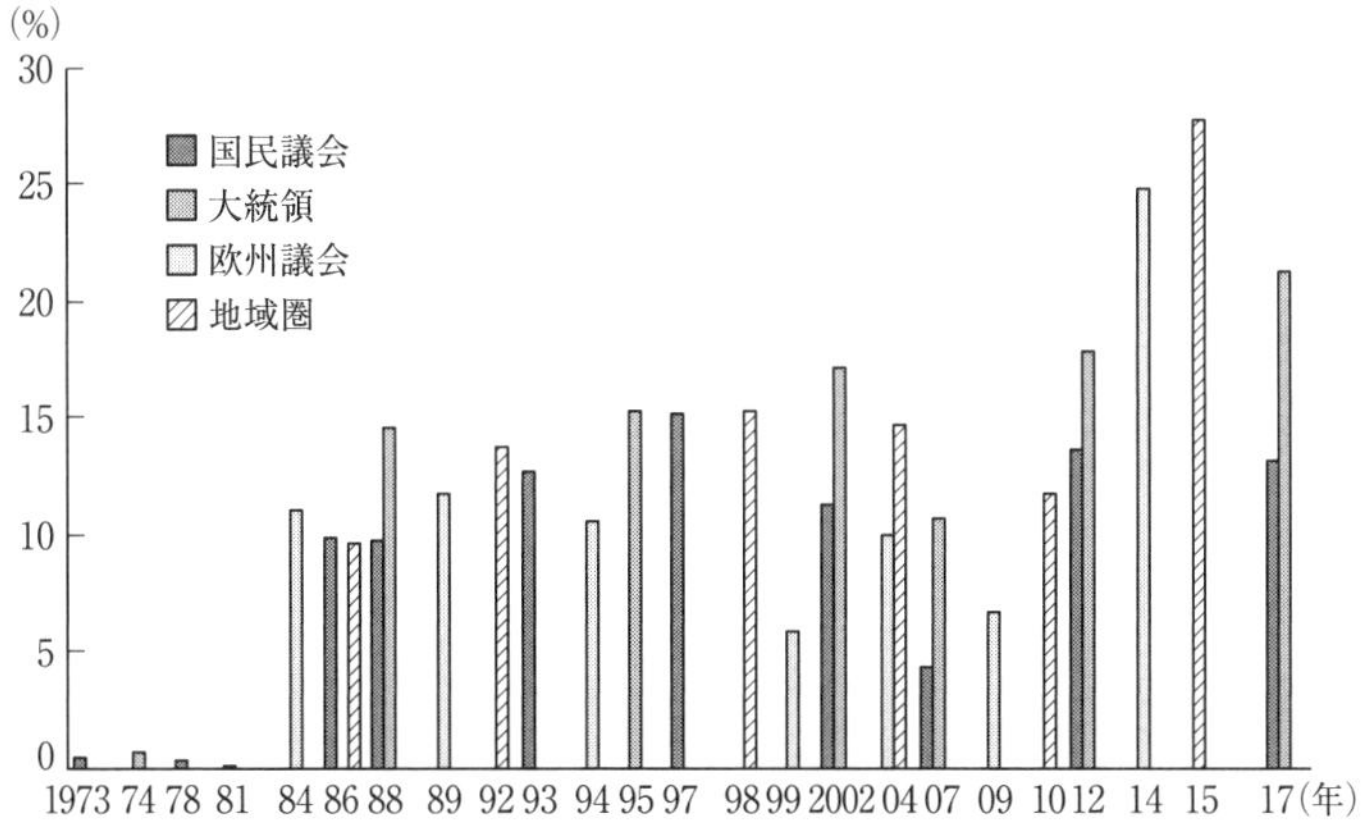

図１　国民戦線の各種選挙得票率（％）
出典：投票結果をもとに筆者作成.

国民戦線の支持拡大

ところが、そのフランスで、右翼ポピュリズム政党である国民戦線（ＦＮ）が、共和国への同化不可能性を理由に移民やイスラームを敵視することで支持を拡大してきている。二〇一七年の大統領選挙第一回投票では、党首マリーヌ・ルペンが二一・三〇％の得票率を獲得して第二回投票に進んだことは記憶に新しい。国民のＦＮに対する拒絶感情は強いもの の（宮島二〇一七：七六―七七）、二〇一〇年代以降は投票者の四、五人に一人がＦＮに投票している。これに対し、これまで二大政党をなしていた共和党と社会党は支持を大きく減らした。とりわけ社会党は、二〇一七年の大統領選挙での得票率が六・三五％、国民議会選挙での獲得議席が三〇と、壊滅的な結果に終わった。フランスの政党システムは大きな転換点にある。

　ＦＮの支持拡大の理由や背景については、失業、格差の拡大、犯罪に対する既成政党の問題解決能力の低下などから説明されているが（畑山二〇一三）、本章で着目するのは、ＦＮが共和国の名において移民やイスラームを排除しようとしているという点についてである。社会文化的属性から区別されたシティズンシップに移民を統合するのが〈共和国的統合〉であるのに、共和国を根拠にして移民やイスラームを敵視し、排除するというのはどういうことなのか。ＦＮの言う「共和国」は〈共和国的統合〉の共和国と同じなのか。また、共和国の名において移民やイスラームを排除しようとするのは、ＦＮだけの特殊な現象なのか。

こうした一連の問いに答えながら、今日のデモクラシーについて考えてみることが本章の課題となる。以下では、ＦＮの言説とその政党としてのアイデンティティを検討することで、ＦＮの言う「共和国」が反共和主義的なものであることを明らかにする。次に、一九八九年の「イスラームのスカーフ」事件を契機に設置され、その後二〇年以上にわたってフランスの移民統合に関して政策の提言と評価を行ってきた「統合高等審議会」の報告書を検討することで、政府の審議会においても、共和国の名の下で特定の移民または移民出自の人々を敵視する傾向が見られるようになったことを明らかにする。そして最後に、こうした共和国の名の下の排除の傾向がデモクラシーにとってどのような意味をもつのかについて考えてみたい。その前に、移民の〈共和国的統合〉の特徴を確認しておこう。

二　移民の〈共和国的統合〉

国民統合のモデル

移民の〈共和国的統合〉の特徴を検討するにあたり、まずフランスの国民統合から見ていくことが適切だろう。なぜならフランスでは、国民統合のモデルが移民にもあてはまると考えられてきたからである。一般的に、「統合」とは、「複数の諸要素が一定の方式に従って相互に結合し、秩序とまとまりをもった全体を形成する作用」(平凡社二〇〇七:二二)を意味する。したがって、統合を議論するときには、ある社会において複数の諸要素がまとまりなく存在していたものが、何らかの方式に従ってまとまり、一つの全体を形成していくプロセスが念頭に置かれる。

フランスの場合、国民統合とは、都市部のブルジョワジーと農村部の農民という地理的・階層的な分断と、フランス語話者に対する地域語話者という文化的な分断、さらにはフランス革命に対する評価のばらつきの存在などというまとまりのない状態であった国が、地理的・社会的な流動性の高まりと学校教育を通して、フランス語を話しフランス革命の精神を理解したフランス市民としてのまとまりを獲得していくプロセスとして理解されてきた。ここから、国民統合には社会経済的側面と文化的側面があることがわかる。人々の社会経済的な状況が似通ってくることと文化や価値観を共有するようになることが、国民統合のプロセスとして大きな意味をもつ。

この国民統合で重要な役割を果たしたのが学校教育である。学校にさまざまな出自の子どもたちを集め、全国共通のカリキュラムで教える。子どもたちにとっては、その出自にかかわらず、本人の資質と努力によって高等教育へ到達でき、その結果、社会階層を上昇することができる。学校は「社会的エレベーター」(ドゥリュ゠ベラ二〇〇七)の役目を果たしたのである。学校教育に期待されたのは、フランス共和国の諸価値を共有する市民の養成でもあった。フランス革命前の旧体制は、特権を有する集団を基礎とした不平等な社会秩序であったことから、フランス革命後は個人を基礎とした平等な社会秩序が目指され、それを実現するのが共和国であると考えられた。学校には、こうした共和国の原則や価値観の教育を通して、子どもたちを共和国の市民とすることが期待されたのである。

共和国の二元的社会観

平等な社会秩序を目指すといっても、現実の社会では、人々は人種、宗教、出自など多様な社会文化的属性をもっている。こうした多様性のなかで平等な社会を実現するものとして観念されるのが、「公的領域」と「私的領域」の分離という二元的社会観である。人々が種々の社会文化的属性からは区別された抽象的な個として政治に参加する「公的領域」を創造することで、人々の多様性にかかわらない平等が実現できると考えられた。「公的領域」は人種、宗教、出自などにかかわらない市民の平等を実現する空間である。これに対して「私的領域」においては、人々は種々の属性に基づく生活を実践する。「私的領域」は「個性的に生きる」という意味で自由を実現する空間である。「公的領域」と「私的領域」の分離によって、市民としての平等と人としての自由の両立が図られると考えられるのである。

市民の平等と人の自由を両立させるためには、二つの領域がただ単に分離されているだけではなく、相互に影響力を及ぼさないことが大切である。宗教を例にとって考えてみよう。ある宗教団体が、信者に特別な権利を与えるよう政治に働きかけそれが実現するならば、市民は宗教に基づいて権利に差があることになるので、もはや平等であるとはいえない。逆に、政治が特定の宗教を冷遇または優遇すると、人々は、直接的または間接的に自らの宗教を自由に実践することができなくなる。多様性に基づく社会において、平等と自由を両立するためには、「公的領域」と「私的領域」は相互に不可侵であることが必要なのである。

このように考えれば、一九八九年の「イスラームのスカーフ」事件以来広く知られるようになったフランスの「ライシテ（政教分離）」原則は、「公的領域」と「私的領域」の分離と相互不可侵という二元的社会観の宗教版であることが理解できよう。その他にも、地域的な独自性を「私的な」要素と捉えて「公的領域」に影響を及ぼさないようにするのが中央集権体制である。そのためフランスでは、地域の特殊性を理由として、その地域の市民に特別な権利を与えることは市民の平等を侵すと考えられ（地方自治の否定）、中央政府が決定した事柄が等しく全国に行き渡ることが平等であると見なされてきた。このように、二元的社会観はフランスの社会編成原理（「共和国モデル」）としての意味をもつ（中野一九九六）。

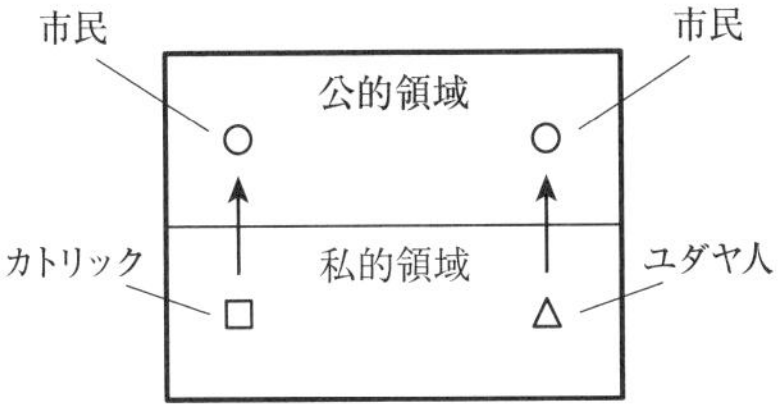

図2　フランス共和国の二元的社会観のイメージ
出典：筆者作成.

〈共和国的統合〉の特徴

ところで、フランスでは国民統合は歴史的に成功したという認識があり、また第二次世界大戦後の移民が労働目的を中心とすることが多かったことから、「移民の統合」がことさら意識されることはなかった。かつてのフランス人がそうであったように、移民も三世代も下れば市民に統合されるだろうという楽観があったのである。それは、移民の統合にとって好条件が整っていたからでもある。好景気により移民自身が社会的上昇を経験し、また子どもに教育を受けさせる余裕もあった。ところが一九七〇年代半ばの不況以降、状況は一変する。厳しい雇用状況のなか、社会的上昇が難しくなり、よい職を見つけるために必要とされる学歴も高くなる。雇用のための長期間の修学は移民の家庭に不利に働く。一九七四年にフランスはEC域外からの労働目的移民の新規受け入れを停止し、移民の定住化と出身国からの家族合流が進むが、ちょうどその頃に移民の統合には不利な経済状況となっていったのである。

移民の統合にとって不利な状況のなか、住居・雇用・教育などの分野で移民と「フランス人」との格差は縮まらず、その鬱憤を晴らすかのような移民出自の若者の非行や犯罪が大都市郊外で問題視されるようになる。いわゆる「郊外問題」である。一九八〇年代になると、そうした移民出自フランス人の若者を表す言葉として「ペーパーフランス人」という表現が用いられる。国籍法の規定によって、外国人の両親のもとフランスで生まれた子どもは、フランスに居住しているかぎり、一八歳で成人になるとともにフランス国籍を取得する。「ペーパーフランス人」とは、自分がフランス人になったことも知らない移民出自の若者を批判する表現である。そこには、フランス共和国の諸価値を学び取っていないという意味も込められている。

そうしたなか一九八九年秋に「イスラームのスカーフ」事件が起きる。イスラームの信仰の象徴であるスカーフの公立学校内での着用が、フランス共和国の原則の一つであるライシテに反するか否かをめぐり、大論争になった。この事件を契機に移民の統合の諸問題を検討し、政府に意見を述べる機関として「統合高等審議会」が設置された。その後審議会は二〇年以上にわたり、フランスの移民政策・統合政策を調査検討し、政策提案も行うことになる。この審議会は、第一回報告書を一九九一年に提出し、フランスがよって立つべき概念として「フランス的統合」を提起した。

審議会は、「統合とは同化と編入の中間の道ではない」と述べることで、明確に同化主義を批判する。しかし、同時に「統合」は「マイノリティの論理ではなく平等の論理に従うべきである」として多文化主義の立場にも立たないことを明言している。そして、フランスにおいて「統合」を実現する条件として、フランス社会のメンバー全員が最小限の共通の価値観に同意し、包括的な準拠枠組みを承認することが必要だと主張する(Haut conseil à l'intégration 1991: 18–19)。この包括的な準拠枠組みとされるのがフランス共和国である。

つまり、統合高等審議会が示した「フランス的統合」とは共和国のもつ共生の理念の再評価であり、移民の〈共和国的統合〉の宣言であった。移民が有する社会文化的属性がいかなるものであろうとも、「公的領域」において市民として平等であり、「私的領域」において社会文化的属性を自由に享受できる。そうした共和国に移民を統合しようとするものである。

三 国民戦線の「共和国」

極右政党からナショナル・ポピュリズム政党へ

一九七二年にジャン＝マリ・ルペンを党首として結成された当初の国民戦線(FN)には、極右の色彩が濃く、ヴィシー主義者やアルジェリア独立反対派活動家、王党派など多様な極右の潮流が混在していた。結党から一〇年間は泡沫政党に過ぎなかったが、一九八〇年代に失業や犯罪の増加を移民問題と関連づけて説明することで政治の表舞台に登場する。さらに、一九八〇年代半ばに、ブルノ・メグレをはじめとする極右系知識人がFNに加わる。彼ら「新右翼派」のもとで、政権参加も視野に入れて党のイデオロギーや組織の整備を図ることで、FNは安定的な支持を得るようになる。その後、ジャン＝マリ・ルペンを含む古参党員と新右翼派の対立から、一九九九年にFNは分裂し、一時勢力を落とすが、二〇〇一年のアメリカ同時多発テロ以降、イスラームを標的とすることで支持を回復する。二〇一一年にマリーヌ・ルペンが党首となり、政権を担える政党へと変化を目指すことになるが、現在のFNを支えているのは、分裂の後に党に復帰した新右翼派の一部である（畑山二〇一三、国末二〇一七：第六章）。

今日のFNは、急速なグローバル化の進行のなかで、国民のアイデンティティや文化の防衛を掲げて支持を拡大している。国民共同体や伝統・文化の危機、テロの不安を煽り、人々の不安をナショナリズムに誘導する。例えばマリーヌ・ルペンは、演説で次のように言う。グローバル化によって、「フランスが、フランス人の手中にもはやない」状態にされている、と。経済の金融化による「上からのグローバリズム」は、「国境、固有の通貨、自国の法の権威、経済の指揮権といったものを奪い去り」、そして、大規模移民による「下からのグローバリズム」が「イスラム原理主義を生み、拡大させた」。法律や政治が外国によって決定され、外部から来た法律や習俗、政治宗教的イデオロギーがフランスを支配している、と。このように危機をもたらす「敵」は常に外部から来るものと見なされる（ルペン二〇一七：一三―一五、四四）。

また、「内なる外敵」として、グローバリズムを推奨するエリートや国民共同体を守れなかった左右を問わない既成政党が非難される。それゆえ、最後に残った頼みの綱は、わたしたち「人民（peuple）」であるとされる。ここで「人民」とは、フランスそのものとして表現され、「定義不可能だけれども、かくも深く、かくも安らぎを与え、わたしたちのあいだに心からの友愛を生じさせ、一緒になって未来に立ち向かうことを可能にする絆」（ルペン二〇一七：五二）によって一体化したものとして表現される。そして、マリーヌ・ルペンは自分こそが人民のための候補者であると自任する（ルペン二〇一七：一二）。このようなFNの主張は、自分たちだけが高潔で道徳的に純粋なものとして定義される人民を代表していると主張する点で、典型的なポピュリズムである（ミュラー二〇一七：四―五）。

「共和国の最後の擁護者、FN」という言説

近年のFNの特徴は、フランスの共和主義的価値の最後の擁護者として振る舞う点にある。例えば、マリーヌ・ルペンは二〇一一年のトゥールでの党大会演説で次のように言う。「わたしたちは、政治階級が溝にうち捨てたままにしていた三色旗を拾い上げた。わたしたちはフランス共和国の伝統的な諸価値を再建するでしょう。共和国の真の防衛者、それはわたしたちなのです」（Barreau 2017: 24）。ここでは、左右を問わず政治エリートが毀損してきた共和国を具現し、守るのはFNのみであることが主張されている。

共和国や共和国の諸価値が持ち出されるのは、おもにイスラームに反対するときである。コントロ

ールされていない移民によって「イスラム主義と共同体主義」がフランスにはびこり、それによって、フランスが獲得したライシテや男女平等といった共和主義の諸原則が脅かされている、と(ルペン二〇一七：二〇、四九―五〇)。二〇一七年の大統領選挙運動の公約集のなかでは、出生地主義を廃止し、国籍取得のための帰化には「共和主義的同化(assimilation républicaine)」を条件とすることが掲げられる(URL①)。イスラームが共和国を脅かすという考え方に立てば、ムスリムはアイデンティティを保ったまま共和国と共存できない。「共和主義的同化」を条件とすることで、ムスリムを「市民の共同体」から排除しているのである。

FNの反共和主義的「共和国」

FNは共和国や共和国の諸価値の名の下に移民やイスラームの排除を正当化しようとしているが、声明の内容と党のアイデンティティは同じではない。FNは結党当初、種々の極右の潮流を含んでいた。マリーヌ・ルペンが党首になり、政権を担える政党であることを示すために、極右的な要素を排除しようとしてきた。その典型が、二〇一五年八月のジャン＝マリ・ルペンの除名であろう。同年四月にジャン＝マリ・ルペンはラジオ番組のなかで、かつての自らの「ナチスのガス室は歴史のなかの細部だ」という発言を「後悔していない」と言った。それを問題視したFNは彼を除名処分とした(国末二〇一七：第七章)。

このようにFNは極右色を一掃しようとしているように見えるが、そのアイデンティティは外見とは異なり、人的交流は極右のままである。実際、マリーヌ・ルペンが党首になった今でも、おもにパリ大学の法学部で一九六八年に結成されたナショナリスト学生組織である「防衛同盟団(GUD)[2]」出身者が党との強いつながりを保っている。例えば、FNの政策パンフレットの作成にかかわっているフレデリック・シャティオンはマリーヌ・ルペンの大学時代からの友人であるが、彼はローマのネオファシストとつながりをもち、イタリアの極右勢力である「イタリア社会運動」とマリーヌ・ルペンとの間の仲介役を果たしていた。また、シャティオンの友人であるアレックス・ルストーは「防衛同盟団」の元メンバーであり、二〇一五年の地域圏議会選挙のFNリストから立候補している。ルストーはマリーヌ・ルペンの政治資金援助のための政治団体「ジャンヌ(Jeanne)」の経理担当を務めているが、ヒトラー主義者であることを公言している(Barreau 2017: 115–116)。

FNは、一九八〇年代に移民問題を軸に失業や犯罪の増加を説明することで支持を拡大させた。そうした「成功の方程式」の対象として今度はイスラームが標的にされ、イスラームに対抗するものとして「共和国」が道具的に選択されている。したがって、FNの言う「共和国」は場合によって使い分けられる。

二〇一七年二月の演説で、マリーヌ・ルペンは、「アフリカに出自をもつフランス人は完全なフランス人であり、そうとして見なされ、この資格において、フランス国籍保持者に対してフランス国内で認められた、雇用や住宅への国民第一の権利を享受するのです」と述べ、出自にかかわらない市民の平等を強調している(ルペン二〇一七：一〇四)。しかし、別のところでは、移民の絶え間ない波によってフランスの言語や規範、慣習、生活様式が脅かされているとして、「真にフランス的な共和国(République vraiment française)」の再建を訴えかけている(Barreau 2017: 25)。ここで言う「真にフランス的な共和国」とは、フランスが一つの歴史と一つの文化からなるという原初主義的なネーションの捉え方に基づくものである。つまり、「共和国」がエスニックな観点に基づいて理解されているのである。マリーヌ・ルペンは、二〇一七年大統領選挙の公約集で「ヨーロッパ外の二重国籍制度の廃止」を掲げているが(URL①)、二重国籍をヨーロッパ出身者のみに許すという制度は、社会文化的属性から区別されたシティズンシップという共和国の理念に反するものである。

また、マリーヌ・ルペンは、一九〇五年の政教分離法から一〇〇年以上たった今日、左右を問わない既成政党の政治によってライシテ原則が後退していると非難し、また、イスラームをライシテの観点から同化不能で異質なものだとして拒絶する立場を正当化している(Barreau 2017: 26; 畑山二〇一三：一〇六)。しかし他方で、フランスがキリスト教のアイデンティティと文化を保持し続けることを望むと明言する。また、自由、平等、博愛はもともとキリスト教の価値であり、それがフランス革命によってねじ曲げられたと言う。そして、これらの価値を守ることが、フランスを再びキリスト教化する可能性を開くことを信じていると公言する。マリーヌ・ルペンは「ライシテ原則とその堕落した形とを混同してはならない」と言うが、ルペンにとって「ライシテ原則」とはキリスト教以外の宗教を排除するための方便にすぎないのである(Ivaldi 2012: 101)。

このように、FNは支持を獲得するために「共和国」や「共和国の諸価値」という言葉を用いるが、その中身は、社会文化的属性を超えた市民の平等と人々の自由を両立させようとする共和国の理念に反する。その意味で、FNの言う「共和国」とは反共和主義的「共和国」と呼べるものである。

FNは、「共和国」を移民やイスラームの排除の正当化の道具として使用する。しかし、そうした現象をＦＮのみに帰することは危険である。なぜなら、共和国の名の下で特定の人々を排除しようとする傾向は他にも見られるからである。

四　統合高等審議会の「フランス的統合」の変容

一九九〇年代の「フランス的統合」

一九八九年の「イスラームのスカーフ」事件を契機として「統合高等審議会」が設置される。この審議会は、一九九一年の第一回報告書から二〇一三年まで二〇以上の報告書や意見書を政府に提出し、政府の政策立案に影響を与え、またメディアの言説にも影響力をもった。一九九一年に審議会が「フランス的統合」を示したことはすでに述べたとおりであるが、この審議会の言う「フランス的統合」の内実が徐々に変化していく。そこで、ここでは「統合」という言葉で誰の何への統合が語られているか、統合を阻害する要因として何が挙げられているかという視点から、変化を跡づけてみたい。

一九九一年に審議会が示した「フランス的統合」とは、フランス共和国の共生の理念の再評価であり、移民の〈共和国的統合〉を示すものであった。そして、「統合」を実現するには、移民を含めてフランス社会のメンバー全員が共和国の価値観に同意することが必要だとされる（Haut conseil à l'intégration 1991: 18–19）。したがって、「フランス的統合」は、移民が自らフランス共和国の諸価値に向かって統合するという側面をもつ（「共和国への統合」）。しかし、審議会は、受け入れ社会の文化は維持され、少数文化はその特徴を放棄して受け入れ社会の文化を吸収するという一方的なプロセスとして

「統合」を捉えてはならないことも強調する。つまり、かつてフランスで多様な属性を有する人々が一つの国民を形成したように、移民とともに国民統合をやり直すという側面も強調されるのである（不断の国民統合）。このように一九九〇年代には、「統合」のもつ二つの側面の間の葛藤が報告書から読み取れる。

また、この時期の審議会のその他の報告書では、「統合」の成功には、移民の社会経済的状況がフランス人のそれと同じようになることが不可欠であり、それによって共和国の諸価値の獲得という文化的統合も自ずと達成されるだろうという認識が示されていた。つまり、「フランス的統合」の成功のためには、社会経済的統合を促進することが条件となる。しかし、長引く経済不況により、施策の推進が難しいという問題点も指摘される。さらに、フランス社会に存在する移民に対する差別が社会経済的統合を妨げ、移民の被差別感情が共和国の諸価値への統合も阻害すると述べられる。

一九九〇年代の「フランス的統合」は、「統合」には二つの側面があることを認識し、それが同化主義に傾かないことが強調され、また、統合の阻害要因がフランス社会の側にあると考えられていた点が特徴的であった（中野二〇一五：二二一―二二六）。

二〇〇〇年代以降の「フランス的統合」

それが二〇〇〇年代になると、その特徴に変化が見られるようになる。そのきっかけとなるのが、二〇〇三年に導入された「受入・統合契約」という制度である。「受入・統合契約」とは、フランスでの定住を希望する移民（対象はおもに家族移民）とフランス国家が結ぶ契約である。フランスで生活し、働き、将来的には国民共同体に統合されることを望む移民と国家が契約を結ぶことで、国家は移民の統合を促進するための語学講習・公民講習を提供する義務を有し、移民は講習受講の義務と国民共同体への統合に努める義務を有することになる。本人の意思に基づく「契約」という概念を「フランス的統合」に持ち込むことで、定住を望む新規移民にはフランスへの統合を望む人しかいなくなり、統合されていない外国人をフランス社会にどのように統合していけばよいかという「統合問題」は、少なくとも新規移住者については解消されることになる。

そこで、審議会の議論の中心的な対象は、「受入・統合契約」が開始される以前からフランスに居住しているけれども十分に統合されていない（と審議会が見なす）移民や移民出自のフランス人に徐々に移っていく。そして、移民はフランス社会への統合の意思をもつ人々であり、契約への署名によって統合の義務を有するという理由で、移民はみなフランスが歴史的に形成した諸価値を受け入れるべきだという同化主義が正当化されるようになる。

二〇〇〇年代以降のもう一つの変化は、「統合」が「公的空間への参加」であると読み替えられるようになったことである。統合は、「同化でも編入でもない。それは、移民出自のフランス人のみに限らず、すべての人の国民共同体への、公的空間への参加である」と定義される（Haut conseil à l'intégration 2007: 7）。この定義のもとで、公的空間への参加の仕方が統合の中心テーマとなっていくとともに、公的空間での宗教的帰属の表明が統合を妨げる問題の中心と見なされるようになっていく。そのなかで審議会は、公的空間の再定義が必要であるとして空間を三つに区別する。第一は「公的空間（espace public）」であり、公共サービスが提供される場を指すものと理解される。第二は「市民的空間(espace civil)」であり、公共交通機関用の公有地やショッピングセンターのように一般の利用者に開放される私企業の空間を含むとされる。第三は「親密空間(espace intime)」であり、基本的には自宅の空間を指すものとされる。そして、統合高等審議会は第一の公的空間と第二の市民的空間を広い意味での公的空間(espaces publics)であると見なす(Haut conseil à l'intégration 2011: 7)。さらに、共和国の原則の一つであるライシテを「信仰の不可視性(invisibilité des croyances)」であると読み替えることで(Haut conseil à l'intégration 2012: 39)、ショッピングセンターのような「市民的空間」で宗教的帰属がわかるような服装などを着用することはライシテに反し、「共生の拒絶」の表明であると見なすに至るのである。

また、この時期の審議会は、次のようにも言う。全般的に見たときにフランスの統合はうまく機能している。しかし、これまでフランスは「私的領域」における社会文化的属性の自由な享受の名の下で多文化主義的要求に妥協してきたため、一部の移民集住地区ではイスラームの実践要求が「市民的空間」においても行われるようになり、それが公的空間の市民の平等まで危うくしている。それゆえ、これからは、過去の政策と断絶し、フランス文化への統合を正々堂々と課すべきである、と。

二〇〇〇年代以降の「フランス的統合」においては、同化主義的側面が前面に出され、移民とともに国民統合をやり直すという側面は消えていく。統合はうまくいっているが、一部のムスリムがフランスの統合を阻害し、フランスの分断を招いていると見なすのである(中野二〇一五:二一六―二二三)。

排除の道具としての「共和国」

統合高等審議会は、「市民的空間」におけるイスラームの宗教的帰属の表明がフランスの分断を招くとして、法律による規制まで提案する。ここで根拠とされるのが「共和国」である。一九九〇年代の「フランス的統合」概念においても共和国の原則が根拠とされた。しかし、二〇〇〇年代以降、とりわけ二〇一〇年代になると、ショッピングセンターのような場も「公的な」ものと見なされ、ライシテが「信仰の不可視性」だと読み替えられる。審議会が問題視する一部の宗教的自由を市民生活の場から排除するために、フランスで反対することの難しい「共和国」の原則が根拠として用いられる。ここに共生の視点はもはやない。「共生」の理念と場であった「共和国」は多様な人々の自由を規制するための「道具」として使用されているのである（中野二〇一五：三三一―三三七）。

五　デモクラシーのために「共和国」を開く

〈共和国的統合〉の危機

これまで見てきたとおり、FNは共和国や共和国の諸価値の名の下に移民やイスラームの排除を正当化しようとしている。しかし、FNの言う「共和国」はエスニックに捉えられたものであり、人種、宗教、出自など人々が有する社会文化的属性とは区別された市民の共同体を実現しようとする〈共和国的統合〉にある共和国の考えに反する反共和主義的な「共和国」である。また、統合高等審議会の二〇〇〇年代以降の「フランス的統合」の説明で用いられる「共和国」には、FNのそれとは異なるものの、拡大解釈された「公的空間」と読み替えられたライシテ原則を用いることでイスラームを敵視するなど、「共和国」やライシテ原則の道具的使用という点でFNと共通するものがある。人々の多様性を前提としたうえで、市民の平等と人の自由の両立を実現しようとする〈共和国的統合〉の理念は危機に瀕している。

それゆえ、共和国の名の下での移民やイスラームの排除をFNだけの現象と見なしてしまうことや、FNを特異な政党だと考えること、つまりFNを「悪魔化」してしまうことは、その他の排除の試みを見えなくしてしまうおそれがある。FNと二〇〇〇年代以降の審議会に共通するのは、排除したい人々を念頭に置いて、「共和国」のなかに自分たちに都合のよい要素を詰め込むという手法である。そして、その人々は「共和国」の原則にそぐわないとして、排除が正当化される。またここに共通するのは、「共和国」を既存のもの、完成されたものと捉える考え方である。

コインの裏表としての包摂と排除

ここで国民国家の形成過程を振り返ってみたい。国家はその構築過程において、一定領域内の人々を支配し管理し、彼らに義務を課すために政治的空間を閉じた(国境の画定)。ところが、支配し義務を課すだけでは人々は国家の成員になることを拒み、国境外に逃れるため、国家は徐々に人々を「保護する国家」へと変化していく。国家は、法治国家、民主主義国家、福祉国家として市民的・政治的・社会的権利を保障していくようになるのである。それによって、領域内の人々は等しく市民として国民共同体に包摂されていく。このように国民国家が構築され、正統化されていくのである(デロワ二〇一二：第三章)。とりわけ二〇世紀において国民国家形成に大きな役割を果たしたのが社会保障体制への包摂である。ただし、国家が保護すべき人々を決めるということは、保護されない人を決めるということでもある。国民共同体に誰かを包摂するということは、別の誰かを国民共同体から排除することでもあることを忘れてはならない。

二〇世紀後半になり、国民の保護という国家の機能が拡大していくとともに、先進諸国は徐々に財政危機に陥る。また、グローバリゼーションの進展とともに、産業の空洞化を食い止めることができないなど、国家の機能の後退が指摘されるようになる。それに伴い、これまで国家によって保護されてきた人々が保護の後退について危機感をもつようになる。しかし、配分する資源の増加と国家機能の拡大はすぐには望めない。そうであるならば、配分する対象を限定することで、これまでの保護の水準を維持するしかない。そのため、配分対象をこれ以上増やすことに反対する(移民・難民の受け入れに反対する)だけでなく、これまで等しく市民として認められてきた人々に対して、新たな基準を持ち出して市民に相応しくないと決めつけ、保護の対象からの排除を正当化する主張(「国民第一！」の主張)が支持を得るのである(萱野二〇一五)。

つまり、今日フランスでFNが一定の支持を得るのは、国家に保護を期待する人々が危機感を感じ、国民としてのより強い包摂を求めていることの表れである。既成政党もこうした人々の要求に応えなければ政権を獲得し維持することはできない。統合高等審議会が一部の人々を排除する論理を展開するのも、強い包摂要求への対応であるとも理解できる。しかし、「包摂は排除を伴う」という点から考えれば、強い包摂は強い排除を伴い、市民の限定的な定義は、市民の枠組みからより多くの人を排除するということでもある。

共和国を開く

デモクラシーを「わたしたちのことをわたしたちで決めること」であると考えれば、デモクラシーとは同時に、「誰がわたしたちなのか」を決めることでもある。逆に、「誰がわたしたちなのか」があらかじめ誰かによって決められており、それを「わたしたち」で決めることが許されないとき、それはすでにデモクラシーの否定である。それゆえ、エスニックに定義される「わたしたち」だけが人民であると主張するナショナル・ポピュリズムはデモクラシーを否定するものである。

フランスは、人々が有する社会文化的属性（人種、宗教、出自など）とは区別されたものとしてシティズンシップを構想し、いかなる属性からも区別された「市民の共同体」として「国民《ネーション》」を捉えてきた。そして、それを実現する理念と政体が共和国であると考えてきた。フランスの共和国は、多様な人々をできるだけ広く「わたしたち」と見なそうとするものであった。〈共和国的統合〉とは、移民という新しいメンバーを含めて「わたしたち」を作り直そうとするものであった（不断の国民統合）。これがデモクラシーの観点から見たフランス共和国と〈共和国的統合〉の意義である。

ところが今日、〈共和国的統合〉は危機にある。それはデモクラシーの危機でもある。デモクラシーを守るためには、共和国を常に新しいメンバーに開いておくことが必要である。しかもこの問題はフランスに限らない。国家が市民の種々の権利を保障し、保護するには、対象の限定は不可避である。包摂するために排除することは避けて通れない。この葛藤を直視し、包摂されるべき「わたしたち」は誰かをわたしたちで不断に考え決定していくことでしか、デモクラシーを守ることはできないだろう。

注

(1)　同じく、シティズンシップを文化やエスニシティと結びつけて考え、各文化をもつ人々に固有のシティズンシップを認めようとするのが多文化主義ということになる。

(2)　GUD(Groupe union défense)は、伝統的極右の闘争的な少数派が結成した学生組織であり、ネオファシストを自認する団体である。一九八〇年代に勢力を低下させるが、二〇一一年にパリ大学で「青年防衛同盟(Union de défense de la jeunesse)」として活動を再開させている。

参考文献

萱野稔人(二〇一五)『成長なき時代のナショナリズム』角川新書。

国末憲人(二〇一七)『ポピュリズムと欧州動乱――フランスはEU崩壊の引き金を引くのか』講談社+α新書。

佐藤俊輔(二〇一二)「欧州における市民統合法制の現在」『比較法学』四六巻一号、九七―一二九頁。

ドゥリュ＝ベラ、M(二〇〇七)『フランスの学歴インフレと格差社会――能力主義という幻想』林昌宏訳、明石書店。

デロワ、Y(二〇一三)『国民国家　構築と正統化――政治的なものの歴史社会学のために』中野裕二監訳、稲永祐介・小山晶子訳、吉田書店。

中野裕二(一九九六)『フランス国家とマイノリティ――共生の「共和制モデル」』国際書院。

中野裕二(二〇一五)「共生の理念から排除の道具へ――「フランス的統合」の変化の意味するもの」中野裕二他編著『排外主義を問いなおす――フランスにおける排除・差別・参加』勁草書房、一五―四〇頁。

畑山敏夫(二〇一三)「マリーヌ・ルペンと新しい国民戦線――「右翼ポピュリズム」とフランスのデモクラシ

ー」高橋進・石田徹編『ポピュリズムの時代のデモクラシー——ヨーロッパからの考察』法律文化社、九五—一一五頁。

平凡社(二〇〇七)『世界大百科事典(改訂新版)』第二〇巻、平凡社、二一一頁。

宮島喬(二〇一七)『フランスを問う——国民、市民、移民』人文書院。

ミュラー、ヤン＝ヴェルナー(二〇一七)『ポピュリズムとは何か』板橋拓己訳、岩波書店。

ルペン、M、木村三浩編(二〇一七)『自由なフランスを取りもどす——愛国主義か、グローバリズムか』花伝社。

Barreau, Jean-Michel (2017) *Le Front national: Une identité antirépublicaine*, Croquant.
Haut conseil à l'intégration (1991) *Pour un modèle français d'intégration: Premier rapport annuel*, La Documentation française.
Haut Conseil à l'intégration (2006) *Le bilan de la politique d'intégration 2002–2005*, La Documentation française.
Haut Conseil à l'intégration (2011) *Les défis de l'intégration à l'école et Recommandations du Haut Conseil à l'intégration au Premier ministre relatives à l'expression religieuse dans les espaces publics de la République*, La Documentation française.
Haut conseil à l'intégration (2012) *Rapport annuel du Haut conseil à l'intégration pour le second semestre de l'année 2011 et l'année 2012. Volume II–Tome 2: Une culture ouverte dans une République indivisible*, La Documentation française.
Ivaldi, Gilles (2012) « Permanences et évolutions de l'idéologie frontiste », in Pascal Delwit, éd., *Le Front national: Mutations de l'extrême droite française*, Éditions de l'Université de Bruxelles.
Joppke, Christian (2007) "Beyond National Models: Civic Integration Policies for Immigrants in Western

Europe," *West European Politics*, 30(1): 1–22.
Viola, André（2002）*La notion de République dans la jurisprudence du Conseil constitutionnel*, L. G. D. J.

URL

①http://www.frontnational.com/pdf/144-engagements.pdf（二〇一七年一二月一四日閲覧）

＊本稿はＪＳＰＳ科研費15KT0047に基づく研究成果の一部である。

第4章　東中欧における「デモクラシーの後退」
――イリベラル政権とEUの課題

中田瑞穂

一　「デモクラシーの後退」

「ベルリンの壁」が崩壊し、東欧の社会主義諸国で相次いで体制変革が起こった一九八九年からすでに三〇年近くの歳月が経とうとしている。旧東欧諸国のなかでも、ポーランド、チェコ、スロヴァキア、ハンガリー、スロヴェニアなど、東中欧と呼ばれる諸国は、順調に政治制度改革、経済の民営化を進め、二〇〇四年にはEU加盟も果たした。経済の側面から見ると、一六年の年間平均賃金はEU内の経済大国の半分ほどのレベルではあるが、ギリシャ、ポルトガルには追いつきつつある。各国の都市を観光で訪れたなら、旧西側諸国との違いはほとんど感じず、歴史と現代性の交錯する美しい街並みを楽しむことができるだろう。

しかし、東中欧諸国、特にハンガリーとポーランドは現在、やや不名誉な側面からも大きな注目を集めている。ハンガリーで二〇一〇年春に誕生したフィデスという政党の政権と、ポーランドで一五年秋に成立した「法と公正」党の政権が、憲法や選挙法改正（ハンガリー）、憲法裁判所を含む裁判所や検察、メディアなど政治チェック機構の封じ込め政策（両国とも）を展開し、これらが「デモクラシーの後退」として批判の対象となっているのである。

両政権の背後にあるのは、「国民」を文化的（エスニシティ的）カテゴリーとしてとらえ、その「国民」を体現する勢力を自任する考えである。経済的弱者は保護しつつ、個人に対しては、「国民」共同体に対する義務を果たすことを求める。対立する政治勢力に対し、競合しあう対等なパートナーとして尊重する姿勢を示さないのも、このような考えからきている。「国民」共同体への異質な要素として、マイノリティには厳しい姿勢を示し、EUの難民受け入れ割り当てにも反対の姿勢を示している（この点ではチェコ政府、スロヴァキア政府も同様である）。

強いナショナリズムと国内の経済的弱者の保護、その裏返しとしてのマイノリティや移民の排除という点で、フィデスや「法と公正」は、西欧諸国で存在感を増すポピュリズム政党と共通性を持つ。重要な点は、ハンガリー、ポーランドではこれらの政党が実際に政権を取り、彼らの考えを議会の多数派による議決を通して実施していることである。

多数派民主主義の枠組みのなかで、これらの政権の正統性には疑いの余地はない。政権も自らを「民主主義体制」とみなしている。また彼らの主張、政策が一定の市民に支持されていることも確かである。

では、これらの政権の政策が「民主主義の後退」として批判されるのはなぜか、またその根拠はどこに置かれているのか、またEUはこれらの政策に対してどのような対応をとることができるのだろうか。

本章では、これらの問題意識に立ち、まずハンガリーとポーランドの両政権の成立の背景と政策を分析し、政権側の主張と市民の支持の構造を明らかにする。次に、ＥＵ側の諸アクターからの批判を分析し、批判がどの点に向けられているのかを考察する。これらの検討を通じて、東中欧に限らず、現代における民主主義の重要な論点に触れることもできるであろう。

二　ハンガリーのフィデス政権とポーランドの「法と公正」政権成立の背景

体勢変革の遺産

ハンガリーとポーランドは、東中欧の「民主化」過程をリードした国である。なぜその両国で、「民主主義の後退」現象が最も明瞭に観察されるという状況に至ったのであろうか。その原因としては、スムーズな体制変革であったがゆえに、旧共産党勢力が社会民主主義政党として、体制変革後も重要な政治アクターとして活動したこと、特に、経済の民営化、両国のＥＵ加盟に積極的役割を果たしたことが挙げられる。フィデスや「法と公正」は、この旧共産党に起源をもつ社会民主主義政党への対抗勢力として支持層を固めることができたのである。

もう少し詳しく見てみよう。両国は、東欧の社会主義体制のなかで相対的に自由度が高く、反体制の市民社会運動の活動の余地が存在した。また、共産党内部にも改革派が地歩を築いており、共産党一党支配体制からの脱却において、この共産党内改革派と反体制運動の協定が重要な役割を果たした。一九八九年に結ばれたそれぞれの国の協定では、自由選挙や新体制の憲法体制の枠組みについて話し合われ、共産党側の政治への影響力を残しつつ、民主化を進める方向性が示された。このような方法によって、平和的かつ円滑な体制移行が目指されたのである。

反体制勢力への市民の支持が予想外の広がりを見せ、政治体制の移行は、協定の想定した通りには進まず、実際には反体制勢力側に政治権力は一気に移ることになった。しかし、体制移行に重要な役割を果たした共産党改革派は社会民主主義勢力に転換して、新しい政治体制のもとでも主要な政治主体の一つとなった。ハンガリーの旧共産主義政党であるハンガリー社会主義労働者党からは、ハンガリー社会党が、ポーランドの旧共産主義政党であるポーランド統一労働者党からは民主左派同盟が生まれ、それぞれ一九九三年、九四年の民主化後第二回目の選挙で第一党になり、政権を握ったのである。

その後、両国では、旧共産党の社民政党と、旧反体制勢力から生まれた諸政党との間で交互に政権が担われる状態が続いた。ハンガリーでは、ヴィクトル・オルバーン（ハンガリー語ではオルバーン・ヴィクトルと姓・名の順に表記するが、本書では他の欧州諸語の慣習にあわせた。以下同）が率いるフィデスが社民党と競う構図が早期に固まったのに対し、ポーランドでは、旧反体制勢力の「連帯」が伝統的保守的勢力と自由主義勢力に分かれ、三勢力が対抗する状況が続いた。旧連帯の伝統的保守勢力の側から、「法と公正」が形成される。

ハンガリーにおける社会党とフィデス

ハンガリーの社会党は、リベラルの自由民主同盟と連合政権を組み、大規模なネオ・リベラル的経済改革を実施した。労働組合と近く、旧共産党の社会党が市場主義経済化を推進するというねじれた政策的立場をとることになった。これに対抗する勢力として登場したのが、フィデスである。同党は学生の民主化運動に起源をもち、フィデス（Ｆｉｄｅｓｚ）は、一九八八年の設立当初の党名「青年民主主義者連盟」の略称であった。当初は市場経済化、多元主義指向を持つ政党であったが、社会党と対抗し、経済の国家介入、ナショナリズム支持へと大きくイデオロギー的立場を変え、一九九五年にフィデス＝ハンガリー市民連盟に党名も変更した。それによって、経済改革への青年、中間層の不満を吸収し、ハンガリー・ナショナリズム色の強い民主フォーラムと連合して、一九九八年から二〇〇二年まで政権を担うことになる。その後も、ハンガリーでは、市場指向、ＥＵ指向の社会党と、経済への国家介入を認め、政治・文化的にナショナリズム色が強いフィデスとの対抗関係が政治の中心的な軸となっていく。

ＥＵ加盟は、二〇〇二年から政権を担当した社会党政権が中心となって推進し、親ＥＵ、近隣諸国との友好関係の保持、自由主義的経済政策を進め、〇六年の選挙にも勝利した。しかし、緊縮財政は不可避と知りつつそれを隠して二〇〇六年選挙に臨んだことが党首の発言から明るみに出て、社会党政権への信頼は著しく損なわれた。社会党政権は財政再建のための医療と大学教育の一部有料化政策を試みたが、国民投票によって実現に至らなかった。さらにハンガリーは、二〇〇八年からの世界金融危機の打撃を受け、通貨と株価が暴落し、ＩＭＦから緊急融資を受ける事態となった。

このような状況で行われた二〇一〇年選挙で、社会党は大敗し、フィデスは三八六議席中二二七議席を獲得し、選挙連合を組んだキリスト教民主人民党と合わせて二六三議席、六八・一％と、改憲に必要な三分の二を超える議席を握ることになった。ハンガリーの選挙制度は、小選挙区・比例代表制並立制であり、小選挙区部分は第一党に得票割合以上の議席を与える。この選挙制度も改憲多数を獲得するうえで有利に働いた。

ポーランドにおける「法と公正」の成立

一方、ポーランドでは、旧共産党が社民政党化した民主左派同盟が二〇〇一年に四一％の得票を得て勝利し、農民党と政権連合を組んでEU加盟交渉を進めた。しかし、EU加盟が実現した翌年、〇五年の選挙で民主左派同盟は大敗し、それ以降党勢を回復することはできなかった。この選挙で票を伸ばしたのが国家介入主義、ナショナリスト傾向の「法と公正」とリベラル系の市民プラットフォームであり、それ以降、ポーランドの政治は、これら二つの政党の対立を軸に展開する。〇五年にはヤロスワフとレフのカチンスキ兄弟らをリーダーとする「法と公正」が、反EU政党の「自衛」やカトリック系保守政党のポーランド家族同盟と連合を組み、脱共産主義、政治腐敗の一掃、累進課税、社会保障、補助金による所得移転など経済に対する国家介入を掲げて、政権についた。「法と公正(Prawo i Sprawiedliwość)」という党名の後半の sprawiedliwość は「正義」とも訳されているが、党のイデオロギーにおける平等、人々の連帯という価値を示しており、「公正」という言葉が近いだろう。〇七年、一一年の選挙ではドナルド・トゥスクが率いる市民プラットフォームが農民党とともに政権を担った。トゥスクのリーダーシップのもと経済危機を乗り越え、ポーランドは順調な経済成長を達成した。それにもかかわらず、一五年の選挙では「法と公正」が勝利し、単独過半数を握ることになる。

旧共産主義政党との対抗とナショナリズム

以上のように、両国では、旧共産党から転換した市場経済指向でEU指向の社会民主主義政党が存在し、それとの対抗のなかで旧反体制勢力のなかからフィデスや「法と公正」のような経済に対する国家介入の側に立ち、ナショナリズム、権威主義に立脚する政党が結晶化していった。ハンガリー社会党やポーランドの民主左派同盟は経済民営化を進め、EU加盟のための社会的、経済的改革も推進し、統合推進の立場に立った。それに対し、改革から取り残され、犠牲者となったと感じる人々の受け皿を提供したのがフィデスや「法と公正」であった。さらに、社会党、民主左派同盟が旧共産党であったことから、フィデスや「法と公正」は、一九八九年の民主化革命の果実が、旧体制の支配政党であった旧共産党によって掠め取られたという言説を展開、利用した。民営化によって利益を得たのは旧共産党関係者であり、旧共産党がいまだに国家の実権を握っているとの主張が両党の支持者に受け入れられている。

また両国にはナショナリズムや伝統的価値観に依拠する政治勢力が伸長しやすい歴史的社会条件も存在する。ハンガリーは第一次大戦後ほぼ現在の国境線をもつようになったが、ルーマニア、スロヴァキア、セルビア等の隣国に、マイノリティとしてハンガリー人が居住している。この国外ハンガリー人の問題は、近隣諸国との関係を悪化させかねない微妙な問題であるが、ハンガリー人のナショナリズムに訴えやすい争点であり、フィデスは前回政権をとった二〇〇一年にすでに国境外のハンガリー人に教育等で支援を行う「国外ハンガリー人地位法」を採択している。

ポーランドは、同質的なポーランド人の国家であり、国外でマイノリティとなっているポーランド人も、近年のイギリス等におけるポーランド系労働者を除いて少ない。但し、歴史的にドイツとロシアの双方から圧迫を受けたという認識は強く、ナショナリズムの政治的な力は強い。カトリック信仰の篤い市民の多い国家であり、社会主義体制からの体制転換時にもカトリック教会が一部の反体制運動家の大きな支えとなった。カトリックの国ポーランドというカトリック愛国主義の立場に基づく伝統的価値観は、家族、同性愛、中絶等に関連し、EUの政策と対立する点もあり、EU懐疑主義の背景ともなっている。

三　ハンガリーのフィデス政権の「体制変革」

基本法による政治体制の変革

ここまでハンガリーとポーランドに共通の背景について見てきた。次に、ハンガリーのフィデス政権の政策を具体的に見ていきたい。

フィデスのオルバーン首相の政策の第一の特徴は、政治制度そのものの改革に大きく踏み込んだことである。オルバーンは二〇一〇年選挙を投票所革命と名づけ、その勝利を新しい政治体制を創出する委任とみなした(平田二〇一四：一一三)。そし、新体制である「国民協力体制」を基礎づけるための新憲法を制定し、選挙法改正、議会、地方議会の議員定数削減、憲法裁判所や中央銀行の権限縮小、省庁再編、中央集権化などを次々に実施した。

基本法と名づけられた新憲法については、制定手続きと内容の両面から批判されている（平田二〇一四：一一四、水島・佐藤二〇一三：（1）四四、五四）。手続きについては、拙速で専門性に欠ける制定過程と採択時のコンセンサスの欠如が問題視された。二〇一〇年四月二五日の選挙第二回投票後、六月四日には議会に新憲法準備委員会が設置され、当初は野党も参加していたが、議論が党派的であるとして社会党が委員会をボイコットし、その後は与党主導で起草が進められた。翌二〇一一年三月には与党から国会に新基本法草案が提出された。その後、九日間の会議で審議は終了し、四月一八日には採択、二〇一二年一月には施行されるという迅速さである。一般市民の制定過程への参加は、二〇一一年二月に国民諮問として、一二項目のアンケート調査が実施されたのみであり、国民投票の機会はなかった。四月一八日の採決では、極右政党ヨッビクが反対、その他の政党は議場を退場し、与党のみの賛成で可決された。憲法という国政の基礎について、与野党の合意が得られないまま採決されたことは、大きな問題であった。起草者には法律の専門家も含まれず、ヨージェフ・サーエル欧州議会議員が、自分が憲法草案をストラスブールとの往復の列車のなかでｉＰａｄを使って書いたと自身のブログで述べ、起草過程における専門性の欠如に批判が集まった（ＵＲＬ①）。

基本法の内容上の特徴は、ハンガリー・ネーションの一体性の主張、キリスト教、家族等の伝統的価値の称揚、共産党支配時代の否定など、価値観に関する問題への踏み込んだ規定である（The Fundamental Law of Hungary, ＵＲＬ②）。

基本法の前文では、「前世紀の嵐のなかで引き裂かれた我がネーションの知的精神的一体性を擁護する」と述べ、第D条でも「一つのハンガリー・ネーションが存在することを念頭に、ハンガリーは国境の外に住むハンガリー人の運命に責任を持つ」とし、スロヴァキア、ルーマニア、セルビアにマイノリティとして住むハンガリー人に対して、ハンガリーが国家として責任を持つことをうたっている。オルバーン政権は、政権獲得後隣国に住む国外ハンガリー系住民に対してハンガリー国籍を付与し、二〇一二年の新選挙法では国外ハンガリー人に、比例区に限ってではあるが、投票権を付与している。

キリスト教には国民性を維持するうえで重要な役割が前文で認められており、家族については第L条で、家族を国民の存続の基礎とし、子供を持つことへのコミットメントを奨励すると述べている。基本権の規定のなかでも、第XVI条では、子の扶養される権利とともに、親の子を扶養する義務、成人した子が親を扶養する義務が規定されている。また、人間の尊厳について定めた第Ⅱ条の後段では、受胎の瞬間から胎児の生命は守られなくてはならないと定められていることも注目される。

一九四九年の社会主義期の憲法は、共産主義政党であるハンガリー社会主義労働者党の「独裁支配」に基づくものとして否定され、第U条では、社会主義労働者党の後継政治組織は、同党の非合法な利益独占の責任を負うとされた。同条では、共産主義独裁の記憶を保存するための国民記憶委員会についても規定された。

これらの項目は「基本法」の前文と「基本条項」に書き込まれ、憲法規定とされることで、仮に政権交代が行われても、修正には三分の二の高いハードルが課せられる。

加えて、基本法の条項の多くで、詳細については、通常の法律ではなく、「枢要法」という特別の位置づけを持ち、改正に特別多数を必要とする法規範によって定めるとしている。枢要法による規定の対象となるのは、市民権、農地利用、宗教共同体、選挙期間の表現の自由、プレスの自由、メディアの監督機構、エスニック・マイノリティの権利、国防、選挙権、議員免責特権、議会の議事規則、大統領の法的地位、閣僚の辞職、憲法裁判所の組織や機能、裁判官の任命、地方政府、国有財産、年金、中央銀行、予算理事会、国防軍、警察、緊急事態と、実に多岐にわたっている。これらの項目について、フィデス政権の下で一度枢要法として立法すると、今後選挙でフィデスやその連合が過半数をとれず、政権を失ったとしても、新政権が三分の二の特別多数の合意をまとめなければ変えることはできず、枢要法の規諸定は生き続けることになる。後に見るように、フィデスは選挙や憲法裁判所、メディアについての様々な規定を枢要法として作り、政権基盤を巧妙に固めていった。

司法やメディアへの介入

その過程で、政権チェック機能は一つ一つ切り崩されていく。

基本法の規定のなかで、憲法裁判所については、裁判官の人数を一一人から一五人に増やすとともに裁判所長官を互選から議会の任命制へと変更した。抽象的審査の出訴権が国民全般から、政府、議員の四分の一、オンブズマン、大統領に限定された。この問題については、オンブズマンが提訴し、違憲判断が出されたが、政府は二〇一三年三月、基本法を修正し、憲法裁判所の権限をさらに縮小し、基本法とその修正法の審査権を否認した。

さらに憲法裁判所の権限を限定するのが、財政健全化に関する規定との関係である。基本法では、

第三六条でGDP比五〇%までを国家財政の債務残高の上限とし、債務残高がこの上限を超えている場合、議会は債務残高のGDP比を増加させるような予算を採択してはならないとしている。さらに第三七条で、債務残高が五〇%を超えている場合、憲法裁判所は人間の尊厳、個人情報の保護等、一定の人権侵害の場合を除き、予算・租税に関する違憲審査を行えないと規定している。

憲法制定当時の債務残高はGDP比八〇%を超えており、二〇一六年には七四・一%まで縮小しているが、当面は憲法裁判所の権限が制限されることになる。債務ブレーキ制度自体は、ドイツでも二〇〇九年の憲法改正で規定されており、二〇一三年に発効した新財政協定にも盛り込まれているが、ハンガリーの基本法の規定は憲法裁判所の政権へのチェック機能に対する制約を招いている。

司法については、裁判官の退職年齢を七〇歳から六二歳に引き下げ、二七四名の裁判官が退職を余儀なくされ、新たにフィデス系の裁判官が任命された(URL③)。この問題は、欧州委員会が年齢に基づく差別として差別禁止指令違反にあたるとし、二〇一二年一月に義務不履行確認手続きを開始し、欧州司法裁判所に提訴し、一一月にEU法違反の判決が出た。ハンガリーの憲法裁判所も違憲と判断し、退職年齢は六五歳まで延期された。しかし、これらの退職させられた裁判官は代わりの職を与えられただけで、裁判所に戻ることはなかった。

メディアについては、二〇一〇年に新メディア規制を導入し、独立性の低い規制機関を新設すると し、その機関による報道内容に対する罰則規定を導入した(平田二〇一四：一一六―一一七)。規定は拡大解釈が可能なあいまいなもので、報道の自由を制約するものとして、欧州委員会、欧州議会、欧州評議会人権コミッショナー、欧州安全保障協力機構(OSCE)から国際的批判を浴びた。欧州委員会はEU視聴覚メディアサービス指令への抵触を指摘し、ハンガリーの憲法裁判所も多くの規定を無効にした。フィデス政権は一部譲歩し、規制を変更したが、実際にはメディア規制は進んでいる。

二〇一二年の選挙制度改革では、従来からの小選挙区・比例代表並立制は維持されたものの、議席数を半減させたうえで、フィデスが圧勝しやすい小選挙区の議席の割合を四五・六%から五三・三%に増やした。比例代表制の部分には、国外ハンガリー人も投票できるようになったが、国籍を取得し、投票を行う国外ハンガリー人の大多数はフィデス支持である。

以上のように、フィデス政権の憲法規定や政治機構相互間のチェック・アンド・バランスに係る規定は、伝統主義的なフィデスの政治思想をハンガリーの政治体制の中に埋め込み、制度的に変更を困難にして、長期的に維持することを目指したものである。社会党については、共産主義政党の後継政党として敵視し、他の野党政治勢力との協力、司法やメディア、中央銀行などの専門家からのチェックも尊重しない姿勢がうかがえる。

難民危機とオルバーン政権

オルバーン政権が国際的な注目を最も集めたのは、二〇一五年の難民危機の際に見せた強硬な難民排斥的行動であろう。難民の目的は、オーストリア、ドイツへ向かう西バルカン・ルートの一部としてハンガリーを単に通過することであるのは明らかであった。それにもかかわらず、入国した難民のブダペシュトからの移動を阻止し、国境に鉄条網による壁を建設する政府の行動は、オルバーン政権による難民問題の利用を意図したものと考えることができる(Müller 2015)。

二〇一四年の選挙では、フィデスとキリスト教民主人民党の連合は新たな選挙法に基づき再び三分の二の議席を確保した。しかし、絶対得票数自体の減少、極右政党ヨッビクへの支持の移動、オルバーンの盟友の実業家で主要メディアを掌握するラーヨス・シミツスカとの亀裂等で一五年初頭には、求心力に陰りが見られ、一五年四月の補選の敗北で三分の二の特別多数を失ってしまう。オルバーン政権は、アンケートやポスターなど様々な方法を使い、殺到する難民によってハンガリーにおける職や治安が脅かされるという「難民問題」を作り出し、EUの難民政策にも反対した。作り出された「危機」に果敢に対抗する姿勢を示すことで、国民の支持を、特にフィデスより右側にいるヨッビクから、取り戻すことが目指されたのである。

もちろん、難民に対するフィデス政権の対応は、フィデス政権のハンガリー「国民」の共同体の重視やキリスト教的バックボーンの強調、メディアの統制などの政策の延長線上にある。しかし、難民問題が起こるまで、フィデス政権の体制変革は大きな注目を浴びることはなかった。難民問題は、フィデスの支持回復の手段であるとともに、EUとも明白に対立する画期となったといえよう。

四　ポーランドの「法と公正」政権の改革

「法と公正」政権の特徴

次に、ポーランドの「法と公正」政権について見ていきたい。ハンガリーのフィデスが選挙で改憲多数を握り、憲法改正から体制変革を遂行したのに対し、ポーランドの「法と公正」の政治基盤はフイデスほど確固たるものではない。二〇一五年の総選挙で「法と公正」は過半数の議席を得たが、改憲に必要な議席数には不足している。第二党の市民プラットフォームも三〇％の議席を得ており、「法と公正」の一人勝ちではない。三七・六％の得票率にもかかわらず単独過半数の議席を獲得したのも、左派の統一リストが七・五五％の得票で政党連合に課せられた八％の阻止条項に抵触し、議席の配分を受けられなかったためである。投票率も、ハンガリーが二〇一〇年六四・三八％、二〇一四年六一・八四％とある程度の水準を維持しているのに対し、ポーランドの二〇一五年選挙は五〇・九二％であり、市民の間の政治的アパシーも強い。

「法と公正」政権の第一の特徴は、元首相のヤロスワフ・カチンスキが党の実権を握っているが、政府の正規の役職にはついていないことである(Ekiert 2017)。二〇一五年春には「法と公正」の議員であったアンジェイ・ドゥダが大統領に選出された。一五年秋の総選挙後には、ベアタ・シドゥォが首相となっている。実際に「法と公正」を動かすのはカチンスキであるが、若いドゥダや女性のシドゥォを前に出すことで支持を獲得する狙いもあったと思われる。一七年一二月、シドゥォは突然辞任することになり、経済実務家のマラウシュ・モラヴィエツキが首相となった。この経緯も含めて、政治責任の所在や決定過程が不明確になっている。

「法と公正」の世界観は、カトリックの伝統の重視とナショナリズムであり、経済リベラリズムも批判している。ヤロスワフ・カチンスキの双子の弟レフ・カチンスキは、二〇一〇年、大統領としてカティンの森の記念式典に向かう途中、スモレンスクで政府専用機が墜落し事故死したが、「法と公正」は「スモレンスクの真実」として、カチンスキ元大統領は暗殺されたという言説を流布し、市民プラットフォームの当時首相であったトゥスクらが真実を追及していないと批判した。市民プラットフォームに対しては「腐敗したエスタブリッシュメント」の代表であるとして敵視し、「法と公正」は普通の人々の側に立つというポピュリズムの姿勢をとっている。

「法と公正」政権は、ハンガリーのオルバーンほどの大規模な体制変革を進めてはいない。それを実施するほどの政治基盤をもっていないからである。しかし、それゆえにハンガリーよりも強引な手段がとられ、国外からも注目を集めた。議会内の野党勢力も強く、議会外でも市民の反対運動が組織されており、「法と公正」も政策転換を余儀なくされる事態も生じている。

司法との対立

「法と公正」の政策でもっとも問題となったのは憲法裁判所との対立である(小森田二〇一六b、Kelemen 2016)。二〇一五年一〇月、選挙前の市民プラットフォームが多数派であった議会は、一五年一一月に任期を終える憲法裁判所判事三名を選出したが、加えて選挙後の新議会の任期になってから任期を終える判事二名の後任も選出した。後者二名の人事は選挙敗北を予期した、適切ではない人事指名であったが、ドゥダ大統領は、後者二名に加えて最初の三名についても宣誓を拒否し、一〇月選挙後「法と公正」が多数派となった議会が選出した新判事五名の宣誓を受けた。憲法裁判所は最初の三名の選出の合法性を確認したが、大統領と議会は判決に従わず、「法と公正」はさらに憲法裁判所法を改正し、実質的に憲法裁判所の活動を麻痺させかねない審議方式の変更を決め、対立が継続した。憲法裁判所の政治化の原因は市民プラットフォーム前政権にもあり、問題は根深い。政権は司法の政治化を進め、二〇一七年七月には裁判官や裁判所長の人事への政権の介入が強化され、大統領に最高裁へのコントロール権限を認める司法改革の法案が提出されている。

同じような政治化は、独立検察官、軍、官僚、外交官においても進み、「法と公正」が任命した人物に置き換えられている(Ekiert 2017)。公共放送のジャーナリストが解雇され、経営陣は一掃され、放送プログラムもその原則も変更された。民間メディアについても、外国の影響力を下げ、よりバランスの取れた見方を公衆に示すという名目で、メディア規制の法律が作られた。

以上のような手段で諸機構の政権チェック機能を制約しようとしているのは、「法と公正」のイデオロギー的立場を実現することが目的であろう。文化的、政治的保守主義の政策としては、二〇一六年に中絶法の強化を試みた。しかし、その法案の通過に向けての準備が周到であったとはいえず、一六年一〇月には全国で女性を中心とする反対デモが起こり、撤回せざるを得なかった。

市民の「法と公正」政権への態度

「法と公正」政権に対する市民の態度は両義的である。政権の政策に反対する市民のデモは中絶法の時のように政策を変えさせる力を持っている。二〇一五年一〇月の選挙の一カ月後に設立された民主主義防衛委員会(Komitet obrony demokracji: KOD)は、都市の中間層を引き付け、六カ月で一五〇万人以上がデモに参加し、「法と公正」に対する反対運動の中心になった。ＥＵから市民賞も送られている。ただ、ＫＯＤは、市民プラットフォームと対立しており、野党勢力は一致して「法と公正」政権と対峙するには至っていない。このほかにも二〇一六年一二月にはメディアの議会内活動の制約についての法律が（*The Guardian* 2016. 12. 12）、また、二〇一七年七月には司法改革法案の一部が（*The Guardian* 2017. 7. 12, 7. 18, 7. 20, 7. 25）、それぞれ少なくとも一時的には法制化を妨げられたが、これにはデモとともにEUからの批判も影響を与えている。

世論調査機関アリアナ（Ariana）の調査結果によると、二〇一六年四月一三日の時点で、政府は民主的水準を侵害しているという意見が五三％、政府は裁判所の判決に従うべきという意見が五六％ある。同年の別の世論調査機関IBRISによれば、現状を民主主義の危機だと感じる人は六三％であり、前年の五五％を上回った。

しかし、一方で「法と公正」政権の支持率は比較的堅調で、二〇一七年一二月の時点で四一％である（*The Economist* 2017. 12. 9）。順調な経済と低い失業率に加え、第二子以降への五〇〇ズロチ（一一〇ユーロ）の手当、年金支給年齢の引き上げの廃止、銀行への新税、炭鉱支援、難民問題での強硬な発言などが、政権への支持につながっている。

五　「デモクラシーの後退」？——EUの対応を手がかりに

EUの対応

両国の事例は、「デモクラシーの後退」といえるだろうか。自由で公正な選挙の結果、立法府の三分の二や過半数を握った政府による政策であることを考えると、なぜデモクラシーの後退といえるのか、実はその理由づけは難しい。オルバーン首相は自らイリベラル・デモクラシー（illiberal democracy)を名乗っている(Ekiert 2017)。これは、イリベラルだが、民主主義ではあるという含意であろう。イリベラルであることと民主主義は両立するのだろうか、そもそもイリベラルとはなにか。

この問題を考えるうえで、アプリオリな民主主義の尺度を基にすることもできるが、ここでは両国に対するＥＵの対応を見ていこう。両国の政治体制の性質を測るとともに、ＥＵの性質を知るうえでも重要な手がかりを得ることができるからである。

ＥＵの加盟国であるハンガリーのオルバーン政権の政策は、ＥＵの基本的価値に反しており、ＥＵが何らかの方法でこれを止めるべきであるという意見は当初から存在した。

ＥＵの基本的価値とは、①人間の尊厳の尊重、②自由、③民主主義、④平等、⑤法の支配、⑥マイノリティの権利を含めた人権の保護であり、ＥＵ基本条約第二条に規定されている。加盟国がこれらの基本的価値への重大な違反を犯した場合の規定も第七条で定められており、欧州理事会はその加盟国に対し、理事会における議決権の停止などの制裁を発動することができる。但し、そのためには、対象国を除く欧州理事会の全会一致が必要である。

第七条は作られた後一度も使われておらず、「核オプション」と呼ばれていた。第七条を実際に適用するための手続きが決められていなかったこと、第二条のＥＵの基本的価値について事例をあてはめて判断できる、いわゆる「操作可能な」基準が不明確であったことが原因である。

そのため、ＥＵは、二〇一〇年から一二年にかけて、ハンガリーの司法とメディアに対する規制へ警告を発したが、その手段としては第二条への違反ではなく、ハンガリーの裁判官の早期退職を年齢差別として訴えたときが典型であるように、非差別原則など、基準が明白な規則を適用していた。

ハンガリーへの対応に苦慮した結果、第一の手続きの問題に対応するため、EUでは二〇一四年三月、「法の支配を強化するための新たなEU枠組み」を策定した。これは、第七条を適用する前提手続きを規定したものである。まず、法の支配に対するシステム的な脅威があるかどうかをモニターする。そのうえで、欧州委員会から当該加盟国への勧告が行われ、その勧告が受け入れられたかどうかのフォローアップのモニタリングが実施される。その結果、法の支配に対するシステム的な脅威が継続していることが確認された場合、欧州理事会で制裁の可否についての投票に付される。このように第七条を発動する手続きが明確化し、途中でモニタリングや勧告というステップを踏むことができるようになったことで、欧州委員会が現実的にとりうる行動の選択肢が広がった。

民主主義と法の支配

ここで、基本条約第二条のEUの基本的価値のなかでも、特に「法の支配」が取り上げられてその違反に対応するためのプロセスが制度化されたことが重要である。

戦後西欧諸国の政治制度には、一九三〇年代の経験を踏まえ、多数派の独走の危険をはらむ議会中心主義にブレーキをかける仕組みとして、「法の支配」、特に憲法裁判所による司法判断が組み込まれている(Müller 2015a)。自由、平等、マイノリティの権利を含む人権など、他のEUの基本的価値とされている要素も、「法の支配」が確保されていれば、それを通じて担保することができると考えられているのである。では、民主主義と法の支配はどのような関係にあるのだろうか。

概念定義として、リベラル・デモクラシーには、法の支配やマイノリティの権利、メディアの自由などの擁護が含まれるとし、「法の支配」への挑戦をリベラル・デモクラシーへの挑戦とみなすこともできよう。リベラル・デモクラシーの代わりに立憲デモクラシー（constitutional democracy）という言葉も使われている。

リベラル・デモクラシーをそのように定義したうえで、さらに一歩進めて、リベラル・デモクラシーこそが民主主義であり、法の支配や自由の保護に欠陥のある政治体制はリベラル・デモクラシーではなく、すなわち民主主義とも呼べないという主張もある（Müller 2015a）。しかし、このように定義されたリベラル・デモクラシーはリベラリズムと呼ぶので十分なのではないだろうか。デモクラシーにおけるデモスの要素はどこにあるのだろうか。

右記のリベラル・デモクラシーの概念に対し、フィデスや「法と公正」の解釈は、民主主義と法の支配を切り離す解釈である。民主主義とはなによりも（多数派の）人民による、人民のための政治であるとし、選挙での勝利を民主主義の指標とする立場である。ここからは、リベラル・デモクラシーが強調する「法の支配」は、少数派のエリート支配の隠れ蓑として糾弾される。オルバーンは、法の支配が要求する権力分立やチェックアンドバランスは、アメリカによってヨーロッパに持ち込まれたものに過ぎないとしてこれを否定し、イリベラル・デモクラシーの正当性を主張している。フィデスや「法と公正」の考えは、自分たちの推進している政治体制は、リベラル・デモクラシーとは異なるもう一つのデモクラシーであって、「デモクラシーの後退」ではないということになる。

実際、イリベラル・デモクラシー体制の指導者は、選挙の結果を重視している。さらに、近年のケースでは繊細に支持率にも気を配る傾向もある。そのために選挙制度の「調整」やメディアコントロール、バラマキ政策によって国民の支持、あるいは人気を維持することに心を砕いている。難民問題などを利用して敵を作り出すことは、支持率を上げるための政策の一環でもある。イリベラル・デモクラシーでは、多数こそ民主主義の基礎であり、ポピュラー・サポートはあらゆる手段を講じて確保されるのである。

イリベラル・デモクラシーの挑戦から、リベラル・デモクラシーを擁護するためには、議会中心主義に対してブレーキをかける憲法裁判所による違憲審査や「立憲主義」、国際的な人権の保護のようなデモクラシーの「外の」仕組みを強調するのではなく、デモクラシーであり続けるための条件としてデモクラシーの「中に」政治的自由を位置づける空井護のような議論が必要だと思われるが(空井二〇一八)、EUはこの問題についてどのようなスタンスをとるのだろうか。EUとしてはいずれかにコミットして、価値の共同体としての線引きを迫られる状況に追い込まれつつある。

EUの基本的価値をめぐって

EU基本条約第二条で「民主主義」と「法の支配」が並置されていること、第二条違反に関する第七条による制裁のためのプロセスが敷かれたのは「民主主義」ではなくて「法の支配」についてであることはこの観点から興味深い。おそらくEUの現在の解釈のうえでは、「法の支配」は「民主主義」と密接な関係にあるが、民主主義の構成要素ではない。また、いまEUの共通の価値のなかで脅威にさらされているのは「法の支配」であり、脅威の主体は「民主的に」選ばれた加盟国政府なのである。

このプロセスが最初に適用されているのがポーランドである。ポーランドの司法改革に対して、ポーランドの憲法裁判所から違憲判決が出され、欧州委員会は「法の支配」に対するシステム的な脅威と認定し、見直しを迫った。ポーランドの「法と公正」政府と議員は、それを無視して改革法案を可決したが、ドゥダ大統領が部分的に拒否権を発動し、法案の改正を求めた。しかし、二〇一七年一二月に出された修正法案も、法の支配の観点からは問題があり、欧州委員会はついにポーランドに対して制裁措置を発動するよう、欧州理事会に提案を行った。但し、ポーランドとハンガリーはお互いにかばいあっており、欧州理事会で制裁措置が採決される場合には、互いに反対することを表明している。制裁措置は全会一致でなければ適用されないため、ポーランドが実際に制裁を受ける可能性は現状では乏しいが、しばらく欧州委員会と「法と公正」政府の間の駆け引きが続くであろう。

民主主義と法の支配の観点から興味深いのは、ハンガリーとポーランドを比較した場合、ハンガリーのほうがはるかに政治体制の変革に踏み込んでいることである。ハンガリーは憲法に加え、民主主義の基礎である選挙制度や国民の概念を改革したうえで、政治制度の多くを枢要法案件とし、政権交代後も改革を温存する方策をとるなど、民主主義体制としての問題性があろう。しかし、ハンガリーではなく、ポーランドが基本的価値違反についての手続きに乗せられているのはなぜだろうか。フィデスは欧州議会最大会派の欧州人民党会派に守られているのに対し、「法と公正」はマイナー会派である欧州保守改革派のメンバーであるために批判の対象とされやすいと指摘されているが(Kelemen 2016)、それだけではないだろう。

ハンガリーの改革はすべて適法に実施されており、法の支配を掘り崩す可能性のある司法の独立性への侵害も、スムーズに進んでしまったため、ポーランドのような法的に問題のある強引な行為は生じず、また、憲法裁判所と政権の対立も生じなかった。法の支配へのシステマティックな脅威といっても、実際に司法がどれだけ独立しているかということを判断することは難しい。憲法裁判所のアクティビズムにはそもそもEU各国の間に大きな差があるのである。手続き面での瑕疵がなければ、EUの基本的価値違反についての手続きに乗せることは困難であることが分かる。

ましてや民主主義体制については、例えば立法権と執行権の関係などについて、ここまでが民主的、ここからは民主的ではないという線が引けるだろうか。ダニエル・ケレメンらが主張するように、基本条約第二条のEUの基本価値を操作可能な要素に落とし込んでいくことは、実際には難しいだろう(Blauberger and Kelemen 2017)。民主体制としてはハンガリーよりはるかに民主的なポーランドのほうが、EUの勧告の対象となるねじれは、EUが今後も直面するであろう困難を示唆している。

ハンガリーやポーランドは、価値の共同体としてのEUに深刻な問題を投げかけている。しかし、ハンガリーやポーランドはEUからの離脱を考えているわけではない。EUは両国経済にとって不可欠の存在である。EUの補助金が、両国のバラマキ政策や、フィデスの取り巻きの実業家の資金になっているという指摘もあり、EUにはこれらの国に対する補助金の支給を厳格化するという手段も残されている。

参考文献

小森田秋夫(二〇一六a)「欧州を驚かすポーランドの政変――二〇一五年の二つの選挙が生み出した議会多数

派至上主義の〝暴走〟」『ロシア・ユーラシアの経済と社会』一〇〇二号、二五―四三頁。
小森田秋夫（二〇一六b）「議会多数派が立憲主義を踏みにじるとき――ブダペシュト・ワルシャワ・東京」『神奈川大学評論』八三号、二〇七―二一七頁。
空井護（二〇一八）「民主体制であること、民主体制であり続けること」『世界』九〇三号、九三―一〇一頁。
平田武（二〇一四）「ハンガリーにおけるデモクラシーのバックスライディング」日本比較政治学会編『体制転換／非転換の比較政治』ミネルヴァ書房、一〇一―一二七頁。
水島朝穂・佐藤史人（二〇一三）「試練に立つ立憲主義？――二〇一一年ハンガリー新憲法の「衝撃」（1）（2・完）」『比較法学』四六巻三号、三九―八三頁、四七巻一号、一―五二頁。
Blauberger, Michael and Daniel Kelemen (2017) "Can Courts Rescue National Democracy? Judicial Safeguards against Democratic Backsliding in the EU," *Journal of European Public Policy*, 24(3): 321–336, Published online, 2016. 9. 9.
Ekiert, Grzegorz (2017) "How to Deal with Poland and Hungary," *Social Europe Occasional Paper*, No. 13, 2017. 8. 15, Center for European Studies Harvard.
Enyedi, Zsolt (2016) "Paternalist Populism and Illiberal Elitism in Central Europe," *Journal of Political Ideologies*, 21(1): 9–25.
Kelemen, R. Daniel (2016) "Poland's Constitutional Crisis," *Foreign Affairs*, 2016. 8. 25.
Müller, Jan-Werner (2015a) "Should the EU Protect Democracy and the Rule of Law inside Member State?" *European Law Journal*, 21(2): 141–160.
Müller, Jan-Werner (2015b) "Hungary: 'Sorry About Our Prime Minister'," *The New York Review of Books*, 2015. 10. 14. (http://www.nybooks.com/daily/2015/10/14/orban-hungary-sorry-about-prime-minister/)

URL

①https://www.bloomberg.com/news/articles/2011-03-04/hungary-first-to-write-a-constitution-on-ipad-lawmaker-says（二〇一八年三月二日閲覧）

②http://www.kormany.hu/download/e/02/00000/The%20New%20Fundamental%20Law%20of%20Hungary.pdf（二〇一八年三月二日閲覧）

③http://blogs.lse.ac.uk/europpblog/2016/02/04/why-the-commission-is-treating-poland-more-harshly-than-hungary-in-its-rule-of-law-review/（二〇一八年三月二日閲覧）

Ⅱ

移民・難民受け入れの政治と排外ポピュリズム

第5章　ドイツの移民・難民政策
――「移民国」の苦悩

森井裕一

一　危機のなかのEUとドイツ

ヨーロッパの中心部に位置するドイツは今日ではEU加盟国に周囲を取り囲まれている。EUの難民受け入れ手続きを規定するダブリン規則は、難民がEUに最初に入域した国が審査手続きをすることを義務づけている。本来であればドイツに難民が直接に入国することは難しい。しかし二〇一五年の難民危機でドイツは一一〇万人を超える難民の入国を認めた。アンゲラ・メルケル首相によるこの政治判断は、当初国民から支持されたものの、多数の難民が引き続き入国してくると、次第に反対の声が高まり、政権に対する批判の声も大きくなっていった。二〇一六年のトルコとEUの協定により、難民の大規模な移動は抑制されたが、既に流入している難民の審査と認定されなかった難民の送り返し、難民の流出要因となっている地域的問題の継続、EUにおける難民再配置計画の未実施など、ドイツとEUが対処しなければならない課題は多い。

第二次世界大戦後に分断国家として誕生したドイツ連邦共和国（一九九〇年までの西ドイツ）は、統一によって社会主義国家ドイツ民主共和国（東ドイツ）地域を吸収し、最大の経済と人口を有してＥＵのなかで中心的な存在となった。戦後ドイツの政治的コンセンサスは、歴史的過ちを繰り返さない決意を背景として、また安定を指向する政治制度とも相俟って維持されてきた。しかし、統一から長い年月を経て、ＥＵの発展と拡大、ヨーロッパを取り巻く環境の変化もあって、変容の兆しも見られる。とりわけ二〇一五年の難民危機はドイツ政治と社会に大きな衝撃を与え、二〇一七年九月に実施された連邦議会選挙では、反移民・難民を訴える右翼ポピュリスト政党「ドイツのための選択肢（ＡｆＤ）」が躍進し、二〇一三年の結党後初めて連邦議会に議席を得た。好景気が長く続きマクロ経済がきわめて順調で、失業率が統一後最も低い水準にあったにもかかわらず、メルケル政権への批判の声が大きくなったのは、やはり移民・難民問題が大きな背景となっていたと考えるべきであろう。

以下ではこの難民危機とその背景となったドイツの難民政策を振り返り、ドイツの政治と社会にとって人の移動がどのような含意を持つかについて検討していくこととする。

二　ドイツの難民受け入れ政策とその背景

シリア内戦から国外に逃れた難民の多くが目指したのはＥＵのなかでも寛容な難民受け入れ政策をとるスウェーデンやドイツであった。これらの難民のなかにはシリア以外のアフリカや中東諸国からの難民も多く含まれており、実際に政治的な迫害が背後にあるかどうかを判断することは容易ではなかった。ＥＵの難民に関する共通政策枠組（ダブリン規則）によれば、難民の審査は最初にＥＵに入った国の義務である。このため難民がEUを目指す際に主に利用するいわゆる地中海ルートや、バルカンルートの入り口にあたるイタリアとギリシャには、きわめて大きな負担がかかることとなった。とりわけ債務危機によって経済的に特に困難な状況にあったギリシャにとって、難民の審査と受け入れは明らかにその能力を超えていた。このため難民はギリシャを経由し、さらに非EUのバルカン諸国を通過して、次のEU加盟国ハンガリーに集中した。ハンガリーも難民受け入れには消極的であり、国内に滞留した難民の非人道的な状況が大きな問題となっていた。このような状況を見たドイツ政府はメルケル首相の最終的な判断によって、EUダブリン規則を運用せずに難民の受け入れを認める決定を行った。その結果、二〇一五年には約一一〇万人もの難民が入国することになった。

放置しておけば人道的危機となると認識されていたとしても、なぜドイツ政府はこのような決定を行うことが可能であったのか。その答えとしては、戦後ドイツが過去の反省に基づいて重視してきた規範をあげることができよう。戦後の憲法である基本法第一条一項は「人間の尊厳は不可侵である。これを尊重し、保護することは全ての国家権力の義務である」と規定し、ナチ体制下の人権侵害を再び繰り返さない決意が強く表されている。そして第一六a条一項で「政治的に迫害された者は、庇護権を有する」と規定しており、難民危機の際にメルケル首相も言及したように第一条と第一六a条が、外国からの難民受け入れの規範上の根拠となっている。

これらの規定は戦後ドイツ社会に根ざしたものとなっており、一九五六年のハンガリー動乱や一九六八年のプラハの春、一九八一年のポーランド戒厳令前後には政治難民に庇護を与えてきた。その後一九八〇年代に入ると、国際情勢の変化もあって庇護申請者は大幅に増加し、冷戦後のユーゴスラヴィア内戦により一九九二年の申請は約四四万件となった(BAMF 2017a: 3)。あまりにも多くの難民・庇護申請者の流入により、統一直後のドイツで難民受け入れ問題は大きな政治論争となった。その結果一九九三年に基本法は改正され、今日の第一六a条の規定となり、第二項以下で安全な第三国からの庇護申請を不可能にするなど、以前と比べると大幅に制約的な規定となった(森井二〇一六a:九二—九四)。

さらに注意しておかなければならないのは、ここで規定されている難民は政治的に迫害された人々であり、ドイツ政府はこれらの規範に基づいて寛容な難民受け入れを行ってきたが、実際には一般的な国際規範となっている難民条約に基づき運用を行ってきたことである。ドイツの難民受け入れ統計を見ると、この第一六a条一項を根拠として庇護対象と認定された難民の比率は従来から低く、二〇一六年では〇・三%しかない。同年の難民認定では庇護法第三条(一九五一年の難民条約の規定に合致する難民)が約三七%、庇護法第四条補完的保護の対象者が約二二%となっており、申請を却下された者は二五%であった(BAMF 2017b: 51)。二〇一五年に一一〇万人以上が入国したといっても、その多数は二〇一六年に難民認定申請と審査を受けて、約四分の一が却下されたことになる。もっとも却下された人々は、裁判により不服審査を受けられるので直ちに送還されるわけではなく、そのような人々の処遇をめぐって政治的な議論が続いている。

ドイツでは庇護を求めて入国した難民は、まず入国した地域で個人情報がシステムに登録され、一次滞在施設に収容される。その後各州の経済力と規模に応じて申請者数が割り振られ、その後に認定審査が行われることになる。条約難民ないし基本法の政治難民とされるとまず三年の滞在が認められ、就業も可能になり、家族呼び寄せも可能となり、条件を満たせばその後無期限の滞在許可が得られる。補完的保護や送還禁止の場合にはより強い制約がかかることとなる。

緊急避難的であったとはいえ、一〇〇万人を超える人々を受け入れ、さらに多くの難民の流入を放置することはできなかったため、メルケル政権はＥＵとトルコとの間の難民に関する協定の締結を急ぎ、同時にバルカン諸国を安全な第三国と定義して、ここを経由した難民の流入を抑制する政策も矢継ぎ早に展開していった。

三　社会変容と移民受け入れ政策の展開

難民危機によって国内で難民受け入れの是非をめぐって大きな論争が起き、ＡｆＤが躍進する契機を作ったとはいえ、約八一〇〇万の人口の国が短期間に約一一〇万人もの人々を入国させることが可能であったのは、規範が社会に根付いていたということに加えて、国境を越えて人々を受け入れることが可能な社会が存在していたということがもう一つの重要な背景である。二〇一五年の調査によれば、ドイツの住民の約一〇％が外国籍であり、親の一方が移民である国籍保有者などを加えた「移民の背景を持つ者」の比率は約二一％にもなる(BAMF 2016: 159)。

既に外国籍保有者や移民なしには機能し得ない社会になっていたことを象徴しているのが、難民危機が発生する直前のメルケル首相の発言である。メルケル首相は市民との対話集会で「ドイツは移民受入国(Einwanderungsland)」であると発言した。メルケル首相が党首を務める保守政党キリスト教民主同盟（ＣＤＵ）は、その姉妹政党であり、より保守色の強いバイエルン州のキリスト教社会同盟（ＣＳＵ）とともに、長年にわたってドイツが移民受入国となることに反対し、難民・移民政策では社会民主党（ＳＰＤ）や緑の党よりも慎重な姿勢をとってきた。社会の現実を受け入れ、首相自らが移民受入国であると発言したことは、比較的保守的な層でも、現実を見ればもはや社会は大きく変容したことを認めざるを得なかったためである。そしてメルケル首相の発言は大きな問題となることなく受け入れられたのであった（森井二〇一六ａ：九九）。

この背景としては、シュレーダー政権時代からの移民政策をめぐる長い議論と政策展開の経験がある。一九八二年から一六年継続した保守中道連立によるコール政権を引き継いだＳＰＤと緑の党の連立によるシュレーダー政権は、「刷新」をキーワードにコール長期政権時代に停滞していたさまざまな改革に着手したが、移民政策はそのなかでも特に重要な柱であった。

戦後西ドイツは戦後復興と急速な経済成長による労働力不足を補うため、欧州経済共同体（ＥＥＣ、後に欧州共同体（ＥＣ））が機能する以前から南欧諸国から労働力を受け入れ、一九六一年からは政府間協定によってトルコから多くの労働者が入国した。当初労働者は一定期間経過後にトルコに帰国し、新たな労働者がトルコからやってくるというローテーション原則を前提とした労働力管理が計画されていた。しかし実際にはトルコからの労働者はドイツに家族を呼び寄せ定住するようになった。石油危機後の不況によって一九七三年に受け入れが停止された時点では、既に人口の七％弱が外国人となっていた。一九七〇年代後半には外国人はいずれ帰国する労働力という視点のみから見るのではなく、ドイツに根を下ろした市民として見るべきとの認識も少しずつ広まっていった。一九八〇年のトルコにおける軍事クーデター後は、トルコからの難民も増加し、かつての外国人労働力としてのトルコ人が、難民・庇護申請者として見られることも多くなった。なお、その多数はクルド系トルコ人であった。

一九八〇年代のコール政権時代には、外国人の社会統合と同時に入国の制限、帰国の奨励政策がとられた。また労働移民としての入国が制限されたために、難民として入国しようとする者も増加した。ソ連で改革開放政策が進展すると、東欧圏からドイツ系住民が西ドイツに向かうようになり、冷戦の終焉とユーゴスラヴィア内戦は多数の難民を生み、前述したようにドイツで難民として庇護申請する者の数も急増したのであった。一九九〇年のドイツ統一後には難民・庇護申請者の急増もあって、各地で外国人襲撃事件が多発し社会問題となった。

一九九〇年代にはトルコ系移民の第二世代の多くが既に社会で活躍し、ドイツ社会は移民を受け入れた社会に変容していた。一九九八年秋に成立したSPDと緑の党の連立によるシュレーダー政権は、その連立合意で移民の社会統合を規定し、ドイツで合法的に一定期間暮らす移民の子は特定条件を満たせばドイツ国籍を得られるように法改正することを規定していた。親の国籍とドイツ国籍の二重国籍を許容することにより、移民の社会統合をさらに進めようとするものであった。血統主義原則により国籍を定めていたドイツでは、この政策変更は大きな論争となり、CDU／CSUは当初強く反対した。

長い論争の末に与野党間で妥協が成立し、二重国籍は認めるものの、本人が成人後にどちらかの国籍を選択しなければならないオプション・モデルが二〇〇〇年の国籍法改正で採用されたのであった。

なお、ＥＵ加盟国とスイス国籍の保有者については選択義務がなく、二重国籍が成人後も認められている。

国籍法改正に続いて二〇〇五年には従前の外国人関連諸法をまとめて、移民、難民、ＥＵ市民などドイツに入国する全てのステータスを網羅し、「統合コース」として知られるドイツ語学習の導入など、社会統合政策をも規定した包括的な「移民の管理及び制限ならびに連合市民及び外国人の滞在及び統合に関する法律」、いわゆる「移住法」が成立した。またこの時期は二〇〇四年の中東欧へのＥＵ拡大とも重なるものであり、ポーランドなど多くの新規ＥＵ加盟国からの市民が一定の移行期間を経てドイツに入国してくることが視野に入っていたのである。

戦後ドイツはヨーロッパ統合と安全保障政策における西側同盟、すなわちＥＥＣと北大西洋条約機構（ＮＡＴＯ）の枠組を、主権回復と国際社会への完全復帰の前提としていた。このため一九五〇年代末以降、連邦議会に議席を有する主要政党の間では欧州統合への支持については安定したコンセンサスが存在していた。ドイツ統一は国際社会の理解と協力もあり平和裏に実現し、その後にＥＣはＥＵへと制度的な発展をとげた。このような背景の下でドイツにとっては、社会主義から資本主義と民主主義システムへと体制移行した中東欧諸国がＥＵに加盟することは自明であり、ＥＵのなかで中東欧諸国の市民が一定の移行期間後に自由移動できるようになることについても議論はなかった。このためドイツでは、政治的にはＥＵ市民が移民として論じられることはほぼないといってよい状況にある。ＥＵ内の移民が大きな問題となるイギリスとは状況が異なっている。

四　大連立政権と移民・難民政策

二〇〇五年一一月に成立したメルケル政権はＣＤＵ／ＣＳＵとＳＰＤによる大連立政権であったために、シュレーダー前政権の政策の多くを継承している。メルケル首相率いる政権は、二〇〇九年から二〇一三年にかけてはＣＤＵ／ＣＳＵと自由民主党（ＦＤＰ）の連立政権であったが、その後二〇一三年から二〇一七年は再び大連立政権となった。移民、難民政策についてはこの間に原則をめぐる大きな変更は見られない。

しかしこの間の興味深い展開は、シュレーダー政権期に行われた法改正の結果が検討され、議論が展開され、さらに制度が寛容な方向に変更されたことである。この背景にはオプション・モデルに基づき国籍付与された二重国籍者が成人し、実際に国籍選択を行う者が出てきたことがある。もともとシュレーダー政権はオプション・モデルではなく、二重国籍を許容する方針であったため、第二期メルケル政権期に野党となったＳＰＤと緑の党は、オプション・モデルの廃止を求めていた。第三期メルケル政権がＳＰＤをパートナーとする大連立となると、オプション・モデルの緩和が合意された。その結果二〇一四年の法改正によって、八年以上ドイツに居住していたか、ドイツの学校に六年以上通ったか、ドイツの学校ないし職業訓練を修了したなどの条件を満たせば、二重国籍が引き続き許容されることとなった。

第三期メルケル大連立政権の特徴の一つは、対外政策での変化であり、より積極的に国際問題にかかわる姿勢の明示である。移民・難民政策と対外政策は別の政策と理解されることもあるが、ドイツでは、難民の発生原因である地域紛争や貧困などへの対処からドイツでの難民の受け入れまでシームレスに統合化して考えるべきとの理解が一般的である。このため地域紛争の終息や紛争後の平和構築、貧困撲滅のための開発援助なども総合的に利用して、難民をうみだす要因を排除することは、ドイツの対外政策の重要な目標の一つとなっている。第三期メルケル政権におけるドイツ外交の積極化は、第二期メルケル政権のギド・ヴェスターヴェレ(FDP)外相時代にアラブの春やその後の混乱、とりわけNATOによるリビア空爆に参加しないなど、国内世論に配慮して国際的な役割を果たすのに消極的であったことへのアンチテーゼとして理解されよう。その後のウクライナ・クリミア危機に際してのフランク＝ヴァルター・シュタインマイヤー外相の積極的関与や、イラン核合意への関与などが代表的であるが、中東におけるイスラーム国(IS)とテロへの対処など、難民をうみだす要因への積極的な関与はドイツ外交にとっては大きな変化であった。ISと戦うためにクルド人勢力に武器を供与したことは、これまでの紛争地域への関与にあたっての慎重姿勢から踏み出した例といえよう。

二〇一五年の難民危機の際にも激しい議論の対象となったが、憲法で庇護を与えることを規定している以上、難民受け入れに人数の上限を設定することはできないというのが一般的解釈であり、メルケル首相をはじめ政府内の多数はそのように認識していた。CSUのみが難民受け入れ上限の設定を強く主張していた。難民受け入れ上限を設定できないのであれば、政策としては難民の発生要因を押さえるしかないのである。もっとも、ドイツ一国で難民をうみだす要因を排除できるはずはないし、多角的な枠組のなかでの協調行動を外交行動の前提とするドイツにとっては、NATOやEU、国連の枠組のなかでの行動が当然の前提であることには変わりはない。

そのようなドイツにとって、二〇一五年の難民危機はEUの結束が大きく損なわれたという点で特別な意味を持っているといえよう。難民危機はドイツ社会にとっての危機であったことは間違いないが、同時にドイツが依拠してきたEUの枠組が揺らいだ危機なのである。

EUの結束は政治合意やEU法が遵守されることを前提としている。難民危機は、ギリシャ政府の対処能力を超えた難民がギリシャを通過し、ハンガリーに到達したことによるが、ギリシャもハンガリーもダブリン規則を遵守することができなかった。このことは国際情勢の劇的な変化によってダブリン規則が想定しなかった事態を引き起こしたことによるものであり、ドイツ政府はやむなく人道的な観点から難民の入国を認めたのである。多数の人の移動による混乱は、EU域内国境審査の撤廃を決めたシェンゲン規則を一次停止し、国境における審査を導入させることになった。ここまでは異常事態に対するEU枠組のなかでの対応と見なすことができるが、より大きな問題はその後のEU加盟国間の対立である。

二〇一五年九月に欧州理事会はEU運営条約第七八条三項（難民に関する緊急措置の採択）に基づき、難民受け入れと審査で過剰負担に直面しているイタリアとギリシャからの難民を（オプトアウトが認められているイギリス、デンマーク、アイルランドを除き）他の加盟国に再配置することを多数決で決定した。チェコ、ハンガリー、ルーマニア、スロヴァキアは反対票を投じた。欧州理事会における多数決採択で反対票が投じられることは珍しくないが、その後この決定はいくつかの加盟国の反対もあって遅々として実行に移されず、スロヴァキアとハンガリーは決定の取り消しを求めて欧州司法裁判所に提訴し、欧州委員会は二〇一七年六月にポーランド、チェコ、ハンガリーに対して決定の実行を求めてEU法に基づく是正手続きを開始した。欧州司法裁判所は二〇一七年九月にスロヴァキアとハンガリーの訴えを退けている。問題は最終決着を見ていないが、EUの加盟国が理事会決定のみならず司法裁判所の決定にも従わない事態となればEUの歴史のなかでも異例であり、難民問題への対応がEUの結束を傷つけたことは否定できない。

難民危機後、EUでは治安を理由に難民受け入れに後ろ向きな中東欧諸国と、ドイツのように人道的視点から難民受け入れに積極的であった諸国との間の政治的な距離が拡大した。難民政策は今日ではEU共通政策に属しており、EU法による多数決決定という制度に政治的に従わない姿勢を示す諸国との関係はドイツにとっては難しい問題である。またポーランドやハンガリーとの関係は難民問題だけにとどまるものではなく、民主主義の運用と法の支配というEUの根幹的価値がこれらの諸国で損なわれつつあり、今後の展開とEUの対応が注目される。

五　市民の不安とAfD

二〇一七年の連邦議会選挙で初めて国政レベルで議席を得たAfDは、もともとは二〇一三年の連邦議会選挙に向けて設立された政党であった。しかもその中心的な主張は二〇一七年の選挙戦で見られたような右翼的かつ排外主義的なものというよりも、むしろ反ユーロや欧州懐疑主義であった。EUのなかで経済的に大きな比重を占めるドイツが、ユーロ圏に属すに値しない南欧諸国などのソブリン危機の救済に自国の税金による資金を投入すべきではない、共通通貨は財政規律を守り安定した通貨の運用が可能な国のみで運用すべきであるという経済的な主張が大きな比重を占めていたのである。ＡｆＤ設立時の党首であったベルント・ルッケ・ハンブルク大学教授やハンス＝オラフ・ヘンケル元ドイツ産業連盟（ＢＤＩ）代表らは、ドイツの経済的利益を中心に据え、ネオリベラルな経済政策と南欧への支援停止を求めていた。同時にＡｆＤにはナショナリスティックで右翼的な言動で知られる者も多く、当初はネオリベラル経済路線と保守ナショナリスト路線が党内に存在していた。

二〇一四年一〇月にザクセン州ドレスデンで始まった反イスラームデモ「西洋のイスラーム化に反対する愛国的欧州人（ＰＥＧＩＤＡ）」は、二〇一五年に入ると急速に拡大し、ドイツ各地に広がった。アラブの春後の混乱からドイツに入国したイスラーム系難民が増加したことと、これらの庇護申請者がドイツの福祉国家を目指してやってきた経済難民であるとの認識からイスラームへの不満が広がったことが背景にあるとされる。そしてＡｆＤとＰＥＧＩＤＡに参加する者は大部分が重なっていたといわれている。ＰＥＧＩＤＡは東ドイツ地域を中心にデモ運動として市民の不満を組織化し、ＡｆＤは政党として市民の不満を吸い上げたといえよう（佐藤二〇一七：一八―一九）。ＰＥＧＩＤＡは西ドイツ地域にも拡大し、市民が難民やイスラームに抱く不安や不満の大きさを象徴する規模のデモが毎週組織された。もっとも、同時にＰＥＧＩＤＡに対抗する市民デモも各地で組織され、従来からの寛容な移民・難民政策への支持を表明する大規模なデモも見られた。ＰＥＧＩＤＡは二〇一五年春以降に一時下火となったが、難民危機によって秋以降再び一時的に拡大した。しかし、その後中心的な人物が煽動罪で告訴されたことなどもあり、デモは小さくなっていった。

ＰＥＧＩＤＡの縮小と対照的に、ＡｆＤは二〇一五年夏以降、難民危機への不安を背景に急速に支持を拡大した。ＡｆＤでは党内対立からネオリベラル経済路線派が排除され、ルッケ元党首らは離党した。右翼ポピュリスト政党の色彩を強めたＡｆＤは、メルケル首相による国境開放と難民受け入れ方針を強く批判し、大量難民の流入で募る社会不安をバネとして支持を拡大していった。当初はメルケル首相の決断を支持する声も、難民受け入れ支援のボランティア支援に参加する者も多く、ドイツ社会が難民受け入れに寛容な社会であることを象徴しているようであったが、二〇一五年大晦日のケルン中央駅とその周辺で起きた庇護申請者による大規模な集団女性襲撃事件はドイツ社会に大きな衝撃を与え、ＡｆＤが二〇一六年に実施された多数の州議会選挙で議席を獲得していくきっかけとなった（佐藤二〇一七：二〇―二一）。

既存政党やメディアを批判し、これらから自分たちがドイツ社会を守るのだと主張するＡｆＤは、ポピュリズムは自分たちのみが人民の正統な代表者であるとし、多元主義を認めないというヤン＝ヴェルナー・ミュラーの定義に合致している（ミュラー二〇一七）。ＡｆＤに所属する政治家にはネオナチ的な言動が見られたり、戦後ドイツの過去の克服を否定する発言などもあった。このためドイツ政治のコンセンサスを担ってきた主要政党はＡｆＤの主張を否定し、政治的に隔絶する姿勢をとっているのである。

ドイツにおける移民・難民政策はどのように展開されるべきなのかという議論は、ＡｆＤの登場以前から存在する難しい問題であったが、ＡｆＤの登場はこの問題を先鋭化させた。国籍血統主義を採用してきたドイツでは、ドイツ国籍を有する者から社会が構成されるということが自明であったが、実際には外国人労働者の定住とヨーロッパ統合の進展によるＥＵ加盟国市民の増加などから、ドイツの人口の一〇％以上が外国籍となっており、移民の背景を有する市民はさらに大きいという現実がある。シュレーダー政権時代からの制度改正によって、二重国籍者も増加している。

シュレーダー政権期に国籍と移民問題が大きな政治論争となった頃から「主導文化（Leitkultur）」をめぐる論争が続いている。ドイツにおける主導文化論争の中心は、ドイツの文化と中心的な諸価値を移民は受け入れるべきであるとする考え方の是非をめぐるものであり、主導文化の主張は、多文化共生社会のように社会のなかに異なる文化を有する多様な集団が共存するモデルに対する一つのアンチテーゼである。「統合は必然的にドイツの主導文化と諸価値に相当程度同化させること」といわれるように、ドイツ社会ではイスラーム法が優位するようなことがあってはならず、ドイツの憲法・法秩序のみが認められるという考え方である（Sommer 1998）。このような議論が登場した背景には、一九九〇年代に移民集団が宗教原理主義に向かい、ドイツ国内で平行社会を築いていることが問題となっていたことがある（森井二〇〇七：一〇四―一〇五）。

保守的なＣＳＵ党首のホルスト・ゼーホーファーが、ドイツは移民国ではないから主導文化への移民の統合を強化すべきと発言する一方で、同じ保守層のなかでもより寛容な姿勢をとるＣＤＵ出身のクリスティアン・ヴルフ大統領は、キリスト教やユダヤ教と並んでイスラーム教もドイツに属すると発言するなど、移民と主導文化をめぐる議論は、以前からドイツでは困難な課題であった（平島二〇一七：一七三―一七六）。難民危機とＡｆＤの台頭は、再びこの課題をドイツ政治と社会の中心的な位置に据えることとなったのである。

二〇一七年の連邦議会選挙を前にしてトーマス・デメジエール内相はこの主導文化論争を再び引き合いに出し、難民危機でAfDに向かった支持をCDUに取り戻そうとした。デメジエール内相は、言語、憲法、基本権などの他に社会的慣習とその社会的役割、文化的な諸価値などに言及し、難民危機後のドイツ社会と移民の統合の議論に一石を投じた(de Maizière 2017)。AfDがネオナチ的な不規則発言や党内抗争にもかかわらず、州選挙で勝ち続けたことにより、既存の保守はAfDに向かった支持を取り戻すために、より右寄りの政策に向かわざるを得ないことを示していたといえよう。

六　二〇一七年連邦議会選挙とドイツ政治のゆくえ

二〇〇五年末から三期一二年続いたメルケル政権は、難民危機による混乱はあったものの、ドイツ経済の好調に支えられて二〇一七年九月の連邦議会選挙でも信任されるものと予想されていた。問題はメルケル首相のCDU／CSUがどの政党と連立政権を組むのかであって、メルケル首相の続投はCDU内に有力な後継者がいないこともあって自明と見なされていた。

九月二四日の連邦議会選挙へ向けた選挙戦では、移民・難民問題は中心的なテーマではなかった。政党間では社会的格差問題や教育問題などをめぐって中心的に議論が戦わされた。AfDは移民・難民問題を中心的テーマとしていたが、選挙後にAfDと協力しようとする政党はなく、既存政党はAfDを排除することを前提として選挙戦を行った。

選挙結果は事前のさまざまな世論調査結果とは異なり、CDU／CSUは九%弱も票を失い三三・

九％と一九四九年の第一回選挙以来の惨敗、ＳＰＤは約五％も票を失い二〇・五％と戦後最悪の結果となった。戦後ドイツ政治の中心に位置し、首相を出してきた二つのいわゆる国民政党が大きく票を減らし、両者を合わせても過半数をわずかに超える五三％にしかならない結果となった。これに対して議会に初めて議席を獲得することとなったＡｆＤはネオナチ的不規則発言にもかかわらず支持を伸ばして一二・六％を獲得し、ＦＤＰや緑の党を凌ぎ、二つの国民政党に次いで議会内で第三の勢力となった。特に東ドイツ地域では二〇％を超えて得票しており、ドイツの民主主義の将来を考えると懸念される要素である。ＦＤＰは一〇・七％、左派党は九・二％、緑の党は八・九％の得票率であった（ＵＲＬ①）。この結果、過半数を安定して構成できるのはＣＤＵ／ＣＳＵとＳＰＤの大連立か、ＣＤＵ／ＣＳＵ、ＦＤＰ、緑の党による連立、党のシンボルカラーの組み合わせがジャマイカ国旗の配色と同じことから「ジャマイカ連立」と称される組み合わせとなった。

写真　選挙前日のSPD集会
2017年9月23日，ベルリン・ジャンダルメン広場にて筆者撮影．

　歴史的敗北を喫したＳＰＤは、第三期メルケル大連立政権で与党として十分な独自色が出せなかったことを敗因と認識し、大連立を継続することは党の存続の危機となると判断して大連立政権の終了を選挙後に早々と決定した。この結果、メルケル首相はジャマイカ連立の協議に入った。規制緩和や税負担の軽減による企業活力の強化を主張するＦＤＰと、環境問題への対処を中心に規制や格差是正と社会的公正を重視する緑の党の政策には大きな開きがあり、交渉は当初から困難なものとなることが予想されていたが、ＳＰＤが大連立を拒否している以上安定した政府を構成する組み合わせが政治的には他にあり得ないことから、ジャマイカ連立の実現が期待された。

移民・難民政策でも政党間の政策は大きく異なっていた。ドイツで生まれ二重国籍となっていた者の成人後の国籍選択問題では、緑の党はオプション・モデルの放棄、完全な二重国籍の許容を選挙プログラムのなかで求め、ＦＤＰも同様の政策であったのに対して、ＣＤＵ／ＣＳＵは二重国籍はあくまで例外にとどめるべきであるとしていた。難民の受け入れについては、ＣＤＵ／ＣＳＵは難民審査の迅速化と認定されなかった者の送還の厳格化、難民発生要因への対処などを選挙プログラムで指摘していたのに対して、緑の党は人道的な政策の強化を訴え、きわめて対照的な姿勢が明らかであった。ＦＤＰは憲法規定の庇護権の不可侵性を強調する一方で、厳格かつ迅速で合理的な審査の運用を求めていた(CDU/CSU 2017; FDP 2017; Bündnis 90/Die Grünen 2017)。

ＦＤＰのクリスティアン・リントナー党首は一一月一九日、妥協をして政府で間違った政策をとるよりは政府に入らない方が良いとして、ジャマイカ連立交渉の打ち切りを宣言した(ＵＲＬ②)。ＦＤＰは第二期メルケル政権のジュニアパートナーとして政権に参加していたが、二〇一三年の連邦議会選挙で五％阻止条項によって全ての議席を失った経験もあり、安易な妥協と政権入りは自党のためにならないと判断した。またＦＤＰは以前に閣僚や連邦議会議員経験を持っていた者が引退し、世代交代が進んでいた。三八歳と若いリントナー党首のリーダーシップの下で、従来のドイツ政治の妥協による合意形成が難しくなっていたものと思われる。

ＦＤＰに限らず、ＡｆＤが議席を獲得し、議会内で政党間の競争が強まり、二つの国民政党の比重が相対的に小さくなっている状況の下では、政党の妥協は次第に難しくなっている。支持者が背を向けないように政党が特定の政策を強く主張すれば、政党間の妥協は難しくなるが、安易な妥協は政党の政策的特徴を薄めることになり、支持者が離れていくことにもなる。しかし、議会内で多数を形成できる連立の組み合わせは政治的に限られたものである。

戦後ドイツ政治では、西側世界に属し、かつヨーロッパ統合の枠組のなかで、社会的市場経済と呼ばれる市場経済と福祉国家を運営することに対して安定したコンセンサスが一九五〇年代末までに成立していた。敗戦国であり分断国家である西ドイツの政治には国際的に強い制約が働いていたのであり、それを前提として政治が営まれていた。五％阻止条項のように得票率が国政選挙で五％を超えなければ一切の議席が与えられないシステムによって政党の数は少なく保たれ、次の首相が決まらなければ現職の首相を不信任によって辞職させることができない建設的不信任のシステムは政権の安定に寄与してきた。こうして安定した政治コンセンサスと政党システムはドイツの戦後民主主義の特徴となっていたのである。安定しているがゆえに、原則的に四年に一度しか国政選挙がないことは、選挙までの比較的に長い時間の間に政治的な妥協をはかり、政策を進めることにも寄与してきたといえよう。

労働市場改革と社会保障改革を連動させて断行したシュレーダー改革は、このような状況を次第に変化させた。統一後の東部再建の重い財政負担と規制緩和が進まず活力が失われていたドイツ経済を再活性化するために、シュレーダー政権は規制緩和により労働市場を柔軟化し、社会保障制度を改革して長期失業者を労働市場に再統合しようとした。既得権益や高福祉を失うと見た労働組合は強い抵抗を示し、労働組合に支持されていたSPDからは左派の多数が離党していった。シュレーダー首相はそれでも改革を断行したが、結果的に二〇〇五年の選挙でCDUに敗北し、CDUのメルケル党首を首相とする大連立政権が誕生したのであった。二〇〇五年の選挙でSPDを離反した党内左派は民主社会党（PDS）と合流して左派党を結成した。この左派党と二〇一七年選挙で議席を得たAfDを合わせると二〇％以上の得票となる。その分の支持が二つの国民政党から失われ、議会における安定多数の形成が困難になっている。経済は復活し好況が続いているものの、政党システムは変容し、経済的・社会的格差の拡大が政治的課題になっている。

ジャマイカ連立協議失敗の後に、大統領の仲介もあってCDU／CSUとSPDが再び大連立政権へ向けた協議を行った。最終的にはSPDの党員投票の承認を経て、選挙から半年も暫定政権が続いた後にようやく大連立政権として第四次メルケル政権が発足した。これによってメルケル政権が少数与党になったり、早期の再選挙になったりするというドイツ政治の不安定化は回避された。しかし、妥協の産物である政権合意文書によって第四次メルケル政権の政策の裁量の幅は小さいし、与党の諸政党がそれぞれに次の選挙に向けて政策の特色を出そうとすれば、政権内の不協和音は大きくなる。AfDの勢力拡大の背景となった社会的不安や不満を解消して国民が納得できる成果をあげられなければ、大連立は政治的不満を次の選挙まで先送りするだけになる。経済が好調でありながら、難民危機によってＡｆＤが力を付け、移民・難民問題をはじめとして重要課題に有効な解決策がすぐに見いだせないドイツ政治の苦悩は続きそうである。

参考文献

佐藤公紀（二〇一七）「「怒れる市民」の抗議運動の内実とその論理」『ドイツ研究』五一号、一〇―二九頁。

平島健司（二〇一七）『ドイツの政治』東京大学出版会。

ミュラー、ヤン＝ヴェルナー（二〇一七）『ポピュリズムとは何か』板橋拓己訳、岩波書店。

森井裕一（二〇〇七）「ドイツにおける外国人問題とトルコ」八谷まち子編『ＥＵ拡大のフロンティア――トルコとの対話』信山社。

森井裕一（二〇一六ａ）「ドイツ――人の移動と社会変容」岡部みどり編『人の国際移動とＥＵ――地域統合は「国境」をどのように変えるのか？』法律文化社。

森井裕一（二〇一六ｂ）「国民国家の試練、難民問題に苦悩するドイツ」『アステイオン』八四号、一一五―一二九頁。

BAMF（Bundesamt für Migration und Flüchtlinge）(2016) *Migrationsbericht 2015*. (https://www.bamf.de/SharedDocs/Anlagen/DE/Publikationen/Migrationsberichte/migrationsbericht-2015.pdf?__blob=publicationFile)（二〇一八年一月七日閲覧。以下、閲覧日同じ）

BAMF（Bundesamt für Migration und Flüchtlinge）(2017a) *Aktuelle Zahlen zu Asyl: November 2017*. (http://www.bamf.de/SharedDocs/Anlagen/DE/Downloads/Infothek/Statistik/Asyl/aktuelle-zahlen-zu-asyl-november-2017.pdf?__blob=publicationFile)

BAMF（Bundesamt für Migration und Flüchtlinge）(2017b) *Das Bundesamt in Zahlen 2016: Asyl, Migra-*

tion und Integration. (http://www.bamf.de/SharedDocs/Anlagen/DE/Publikationen/Broschueren/bundesamt-in-zahlen-2016.pdf?__blob=publicationFile)

Bündnis 90/Die Grünen (2017) *Zukunft wird aus Mut gemacht: Bundestagswahlprogramm 2017.* (https://www.gruene.de/fileadmin/user_upload/Dokumente/BUENDNIS_90_DIE_GRUENEN_Bundestagswahlprogramm_2017.pdf)

CDU/CSU (2017) *Für ein Deutschland, in dem wir gut und gerne leben. Regierungsprogramm 2017–2021.* (https://www.cdu.de/system/tdf/media/dokumente/170703regierungsprogramm2017.pdf?file=1)

de Maizière, Thomas (2017) „‚Wir sind nicht Burka': Innenminister will deutsche Leitkultur," *Die Zeit*, 30. 04. 2017. (http://www.zeit.de/politik/deutschland/2017-04/thomas-demaiziere-innenminister-leitkultur/seite-2)

FDP (2017) *Denken wir neu. Das Programm der Freien Demokraten zur Bundestagswahl 2017: „Schauen wir nicht länger zu".* (https://www.fdp.de/sites/default/files/uploads/2017/08/07/20170807-wahlprogramm-wp-2017-v16.pdf)

Sommer, Theo (1998) „Der Kopf zählt, nicht das Tuch: Ausländer in Deutschland: Integration kann keine Einbahnstraße sein", *Die Zeit*, 16. 07. 1998. (http://www.zeit.de/1998/30/199830.auslaender_.xml/komplettansicht)

SPD (2017) *Zeit für mehr Gerechtigkeit. Unser Regierungsprogramm für Deutschland.* (https://www.spd.de/fileadmin/Dokumente/Bundesparteitag_2017/Es_ist_Zeit_fuer_mehr_Gerechtigkeit-Unser_Regierungsprogramm.pdf)

URL

①https://www.bundeswahlleiter.de/bundestagswahlen/2017/ergebnisse.html（二〇一八年一月七日閲覧）

②http://www.zeit.de/politik/deutschland/2017-11/christian-lindner-sondierung-jamaika-abbruch-fdp（二〇一八年一月七日閲覧）

第6章　多文化主義と福祉排外主義《ウェルフェア・ショービニズム》の間
――オランダ、スウェーデン、デンマーク

小川有美

一　ヨーロッパ福祉国家と多文化主義的政策

ヨーロッパ・デモクラシーは、政治や市場への参加だけではなく、社会的・文化的な包摂をも含んでいる。このヨーロッパの社会モデルは、戦後発展した福祉国家と多文化主義的政策に依拠している。ヨーロッパは、一九八八年に多文化主義法を制定したカナダのように多文化主義を公式に採用した国家からなっているわけではないが、ナチズム・民族至上主義への反省、欧州の和解と統合、そして移民・難民の受け入れのなかで――各国の程度と質は異なるとしても――多文化主義的な政策を模索してきた(1)。

しかし二〇〇〇年代以降、ヨーロッパ全体で多文化主義へのバックラッシュが起こったといわれている。二〇一一年二月には、イギリス首相デーヴィッド・キャメロンが「多文化主義との戦い」と報道される演説を行った。ミュンヘンでなされたこの演説でキャメロンは「国家の多文化主義の教義の下で、われわれは多様な文化がお互いから、また主流文化から離れて別々に生きることを促進してき

た。われわれは、所属したいと感じられる社会像を与えることに失敗した」と語り、過激主義と闘わないイスラーム団体に公的資金が注がれることを批判して、「受け身の寛容」の代わりに「たくましいリベラリズム」で立ち向かうべきだと主張したのである(URL①)。

このようなバックラッシュの理由として、二〇〇一年九月一一日のアメリカ同時多発攻撃やその後の各地のテロ事件を経て、移民へのまなざしが安全保障争点化《セキュリタイゼーション》したことは無視できないが、それだけではなく、福祉国家と多文化主義の両立が困難であるという議論が進歩的《プログレッシブ》、中道左派的な政治にとって厳しい問題を突き付けている。進歩的なデモクラシー観は、個人の自由と、社会的・文化的な平等と包摂という理念とが矛盾するものとは考えず、むしろ両立させるべきであると考えてきた。それにもかかわらず、D・グッドハートは福祉国家と多様性の両方を擁護する進歩派がジレンマに陥っているとした。スウェーデンのように同質的で価値を共有する社会であれば連帯による再分配が可能である。一方でアメリカのような社会では進歩派は多様性を尊重せよという。だが自分たちと違う振る舞いをする他者のためになぜ負担をしなければならないか、と人々は感じるはずであり、租税負担による手厚い福祉国家は土台無理である、という議論である(URL②)。

このグッドハートの「進歩派のジレンマ」批判はどちらかといえば直感に訴える評論であるが、近年の学術的研究も社会の多様化と再分配への支持・信頼がトレードオフの関係にある、という「新しいリベラル・ジレンマ」を取り上げている(Kumlin and Rothstein 2010; Newton 2007; 新川二〇一四)。そして多様化を促す多文化主義的政策が——その理念に反して——社会にとってプラスにならないという疑問も改めて投げかけられている。それらの疑問とは以下のようなものである(Banting and Kymlicka 2006; Koopmans 2010; Triandafyllidou 2012; 挽地二〇一五)。

侵食説

福祉国家の再分配機能は国民的連帯の上に発達してきたので、同質性よりも差異が強調されるようになれば、連帯感による再分配への支持が損なわれる、という説である。たとえば制度的に分離された「多文化」カリキュラムで教育することがますます信頼と連帯を弱めるおそれがあるとされる。

誤診説

マイノリティの抱える社会的困難が、文化的な「承認」の欠如に由来すると考えることが真の問題解決を妨げている、という説である。たとえば植民地化前のアフリカ文明を教えるといった政策では、階級的に周縁におかれたアフリカ系米国人の就労や生活を変えることはできない。そればかりでなく文化の固有性にこだわることによって、集団を横断する連帯が妨げられるとされる。

「並行社会」説

多文化主義は、受け入れ社会における市民としての適応や、社会的な結束を妨げ、移民が「並行生活」、「並行社会」から抜け出さない原因となる、という批判である。さらにその結果として、ジェンダー差別や暴力の容認の文化も温存されることが懸念されている。

福祉の逆機能説

多文化主義的でありかつ寛容な福祉国家をもつ社会では、厳しい市場的競争に晒される社会と比べて、移民が言語・文化やスキルの上で必死に適応する必要なしに生活が維持できるため、逆説的に移民が労働に参加する率が低いままにとどまる、という指摘である。

これらの説に対しては、反論や別の見方が示されていることを無視すべきでない。たとえば、再分配の削減は、多文化主義的政策の有無にかかわらず起こっているのではないか。「承認」をめぐる問題がすべて階級的問題からくるのではないのではないか（カタルーニャ、ケベックなどの例）。イスラーム・スカーフ禁止の是非が論議されるなかで、宗教的であれ非宗教的であれ画一性の押し付けが問題なのではないか。そして、多文化主義は批判者のいうような確立した政策ではなく、むしろドイツのように多文化主義が公式の政策になっていないのに、話者のイメージやポジションにより論じられている面が大きいのではないか、といった点が指摘される。

本章では様々な理論的・実証的研究に依拠して、①ヨーロッパでバックラッシュといわれる変化がどのように起こったか、②今後のヨーロッパ・デモクラシーはどこに向かうのか。それは「たくましいリベラリズム」なのか、右翼ポピュリズムが先導する福祉排外主義《ウェルフェア・ショービニズム》なのか、それとも別の選択肢があるのか、を考察していきたい。

二　多文化主義の後退

一九七〇年代から九〇年代半ばまで、欧米デモクラシーは多様性の承認を推し進め、様々な多文化主義的政策を採用したが、九〇年代半ば以降、多文化主義に対するバックラッシュと国民的価値の強調（再国民化）がみられる（Vertovec and Wessendorf 2010；高橋・石田二〇一六）。

このような変化はヨーロッパ全般にみられるが、ヨーロッパの移民政策や多文化主義には一つのモデルがあるのではなく、各国ごとの経路依存が強い。以下では特にオランダ、スウェーデン、デンマークの文脈をみてみることとしよう。オランダと北欧はヨーロッパのなかでもイギリスとともに多文化主義的政策が発達したと評価されるが、それゆえに多文化主義からの後退が劇的に現れる事例となっているのである。

オランダ

オランダでは戦後直後から一九七〇年代にかけて、脱植民地化にともなう人の移動、高度成長期の外国人労働者受入れとその後の家族呼び寄せの波があったが、当初は外国人労働者の帰国や完全な同化が予想されていた。しかし一九七〇年代末に移民が人口の約三％に達し、モロッコ系の第二世代の若者による暴力的事件が起こると、オランダ政府は積極的な統合政策の必要を感じるようになる。そこで援用されたのは、キリスト教のカトリック、カルヴァン派、そして非宗派的な自由主義と社会（民主）主義の共存を支えてきた「柱状化」のモデルである。

「柱状化」にもとづく多極共存型デモクラシーを確立した一九一七年憲法には、宗教的な組織を営む権利が定められていた。この伝統の下、八三年の「少数派覚書（Minderhedennota）」においては、各エスニック集団の自主的な組織化と協議会制度への参画が謳われた。このような自主的組織化の承認にもとづいて、ヒンドゥー系やイスラーム系の学校が活発に設立された。八五年には五年間合法的に居住する外国人に自治体の選挙権・被選挙権が付与され、九二年から実験的に導入された二重国籍適用数は九六年にピークを迎えた。

一九九四年からの労働党・自由民主国民党中心の「紫連合」政権下で大都市圏・統合担当相に就任したローヘル・ファン・ボクステルは、オランダが移民国家・多文化社会であると宣言した。しかし紫連合政権は財政改革の課題に直面し、集団よりも個人の権利・義務を規制していく政策にシフトした。「少数派覚書」に代わる九四年の「エスニック少数派統合政策ガイドライン(Contourennota integratiebeleid etnische minderheden)」は、以後多文化主義を見直す政策指針となる(Entzinger 2003)。二重国籍の幅広い法制化は撤回され、新規移住者に課される語学・市民教育プログラムが九八年に初めて導入された。

それでも多文化主義と統合のバランスをとろうとしていたオランダ政府の姿勢は、二〇〇〇年代から反多文化主義に様変わりする。自由民主国民党議員団長であったフリッツ・ボルケステインは〇一年の講演で、移民は支援されるべき集団であるだけでなく福祉依存者であり、国の政策が寛大に過ぎるというのが国民の本音の声だと語り、タブーを破る「国民的マイノリティ論議」の引き金を引いたのであった。そこにフォルタイン・ショックが起こる。「すみよいオランダ」筆頭候補を解任され自ら新党を立ち上げたピム・フォルタインは、ボルケステインの主張にもみられた「新現実主義」を鮮明にし、イスラームとの共存の拒否を明快に訴えて若者にも支持された。〇二年総選挙期間中にフォルタインが射殺されてしまうと、支持者はフォルタインに反対した左翼、多文化主義者を非難し、五月の総選挙ではフォルタイン・リストが第二党となる大勝を収めた。これによって、キリスト教民主アピールのヤン・ペーター・バルケネンデを首班とする新内閣は、フォルタイン・リストを閣内に招き入れたのである。フォルタインを失ったフォルタイン・リストは空中分解状態になり、同党を含む連合は三カ月も続かなかった。だがバルケネンデはその後も第二次から四次まで政権を維持し、差異の承認よりも市民統合を求める政策が前面に押し出される(Vertovec and Wessendorf 2010)。

このようなオランダの脱多文化主義化の背景には、ナショナルな共同体主義の高まりのみならず、福祉国家の改革がもたらした、移民と多数派国民の差異化がある。「オランダの奇跡」といわれたように、この国は一九八〇年代後半から九〇年代にかけて男女の労働参加率の向上と社会保障支出の削減を達成した。その一環として、失業手当や公的扶助、障がい手当、家族手当などの給付人数が大幅に圧縮された。ところが二〇〇三年の時点で非欧米出身移民の失業手当受給率、公的扶助受給率は有意にオランダ人一般を上回っていた。その結果、福祉受給者としての移民にネガティブな光が当たることになったといえる。実際には、労働市場改革によって移民も含めた労働参加率が向上し、その結果として社会保障支出の削減が進んだ面があるが、それにもかかわらずスキルの欠如や精神的トラウマにより就労できない難民と家族が存在する。彼らについてもっぱら市民的統合の圧力を強める政策が採られたことは、必ずしも問題の解決につながっていない(Banting and Kymlicka 2006; 水島二〇一二)。

スウェーデン

スウェーデンでは第二次大戦中まで移民や外国人に対して厳しい法制を採っていたが、ユダヤ人政策への反省や戦後の労働力需要から移民への門戸が開放され、外国人労働者の受け入れが進んだ。一九六〇年代には労働組合全国組織(LO)が、移民が他の労働者と同等の賃金・生活水準を得ることを求めた。このことは、福祉国家を通して社会階層間の格差と利害対立をなくし、社会的連帯を強めていこうとする社会民主主義のプロジェクトと合致した。

スウェーデンに多文化主義的理念が受け入れられたのもこの頃である。外国人はかつてのような安全保障・社会秩序上の異物とみなされる存在ではなく、福祉国家デモクラシーに包摂される要素となっていった。移民は福祉国家システムに統合されつつ、独自の文化的アイデンティティを捨てることは求められず、社会の多様性が国民的コミュニティへの帰属と両立することが期待された。

その後さらに、政府が積極的に個々の文化の保持を支援すべきであるとの主張も高まった。このような主張の急先鋒は強制収容所生還者のユダヤ系言論人のようなマイノリティであり、また当時の保守党は社会民主党政府を依然「同化主義」だと批判する立場に立ち、移民の文化的権利を擁護する国会発議を連発した。一九六〇年代末には社会民主党の支持基盤であるLOが急進化し、政府による積極的な措置を求めた。こうして一九六八年の移民法案は、移民が母国の言葉と文化につながり続けられることを盛り込むにいたった(これには加えてスウェーデンへの移住者の多いフィンランド政府からの要請もあった)。

一九七五年にスウェーデン議会が全会一致で採択した新移民法は「平等、選択の自由、パートナーシップ」を目標に掲げ、移民が①固有の文化・言語アイデンティティと②スウェーデンの文化アイデンティティへの帰属の程度を選択できる機会を与えることを定めた。同法はスウェーデンの多文化主義を体現する法制となり、ヴェトナム戦争に異を唱える若き首相オーロフ・パルメが率いるスウェーデンは人権・脱植民地主義・国際連帯の道義的大国として存在感を高めた。

ただし、スウェーデンではオランダなどの大陸諸国のようにマイノリティごとの私立学校が設立されたわけではなく、あくまで公立学校において母語教育が行われる方式が採られた。また、多文化主義については国民の積極的な関心があったというより、移民庁のような官庁と専門団体が政策を主導していた。

スウェーデンでは、多文化主義がどれくらい確立したといえるのだろうか。一九八六年には母語教育を受けられる条件が厳格化され、九七年には、「移民政策から統合政策へ」と題された法案が提出され統合への傾斜が強まった。それにもかかわらず、二〇〇〇年代以降のヨーロッパ各国で多文化主義が後退し、市民テスト・語学テストなどを通した統合が強化されたなかで、スウェーデンはテストの国籍取得要件化を避け、ヨーロッパのなかでは多文化主義的政策を保ち続けた例外だとされる（Borevi 2013; 清水二〇一六）。

しかしその後、他国より遅れて登場した右翼ポピュリスト政党、スウェーデン民主党が国政進出に成功し、二〇一四年総選挙で第三党に躍進した。保守の穏健党を中心とする中道右派四党の「同盟」は、スウェーデン民主党との協力を固く否定しているが、同党が第三極となったことにより、政治の不安定要因となっている（渡辺二〇一七）。

デンマーク

デンマークは第二次大戦中のナチ・ドイツ占領期に国民が（有償の移送も含むが）七〇〇〇人以上のユ

ダヤ人の脱出を救援するなど、国際的に人道的な姿勢を示してきた。一九七〇年代に他のヨーロッパ諸国同様、外国人労働者の導入を停止して以降、家族呼び寄せ、難民の受け入れに切り替わったが、八一年に三年以上居住する外国人に地方参政権を認め、八三年には「事実上の難民」を庇護対象とする世界で最もリベラルといわれる難民法を制定した。

ただしデンマークは、スウェーデンのように移民とその家族に積極的に多文化的権利を提供する政策を採り入れたわけではなかった。一九八〇年代の中道右派政権期には経済停滞の一方で入国難民数が顕著に増加し、移民・難民政策が論争化した。中道右派政権は内務大臣の庇護申請者の不適切な取り扱いが問題化して九三年に退陣したが、九〇年代には政権を交代した社会民主党の党内でも移民をめぐる意見対立が深まった。

デンマークで発達したのはナショナルな多文化主義政策というよりローカル・レベルの多様性の諸施策であり、エスニック団体や母語教育、イスラーム系独立校も助成の対象となった。コペンハーゲンは多様性を誇る国際都市政策を採ったが、その近郊の自治体では移民・難民の増加に政治的反発が高まっていた。そのようななかで、二〇〇一年総選挙では移民の失業と福祉国家への負担が争点に浮上し、自由党・保守党連合が勝利した。右翼ポピュリスト政党のデンマーク国民党の支持を得た新しい右派連合政権は「市民の一員であること(medborgerskab)」を強調し、家族呼び寄せの制限、定住条件の厳格化、歴史・政治・文化に関する高度な内容の市民テスト、高難度の語学テストなどを次々導入した(Mouritsen 2013)。二〇一一年に社会民主党主体の中道左派連合に政権が戻ったことにより一定の見直しがなされるが、一五年総選挙では再び右派連合が勝利した。

三　福祉排外主義は必然か？

シティズンシップをめぐる争いとして、冒頭に述べたように、ヨーロッパでは福祉国家のメンバーとしての移民・難民とマジョリティの対立が政治化していることを見逃すことはできないだろう。こうした傾向は、「福祉排外主義」としてとらえられるようになっている（宮本二〇〇四、中山二〇一六）。たとえばフランスの国民戦線のマリーヌ・ルペンは二〇一七年大統領選の公約集において、社会・財政政策が中流以下の国民を貧困にし、多国籍企業を富ませ、管理不能の移民に濫用されてきたと批判し、フランス人のために支出はなされるべきだと訴えた（URL③）。スウェーデン民主党のウェブサイトは、大量移民が社会問題と未曽有の経済的費用をもたらし、われわれは今日移民と福祉のいずれかの選択を迫られている、と訴えている（ULR④）（渡辺二〇一七）。デンマーク国民党の選挙広報冊子は、「デンマークは安心・安全な国でなければならない。そのおかげでデンマーク福祉社会を世界一にしてきた信頼をもって私たちはふれ合える」と語り、「デンマークでは並行社

写真　安心・安全な国を訴えるデンマーク国民党の選挙公報冊子
出典：https://danskfolkeparti.dk/politik/brochurer/

会のなかで公的扶助に頼っている者が多すぎる」以上、戦争難民は国内に入れず支援は紛争近隣地域で行うべきだと主張されている（**写真**、ＵＲＬ⑤）。

現在のヨーロッパの市民は、福祉国家と移民は相いれないと考えているのだろうか。研究者たちは、移民人口が多いと福祉国家への支持は下がる（「ヨーロッパのアメリカ化」）という説が成り立つかを検討している。しかし、このような説は実証研究では支持されていない。もう一つ検討されているのは、高水準の福祉国家の方が反移民の意見が強まる、という説である。こちらが移民を福祉のただ乗り、濫用と結びつけて批判する「福祉排外主義」の論理に近い。福祉国家には自由主義型（英米など）、保守主義型（フランス、オーストリアなど）、社会民主主義型（北欧諸国など）など多様なタイプがあるが、より寛容な福祉国家の市民は移民の社会的権利について否定的でなくむしろ肯定的であるという研究結果が示されている（Crepaz 2008; Eger and Breznau 2017; Römer 2017）。

このようにみると、移民の絶対数が多いから、あるいは高水準の福祉国家であるからといって、国民が単純に福祉国家と移民が両立しないと感じるわけではなさそうである。それではどのような条件が移民をめぐる政治を「福祉排外主義」に変化させたのだろうか。

ポピュリズム政党の台頭と既存政党の対応

ヨーロッパに現れた右翼ポピュリズムは、当初福祉国家と移民問題を結びつけていたわけではなかった。一九九〇年代前半に台頭した急進的な右翼ポピュリスト政党の研究では、その主な特徴として、①経済政策における新自由主義、メリトクラシー（能力主義）、②社会不安の原因を移民と多文化社会に転嫁するゼノフォビア（外国人嫌い）、③既存エリートへの憤懣、「政治不信」が挙げられていた（Betz 1994）。

ところが、新自由主義＋排外主義という右翼ポピュリズムの「勝利の公式」は、一九九〇年代半ばから福祉国家防衛＋反移民に方向転換していく。これが「福祉排外主義」である。このような「福祉排外主義」への転換によって地歩を占めた右翼ポピュリスト政党が、オーストリアの自由党、フランスの国民戦線、ノルウェーの進歩党などである（古賀二〇一四）。

こうした右翼ポピュリスト政党の勢力だけが「福祉排外主義」への流れを決めるわけではない。それに加えて既存政党の対応が重要な意味をもつ。新興政党に対する主流政党の対応には、無視、敵対、適応などがあるという。主流政党がどのような対応をとるかによって、その後の政策や世論の大勢が左右されるのである。

デンマークではもともと反税路線を主張していた右翼政党進歩党が分裂し、「福祉排外主義」を前面に掲げるデンマーク国民党がより多くの支持を集めることとなった（吉武二〇〇五）。一九九八年、デンマーク国民党が福祉排外主義を前面に掲げ七・四％の得票率を得たとき、主流政党とりわけ中道右派政党は無視や敵対をもって対するのではなく、むしろ適応しようとした。次の総選挙に向けて自由党は、「福祉排外主義」の主張を採り入れ、二〇〇一年選挙で中道右派が勝利した。その勝利により二〇一一年まで自由党と保守党はデンマーク国民党を閣外協力のパートナーとした。その結果、デンマークの庇護制度は欧州で最も厳格なものへと方向転換したばかりでなく、社会政策などで間接的に移民が不利となる制度の改正が行われた。

オランダではフォルタイン・リストは分解したが、ヘールト・ウィルデルスの率いる新しい右翼ポピュリスト政党、自由党が登場し、二〇一〇年選挙で同党は躍進を遂げる。自由党はイスラーム批判に加え、移民が社会保障給付を得る条件に一〇年間の就労を求めるなど「福祉排外主義」路線をとり、さらにEU批判の急先鋒に立った。このウィルデルスのほか、バルケネンデ内閣で移民・統合相として強硬路線を貫いたリタ・フェルドンクが世論調査で支持を集めるなか、主流政党のうちでも危機感を強めたのが自由民主国民党だった。同党のリーダーとなったマルク・ルッテはもともとリベラル派であったにもかかわらず右傾化路線に走り、福祉国家の財政負担に結びつけて移民受け入れを批判した。二〇一〇年の総選挙ではルッテの自由民主国民党が勝利し、自由党とキリスト教民主アピールとの右派連合政権が樹立された。ここには、右翼ポピュリスト政党の勢いと選挙・党内支持弱化の不安に押されて、「福祉排外主義」を選んでしまう政党リーダーの現実が表れている(Schumacher and van Kersbergen 2016)。

J・スプレーグ＝ジョーンズの統計的研究は、移民の人口比が多くなると自動的に反多文化主義が強まるわけではないのに、急進右翼政党が強い場合には、多数派の国民と身近にマイノリティの背景のある人々との分極化が進むことを明らかにしている。分極化が起こる理由は、身近にマイノリティのいる人々にとって、政党により発せられる反移民、反多文化主義の言説は無視できない脅威になるからである(Sprague-Jones 2011)。

このように「福祉排外主義」が拡大する上では、政党の影響力、責任は小さくないといわざるをえない。それは直接には右翼ポピュリスト政党のキャンペーンに発するものであるが、主流政党を含む他党の対応、政党システム全体の傾斜が各国の政治空間を変えていったのである。つまり、今日移民と福祉のいずれかの選択を迫られている、というジレンマは絶対的なものではなく、政治がつくり出したジレンマなのである。[2]

四　境界線を越える信頼へ

各国で排外的な「再国民化」が起こっているとしても、少数派の排除につながることを防ぐ枠組みが国民国家を超えて存在するのではないだろうか。そのような枠組みとしてＹ・ソイサルは、「ポストナショナルなメンバーシップ」を主張している。そこには普遍的なパーソンフッド（人としての尊重）と多文化主義的な差異の権利の両方が含まれる。それは単なる理想でなく、欧州人権条約（一九五〇年）、国際人権規約（一九六六年）の諸条約や、国連・ＩＬＯ・欧州会議・ＥＣ（現ＥＵ）などの諸制度を通して実質化しているという（Soysal 1994）。

ＥＵは、基本権憲章（二〇〇〇年）をはじめとして人権や多言語の尊重されるヨーロッパを創出しようとしてきた。現行のリスボン条約の前文では「ヨーロッパの文化的、宗教的、人文的な遺産からインスピレーションを受け」と謳っているが、ここでいうヨーロッパの「遺産」には欧州憲法条約（発効せず）の交渉時ポーランドが主張した「キリスト教」を明記してはいない（Treaty of Lisbon Amending the Treaty on European Union and the Treaty Establishing the European Community, Article 1, Preamble）。その代わり、人権、自由、デモクラシー、平等、法の支配のような普遍的原則が列挙されている。

普遍的な原則としてEUが積極的に取り組んできたのは、差別禁止の法制化である。一九九六―九七年の条約改正政府間会議の作業部会ではジェンダー、年齢、性的指向、障がい、宗教にもとづく差別の禁止の必要と、反人種差別が基本原則に取り上げられ、アムステルダム条約(EC条約第一三条)に反映された。さらに二〇〇〇年六月には、差別禁止措置を各加盟国に実施させる通称「人種民族均等指令」(2000/43/EC)が採択された。EUの理事会はオーストリアの一九九九年選挙で躍進したイェルク・ハイダー率いる右翼のオーストリア自由党が連合政権に参加したことに危機感を抱いていた。この指令は各加盟国に人種やエスニシティにもとづく差別への不服審査機関の設置や、積極的是正措置などを求めるものであり、同年秋の雇用上の差別禁止の指令(2000/78/EC)によって補完された。

しかしEUは国際的な差別禁止を打ち出してきたものの、移民・難民を対象とする多文化主義政策を確立したとはいえない(Guiraudon 2009)。オランダが議長国を務めた二〇〇四年後半の欧州理事会になると、EUの移民・難民政策は市民統合を重視する方向性を帯びる。この欧州理事会が一一月採択した「EUにおける移民統合政策共通基本原則」は、欧州的価値を尊重する統合を基調とするものであり、「受け入れ国の言語、歴史、制度の基本的知識が統合にとって不可欠」だと述べられていた。そのことは各国(オランダ、フランス、イギリス、エストニア、ドイツ、オーストリア、ベルギー、スウェーデン、デンマーク、フィンランドなど)で実施されるいわゆる市民テストに正統性を与えるものであった。

こうした市民統合を求める「たくましいリベラリズム」は「抑圧的リベラリズム」になるおそれがないわけではない。その極端な例は、ドイツのバーデン＝ビュルテンブルク州で二〇〇五年に実施された市民テストであり、ムスリムを狙い撃ちにしたような性や家族に関する設問を並べたものだった。

それでもC・ヨプケは、ヨーロッパにおいて多文化主義が後退したのは事実だが、今日推進されている統合や市民性とは、固有の文化、民族、あるいはキリスト教を内容とするのではなく、あくまでリベラルな原則に則ったもの、「軽いシティズンシップ」である、と強調する。ヨプケは、市民統合政策が結局はナショナルな価値を押し付けることはできず、普遍的な目標にならざるをえない点で似通ってきていると論じている。そしてイスラームの側がリベラルな市民性を真に受け入れるかどうかが他方で重要であるという(Joppke 2010; Joppke 2014)。

これに対し移民系の社会学者は、ヨプケのいうような「不偏」のリベラルな市民統合など現実にはありえないとし、反差別、アイデンティティの承認、多言語、社会的包摂などのシティズンシップの範囲は争われ続けている、と疑問を投げかける(Triandafyllidou 2012)。

「再国民化」かマルチ・レベルの取り組みか

ただし、そう反論するだけでは現在のヨーロッパ・デモクラシーの抱える問題が解決されるわけではない。多文化主義が政治においてポジティブな用法からネガティブな用法に逆転してしまったことは、容易には反転しないだろう。

福祉国家と多様性のジレンマについて取り組む研究者たちは、社会の信頼という媒介が重要である、と考えている。「並行社会」といわれる問題や、移民・難民が都市郊外などに集中し、隔離されたように生活するセグリゲーションの問題は、不安、不信と排外主義への支持を増幅する背景となっている。

「再国民化」、ナショナリズムという方法は、このような問題を解決しない。なぜなら分断・隔離は多次元的であるからである。都市研究者によれば、イギリスのような自由主義型福祉国家の都市の分断は空間的かつ社会的であり、南欧では空間的分断より社会的分断が大きく、北欧では社会的分断が小さくても空間的隔離がみられる(Arbaci 2007)。ストックホルム郊外の大規模公共住宅が「移民地区」化し二〇一〇年代に暴動が頻発したように、もともと寛容な社会民主主義型福祉国家であっても、空間的隔離が進めば社会的信頼を築くことは困難になる。しかも分断の形は、福祉国家政策のみならず都市ごとの居住配置や、国境を越える人の移動の波によって移り変わる。

本章を通じて考察したように、グローバル化するヨーロッパ社会の分断の裏面には、EU、ナショナル、ローカルなレベルの政治が整合していない、という現実がある。EU統合への不安、自治体の負担感の偏りが、右翼ポピュリズムと「福祉排外主義」への支持に結びついてしまうのは、その不整合のためでもある。こうした多次元的な分断に対し、都市、ナショナル、EUにわたるマルチ・レベルの取り組みがなされなければ、「境界線を超える信頼」(Crepaz 2008)を再建する開かれたヨーロッパ・デモクラシーは切り拓かれないであろう。(3)

注

(1) カナダ、オーストラリアのような公式の「多文化主義国家」のみを多文化主義とするのであれば、ヨーロッパ諸国については文化多元主義、多様性といった別の概念を用いるべきかもしれないが、欧米の研究では「ヨーロッパの多文化主義」を主題とすることは珍しくない。本章では、変化する部分的取り組み、争われるシンボルという意味で、「多文化主義的政策」という概念を用いたい。

（2）　むしろ「福祉排外主義」を掲げて政権に近づく右翼ポピュリスト政党は、福祉を守る約束を求める有権者と、財政緊縮政策を採る中道右派政党のいずれかを裏切らざるをえない政治的矛盾を抱えていると指摘される（Afonso 2015）。

（3）　近年のEUの欧州委員会や欧州司法裁判所には、加盟国の市民統合政策を追認するだけでなく、移民排除的な方向を抑止しようとする方向性がみられる（佐藤二〇一五）。

参考文献

古賀光生（二〇一四）「新自由主義から福祉排外主義へ――西欧の右翼ポピュリスト政党における政策転換」『選挙研究（日本選挙学会年報）』三〇巻一号、一四三―一五八頁。

佐藤俊輔（二〇一五）「EUにおける移民統合モデルの収斂？」『EUの連帯（日本EU学会年報）』三五号、一八三―二〇三頁。

清水謙（二〇一六）「スウェーデン――移民／難民をめぐる政治外交史」岡部みどり編『人の国際移動とEU――地域統合は「国境」をどのように変えるのか？』法律文化社。

新川敏光（二〇一四）『福祉国家変革の理路――労働・福祉・自由』ミネルヴァ書房。

高橋進・石田徹編（二〇一六）『「再国民化」に揺らぐヨーロッパ――新たなナショナリズムの隆盛と移民排斥のゆくえ』法律文化社。

中山洋平（二〇一六）「福祉国家と西ヨーロッパ政党制の「凍結」」水島治郎編『保守の比較政治学――欧州・日本の保守政党とポピュリズム』岩波書店。

挽地康彦（二〇一五）「スウェーデンにおける移民統合のパラドクス」『和光大学現代人間学部紀要』八号、三九―五一頁。

水島治郎(二〇一二)『反転する福祉国家——オランダモデルの光と影』岩波書店。
宮本太郎(二〇〇四)「新しい右翼と福祉ショービニズム——反社会的連帯の理由」齋藤純一編『福祉国家／社会的連帯の理由』ミネルヴァ書房。
吉武信彦(二〇〇五)「デンマークにおける新しい右翼——デンマーク国民党を事例として」『地域政策研究』八巻二号、二一—五〇頁。
渡辺博明(二〇一七)「スウェーデン福祉国家における移民問題と政党政治」新川敏光編『国民再統合の政治——福祉国家とリベラル・ナショナリズムの間』ナカニシヤ出版。
Afonso, Alexandre (2015) “Choosing Whom to Betray: Populist Right-wing Parties, Welfare State Reforms and the Trade-off between Office and Votes,” *European Political Science Review*, 7(2): 271–292.
Arbaci, Sonia (2007) “Ethnic Segregation, Housing Systems and Welfare Regimes in Europe,” *International Journal of Housing Policy*, 7(4): 401–433.
Banting, Keith, and Will Kymlicka eds. (2006) *Multiculturalism and the Welfare State: Recognition and Redistribution in Contemporary Democracies*, Oxford University Press.
Betz, Hans-Georg (1994) *Radical Right-wing Populism in Western Europe*, Macmillan.
Borevi, Karin (2013) “The Political Dynamics of Multiculturalism in Sweden,” in Raymond Taras ed., *Challenging Multiculturalism: European Models of Diversity*, Edinburgh University Press.
Crepaz, Markus M. L. (2008) *Trust beyond Borders: Immigration, the Welfare State, and Identity in Modern Societies*, University of Michigan Press.
Eger, Maureen A. and Nate Breznau (2017) “Immigration and the Welfare State: A Cross-regional Analysis of European Welfare Attitudes,” *International Journal of Comparative Sociology*, 58(5): 440–463.
Entzinger, Han (2003) “The Rise and Fall of Multiculturalism: The Case of the Netherlands,” in Christian

Joppke and Ewa T. Morawska eds., *Toward Assimilation and Citizenship: Immigrants in Liberal Nation-states*, Palgrave Macmillan.

Guiraudon, Virginie (2009) "Multiculturalism and European Law," in Riva Kastoryano ed., *An Identity for Europe: The Relevance of Multiculturalism in EU Construction*, Palgrave Macmillan.

Joppke, Christian (2010) *Citizenship and Immigration*, Polity Press（遠藤乾他訳『軽いシティズンシップ——市民、外国人、リベラリズムのゆくえ』岩波書店、二〇一三年）。

Joppke, Christian (2014) "The Retreat is Real—but What is the Alternative?: Multiculturalism, Muscular Liberalism, and Islam," *Constellations*, 21(2): 286–295.

Koopmans, Ruud (2010) "Trade-offs between Equality and Difference: Immigrant Integration, Multiculturalism and the Welfare State in Cross-National Perspective," *Journal of Ethnic and Migration Studies*, 36(1): 1–26.

Kumlin, Staffan and Bo Rothstein (2010) "Questioning the New Liberal Dilemma: Immigrants, Social Networks, and Institutional Fairness," *Comparative Politics*, 43(1): 63–80.

Mouritsen, Per (2013) "The Resilience of Citizenship Traditions: Civic integration in Germany, Great Britain and Denmark." *Ethnicities*, 13(1): 86–109.

Newton, Kenneth (2007) "The New Liberal Dilemma: Social Trust in Mixed Societies," Paper prepared for the ECPR Workshop on Social Capital, the State and Diversity, Helsinki, 7–12 May 2007.

Römer, Friederike (2017) "Generous to All or 'Insiders Only'?: The Relationship between Welfare State Generosity and Immigrant Welfare Rights," *Journal of European Social Policy*, 27(2): 173–196.

Schumacher, G. and K. van Kersbergen (2016) "Do Mainstream Parties Adapt to the Welfare Chauvinism of Populist Parties?" *Party Politics*, 22(3): 300–312.

Soysal, Yasemin Nuhoglu（1994）*Limits of Citizenship: Migrants and Postnational Membership in Europe*, University of Chicago Press.

Sprague-Jones, Jessica（2011）"Extreme Right-wing Vote and Support for Multiculturalism in Europe," *Ethnic and Racial Studies*, 34(4): 535–555.

Triandafyllidou, Anna, Tariq Modood, and Nasar Meer eds.（2012）*European Multiculturalisms: Cultural, Religious and Ethnic Challenges*, Edinburgh University Press.

Vertovec, Steven and Susanne Wessendorf eds.（2010）*The Multiculturalism Backlash: European Discourses, Policies and Practices*, Routledge.

URL

①https://www.gov.uk/government/speeches/pms-speech-at-munich-security-conference（二〇一七年一二月一日閲覧。以下、最終閲覧日同じ）

②https://www.prospectmagazine.co.uk/magazine/too-diverse-david-goodhart-multiculturalism-britain-immigration-globalisation

③http://www.frontnational.com/le-projet-de-marine-le-pen/

④https://sd.se/var-politik/

⑤https://danskfolkeparti.dk/wpcontent/uploads/2017/01/DF_valgbrochure_sep_2017-1.pdf

第７章　排外主義とメディア
――イギリスのＥＵ残留・離脱国民投票から考える

浜井祐三子

一　ＥＵ離脱の選択と「移民」

二〇一六年六月二三日に行われたイギリスのＥＵ残留・離脱を問う国民投票は、残留派四八・一％、離脱派五一・九％（投票率七二・二％）で離脱派が勝利する結果となった。国民の選択がなぜ、当初の予想を覆す形で「離脱」に傾いたのかについては様々な分析がなされるなか、結果を左右した要因の一つとして、ＥＵへの残留がさらなる「移民」の流入につながり経済・社会状況の悪化を招く、という国民の懸念があったと見られている。

それを裏付けるデータも複数ある。国民投票直後に一万二三六九人を対象に行われた調査（アシュクロフト卿調査）は「離脱」を選択した有権者がその決断において「主権」（四九％）に次いで「移民および国境管理」（三三％）を重視したとした（ＵＲＬ①）。「イギリス社会意識調査」（対象者三〇〇〇人）も、「移民」について懸念を有する者の七三％が「離脱」を選んだのに対して、懸念を有しない者においては三六％と顕著な差が出ていることを指摘した。これは、例えば政府への信頼を持つ場合と持たない場合での離脱を選択した率がそれぞれ四五％と六五％であることと比較すると、離脱か残留かの選択に政治不信など他の要因よりも「移民」に対する認識がより重要な意味を持ったことを示唆する（URL②）。

ではなぜ、離脱を選択した人々にとって、EU残留が「移民」の流入による経済・社会状況の悪化と強く結びつけられるような状況が生じたのか。オックスフォード大学のジェフリー・エヴァンズとジョナサン・メロンは投票前の二〇一五年一二月に『ガーディアン』紙のウェブサイトに寄せたブログ記事において、二〇〇四年から急激に増加したEU域内からの移民数の伸びとほぼ連動する形で、「国が直面する最も重要な課題」として「移民」を挙げる人々のパーセンテージが伸び続けていることを指摘した。実際、二〇〇四年以降、EUに対するネガティブな評価と「移民問題」への強い懸念との間には相関が見られるようになっており、エヴァンズとメロンはこの「EU＝移民」という図式は二〇一六年国民投票の結果に重大な影響を及ぼすと予測していた（URL③）。

実際の移民数の伸び、特に拡大EU（ポーランド、ルーマニアなど）からの移民労働者の増加が、国民に「移民が多すぎる」という認識を抱かせたことは否定できないものの、なぜここまで「移民」に対するネガティブな感情が広まったのか。そして、離脱に伴う経済的リスクを覚悟してまで、「多くなりすぎた移民」をコントロールする手段として離脱という選択肢を最終的に選ぶ者がなぜ多かったのかを考える上で、今回のEU離脱問題と関連付けられた「移民」の流入に関するメディア報道のあり方をここでは検証したい。

この論証においては、国民投票の前後から各研究機関によって発表されたメディア分析と、メディア研究者等の論評を参照する。ここでは、伝統的な報道メディア、とりわけ右派大衆紙メディアにおいて、排外主義的な傾向、移民や外国人をもっぱらイギリス社会に「問題」を持ち込む存在としてネガティブに捉える傾向が蔓延し、特に投票に前後してその傾向がピークを迎えていたことを指摘する。その上で、本章の後半では、このＥＵ離脱問題報道で特に顕著となったメディアの排外主義的傾向に「人種主義」「ポピュリズム」「イスラモフォビア」という三つのキーワードから考察を加えてみたい。

二　メディアは離脱を後押ししたのか？

国民投票によって離脱が選択される前後から、イギリスのマスメディア（新聞やテレビ等の伝統的メディア）の報道や、発展目覚ましいニューメディア（ツイッター、インスタグラムなどのソーシャルメディア）における離脱をめぐる報道および議論のあり方について、複数の分析および論評が行われた。以下では、そのうちのいくつかを参照し、全体的な傾向をまとめてみたい。

極端な二分化と離脱派の優勢

まず、その全体としての特徴は、極端な二分化と離脱派の優勢にある。このことは当初からメディア研究者・関係者によって指摘されていたが、事後に各研究機関から出された量的分析の結果はその指摘を裏付けるものとなった。

ラフバラ大学コミュニケーション・文化研究センターによるメディア報道分析は分析期間を投票前

の七週間、対象を地上波主要四チャンネル(1)のニュース番組と、全国日刊紙(紙媒体)一〇紙(2)の報道とし、「離脱」と「残留」にそれぞれ好意的な報道の割合を確認した。テレビが中立的な傾向が強かったのに対し(報道内容の八一・九%が中立)、新聞は離脱派と残留派に明確にその主張が分かれた(表1)。

同時に、実際に読者の目に触れる機会は離脱に好意的な記事が圧倒的に多かった。全ての記事を離脱寄りと残留寄りで分類すると、割合としては五七%：四三%となる。ただし、今回離脱を支持した『サン』や『デイリーメール』などの右派大衆紙は他紙に比べて購読者数が多いため、そこに発行部数を考慮した重み付けを加えると、八〇・五%：一九・五%となる。つまり、イギリスで新聞(紙媒体)を読んでいた人が目にした記事の八割は、離脱という選択肢を好意的に見るものだったということになる(URL④)。

ちなみに、本章では中心的に扱ってはいないが、いわゆるソーシャルメディアにおける議論も二分化し、また離脱派が優勢であったことが指摘されている。ヴァチェスラフ・ポロンスキら(オックスフォード大学)の行ったSNSの分析は、この二つの傾向をはっきりと示す。オンラインの議論は「二極化」し、離脱・残留それぞれの陣営内で議論が増幅・強化され(いわゆる「エコーチャンバー現象」)、両陣営の間に健全な対話・議論などが成立する余地はほぼなかった。同時に、ソーシャルメディアを通じて「感情的」で強いメッセージをより頻繁に送り続けたのは圧倒的に離脱派の方であった。インスタグラム上(3)に離脱派は残留派の約二倍存在し、また残留派の五倍アクティブであった(同様に、ツイッター上でも離脱派は残留派を七対一の割合で凌駕していた)。最も頻繁に利用されたハッシュタグも全て離脱派で(#Brexit, #Beleave, #Voteleave など)、これらはオンライン上の様々なコミュニケーションに広

表１　イギリスの全国日刊紙の発行部数および離脱・残留支持の状況[1)]

主要日刊紙	種別	2016年6月発行部数 下段(　)内はウェブ閲覧数 (ともに＋－は前月比)	離脱・残留支持の状況
デイリーメール *Daily Mail*	大衆[2)]	1,548,349　＋0.28 (15,053,614　＋7.88)	離脱支持(日曜版 *Mail on Sunday* は残留支持)
サン *The Sun*	大衆	1,755,331　＋2.25 (2,730,920　＋15.37)	離脱支持
デイリーエクスプレス *Daily Express*	大衆[2)]	421,057　＋1.45 (1,851,337　＋18.69)	離脱支持
デイリースター *Daily Star*	大衆	513,452　＋0.91 (818,188　－9.02)	離脱支持(表明はしなかったが，分析では離脱寄り)
デイリーミラー *Daily Mirror*	大衆	770,714　－1.02 (5,032,799　＋8.38)	残留支持
タイムズ *The Times*	高級	449,151　＋2.51 (N/A)*オンライン有料購読	残留支持(日曜版 *Sunday Times* は離脱支持)
ガーディアン *The Guardian*	高級	171,723　＋3.63 (10,304,181　＋15.48)	残留支持
デイリーテレグラフ *Daily Telegraph*	高級	496,286　＋1.12 (5,623,053　＋29.49)	離脱支持
フィナンシャルタイムズ *Financial Times*	高級	199,359　＋0.49 (N/A)*オンライン有料購読	残留支持
アイ *The i*	高級	294,223　＋2.97 (N/A)*[3)]	残留支持(表明はしなかったが，分析では残留寄り)

1) 発行部数等の数値は新聞雑誌部数公査機構(Audit Bureau of Circulation)のもので，『プレス・ガゼット(*Press Gazette*)』の記事(2016. 7. 21)による(URL ⑨). 離脱・残留支持の状況はラフバラ大学の分析(URL ④)等に基づく.
2) 『デイリーメール』と『デイリーエクスプレス』は中流層によっても読まれる中間(mid-market)紙とされることもある.
3) 『アイ』は『インディペンデント(*The Independent*)』(2016年3月26日をもって紙媒体の発行が休止，現在はオンライン版のみ)の姉妹紙であったが，2016年春にジョンストン・プレスに売却された．ちなみに『インディペンデント』の閲覧数は438万2722(+43.77).
* N/A=Not Available.

く組み込まれていた(URL⑤および⑥)。

大衆紙による反「移民」キャンペーン

伝統的メディアにおいては、限られたイシュー・アジェンダへの集中ももう一つの特徴であり、とりわけ、残留派メディアにおいては「経済」、離脱派メディアにおいては「移民」というトピックが突出した頻度で取り上げられ、これは残留派・離脱派によって実際に行われたキャンペーンの内容とも連動していた(URL④)。「移民」は離脱派メディアによって繰り返し扱われただけでなく、特にいわゆる右派大衆紙によってきわめて「ネガティブに」扱われた。

ここでは、投票前の一〇週間に新聞、テレビなど二〇の報道機関[4]によってオンラインで発表された記事約一万五〇〇〇を対象に分析を加えたマーティン・ムアとゴードン・ラムゼイ(ロンドン大学キングス・カレッジ)の分析を参照する。メディア全体として見ると、「移民」(四三八三記事)は「経済」(七〇二八記事)に次ぐ頻度で記事に取り上げられ、またこの一〇週間にも報道量が約三倍になるなど、他のどのイシューよりも急激に関心が高まった。特に、印刷版の「一面」で扱われた回数は九九回と最も多い(「経済」は八二回で、全体としてEUに関連する一面は一九五回である)。

ムアとラムゼイは質的な分析も行っており、「移民」の扱われ方が圧倒的にネガティブであったことを指摘する。「移民」はイギリス社会が抱える経済・社会問題の責めを様々な形で負わされていた。雇用(「イギリス人の職を奪う」)、賃金の不当な下落(「安い賃金でも働く移民のせいで賃金が安くなる」)といった経済的な側面の他、犯罪の増加、医療・教育などの公共サービスへの過度な負担という点が繰り返し強調されている。大衆紙の記事では使用される語彙および記事に添えられる写真の選択が移民へのネガティブなイメージを増幅させ、移民のもたらす「害悪」を訴える記事が、過激な見出しとともに、しばしば事実に基づかない推定や極端な誇張とともに垂れ流しされていた。

ネガティブな報道で取り上げられる移民の出身国はトルコ、アルバニアが特に顕著であり、ルーマニアとポーランドがその二国に次ぐ（「移民」に関連して国籍が言及された記事の数はトルコ、ポーランド、アルバニア、ルーマニアの順に多く、そこでネガティブな記述のみが用いられた記事の数はトルコ、アルバニア、ポーランド、ルーマニアの順に多い）。ここで、EU加盟候補国に過ぎないアルバニア、近い将来に加盟が実現するとは考えられにくいトルコが移民に関連して最もネガティブな報道を受けやすい「（潜在的）移民送り出し国」であったことは、この二国が多くのムスリムを抱える国であることと考え合わせると、示唆に富む。移民に対するネガティブな報道の大多数は『デイリーエクスプレス』『デイリーメール』『サン』の大衆紙三紙の記事である（Moore and Ramsay 2017）。

メディアは国民を離脱に「向かわせた」のか？

以上のような分析結果は、国民投票の前後から、多くのメディア研究者・関係者が表明していた懸念を裏付ける結果となった。極端な二分化、そこで媒介される情報の偏り、特に大衆紙メディアの「歪曲、いい加減な事実、明らかな虚偽のオンパレード」（URL⑦）とある研究者に言わしめたような状況を、特に今回のように僅差で結果が決まったことから、国民を「洗脳」し、離脱へと向かわせた主要因とみなす見方も存在した（URL⑧）。

実際にどこまで、どのような「影響」があったのかを実証することは困難であり、メディア研究者たちも慎重に言葉を選んでいる。マスメディアとの接触によって得られる情報は投票に際して態度を決定する要因の一つに過ぎない。また、前述のエヴァンズとメロンの指摘でも示唆されるように、キャンペーンが開始される前から多くの有権者はすでに態度を決定していたとも考えられる(ただし、一部の「決めかねていた人々」に影響を与えた可能性は否定できない)。

新聞メディアの影響力についてはどうだろうか。イギリスは新聞への信頼度が低いことが世論調査では指摘されている。[5] また、新聞離れはイギリスでも確実に起きている。ただし、購読者数は減少傾向にあるとはいえ、紙媒体にデジタル媒体までを合わせると日常的に新聞記事を読む人の割合は高いレベルを維持しており、[6] また特に国民投票の行われた二〇一六年六月は、紙媒体の購読、デジタル媒体の閲読ともに一時的に新聞記事へのアクセスが増加したという指摘がある(URL⑨、表1も参照)。これは、投票に際して、新聞メディアを情報源として使用した人々が一定数存在したことを示唆する。

直接的な「影響」を断定することは難しいとしても、これらの報道傾向が持った「フレーミング」の効果(例えば、「EU=移民問題」というフレームの強化)にメディア研究者は着目する。また、ソーシャルメディアなどのネット上のコミュニケーションの二極化および離脱派の優勢は先に触れたが、伝統的メディアのオンライン記事はSNSの発信において引用され、拡散される傾向がある。そういった意味での間接的な影響も無視できないとする指摘もある(URL⑩、表1のオンライン閲読数の増加にも注目)。

とりわけ「移民」に関しては、扱われ方が圧倒的にネガティブであったことが重要な意味を持つ。

離脱を支持した右派大衆紙がほぼネガティブ一色であったことはすでに指摘した通りだが、残留を支持した多くの高級紙（例えば、よりバランスの取れた論調を展開した『ガーディアン』『タイムズ』など）にしても、「移民」をイギリス社会に害悪をもたらす存在と決めつける右派大衆紙の主張に対して、効果的な反論を提供できなかった（Moore and Ramsay 2017）。「中立性」を重んじた（政治的圧力を受け、特に重い足枷をはめられたと噂された[7]ＢＢＣをはじめ）テレビもまた、その点同様に非力であったとされた（Seaton 2016）。

このようなネガティブな報道が「移民」「外国人」「マイノリティ」に対する不寛容なムードを一部醸成したとする指摘もある。国民投票の前後、いわゆる憎悪犯罪（ヘイト・クライム）の件数がその一年前と比べて記録的に高かった（ＵＲＬ⑪）。これは、離脱キャンペーンによって「移民」がイギリス社会への「脅威」であると喧伝され、同時にメディアの一部がそれを煽るような報道を行ったことで、少なくとも常日頃から「よそ者」へ不満を溜めている人々が敵意をむき出しにしやすい空気が作られたせいではないか、とも考えられる。

三　排外主義とメディアの結びつき

以下、本章の後半では、前節で検証したＥＵ残留・離脱を問う国民投票をめぐるメディアの報道について、いくつかのキーワードをもとに考察を加えてみたい。それらのキーワードとは「人種主義」「ポピュリズム」、そして「イスラモフォビア」である。

人種主義

今回、右派大衆紙の多くが反EU、反移民の論調を取ったことそれ自体は、実はイギリス・メディアの研究者にとってさほど意外な事態ではなかった（ネガティブな記事の量、執拗さ、また事実を軽視する姿勢が際立っていたことは確かであるが）。

そもそも、イギリスの新聞、特に全国紙は明確な政治的スタンスを示すことが多い。ことEUに対しては一九九〇年代以降、大衆紙の大半がイギリスの保守派に見られるEU懐疑的な態度を反映し、またそれを増幅させる形で、敵意ある報道姿勢を取ってきた（Startin 2015）。そしてまた、「移民」や「マイノリティ」に対するネガティブな偏向報道といったものも、イギリスの新聞メディア、特に大衆紙においては、実はお馴染みのものであるとも言える。

歴史家パニコス・パナイーは、近現代イギリスへの移民流入の歴史をまとめた著作（Panayi 2010＝二〇一六）において、イギリス社会においては、民族や宗教の多様性を許容する姿勢、人道主義の観点から難民の保護などに対する寛容さが見られる一方で（＝多文化主義）、その時々で特定の「外国人」「よそ者」「移民」と見なされる集団に対して、社会の安定を脅かす存在として排外主義の刃が向けられてきた（＝人種主義）と述べ、それを「多文化主義的人種主義」と表現した。同時にその傾向をしばしばメディアが煽ってきたことも指摘している。特に新聞メディアはその時々で、ユダヤ人、ドイツ人、かつての植民地からやってきた「英連邦移民」など対象を変えながらも、「社会への脅威」として表象することで、すでにある偏見や差別意識を煽り続けてきたというのである。

一九八〇年代、右派大衆紙がアフロカリブ系、アジア系の非白人マイノリティや、彼らと類似の「よそ者」をイギリス社会に増やそうとする動き(例えば、一九八〇年代半ばのスリランカからのタミル人の流入など)を敵視した報道はメディアの「人種主義」の問題として認識された。メディアにとって、彼らは「洪水」のように「すでに人口過多な島国」に押し寄せる人の波であり、法と秩序を乱す「犯罪者」「暴徒」であり、「寛容」な福祉システムから不当に利益を享受しようと群がってくる人々であった。さらには、後進的な文化を民主主義の先進国に持ち込み、また時に「多文化主義」「反人種主義」の名の下に過激な思想を押しつけ、社会の安定と伝統を揺るがす人々としてネガティブに表象され続けた(Gordon and Rosenberg 1989; 浜井二〇〇四)。

一九九〇年代に入ると、あからさまに「人種主義」的な報道は減少したと指摘されるようになるが、それはより巧妙かつ暗示的な方法で「移民」や「マイノリティ」に対する差別意識が織り込まれるようになったためとも考えられ、また新たに標的となったのは、一九九〇年代以降増加した「難民(庇護申請者)」、そして「ムスリム」であったとの指摘もある(Law 2002)。二〇〇四年以降は、ここにEU統合拡大によって増加した東欧からの移民労働者が加わることになった。

また、今回のEU国民投票に際して、「移民」に対するネガティブな新聞報道が横行した背景に、近年のメディア状況による新聞の苦境を指摘する声もある。近年、新聞メディアは読者数および広告料の減少など財政的に厳しい状態に置かれている。地方紙はすでに淘汰が始まっており、全国紙もインターネット戦略を熱心に展開するなど打開を図っているものの、紙媒体の読者は確実に減少しつつあり、地方の取材拠点を縮小するなどの事態に至っている。そうしたなか、熾烈な読者獲得競争を生き残るために、いわゆる大衆紙においては特に、過激な見出しや大げさな記事で読者の関心を引こうとする傾向が今まで以上に強まっているという（URL⑦）。王室関係者や有名人のゴシップなどと並んで、反移民や反マイノリティは（そして反EUも）そのスタンスが過激であればあるほど、読者の関心を引きやすいトピックだと見なされているのだ。

このような傾向は今までも等閑視されてきたわけではない。大衆紙『ニュース・オブ・ザ・ワールド』（現在は廃刊）による盗聴疑惑を発端に、プレス（活字メディア）の文化、振る舞いおよび倫理に関する調査委員会として二〇一一年に発足した「レヴェソン委員会」も、その報告書[8]において、主に新聞メディアへの批判として、「プライバシーや尊厳の軽視」や「違法ないしは非倫理的な個人情報の取得」などと並んで、「女性およびマイノリティの表象」を挙げた。「マイノリティの表象」の部分では特に「ムスリム、移民、難民庇護申請者、ジプシー《ママ》／トラベラーズ」が「敵意と外国人嫌悪」の標的になっていると、委員会に寄せられた証言をもとに認めている（Leveson 2012: 668）。同委員会は独立組織による規制強化を勧告したが、業界の反発および政治的思惑によって骨抜きにされ、自主規制機関として「プレス苦情処理委員会」に代わる、より独立性を高めた「独立プレス基準組織（IPSO）」が設立されたものの、監督規制強化の実効性は疑問視されている。

今回のEU離脱問題報道をめぐっても、虚偽も含まれた報道のあり方を厳しく批判する人々からは、このレヴェソン報告書の勧告を忠実に実現し、規制を強化しなければ、現状を変えることは難しいとの指摘があった（URL⑦）。明らかに事実と異なる報道が行われた場合、IPSOに苦情を申し立てることが可能だが、審理のプロセスには時間がかかる。例えば、残留派のジャーナリストらが立ち上げた新聞記事検証サイト「イン・ファクツ」は離脱派メディア[9]の反EU記事一九件(その大半が移民関連)に対して苦情を申し立てたが、多くが国民投票までに処理されなかった(投票までに訂正記事が掲載されたのは七件のみであった)。また、苦情が認められた場合も、訂正記事が元の記事と同程度目立つ記事である必要はない。結果、一面のトップ記事が二面以降に目立たない形で修正されるという事態がしばしば生じる(URL⑫)。

ポピュリズム

今回のEU離脱問題をめぐり、EUや移民にここまで敵対的なスタンスを取る新聞メディアが存在したことを、ポピュリズムとメディアという観点から検証することも可能であろう。今回の離脱キャンペーン自体にポピュリズム的要素は見られ(Clarke and Newman 2017)、メディア報道にもその要素が見出せる。

キャス・ムッドとクリストバル・カルトワッサーは「ポピュリズム」を「社会を二つの均質で、相互に対立する二つの陣営、つまり「純粋な人民(the pure people)」対「腐敗したエリート(the corrupt elite)」に究極的に分かれているものと考え、政治は「人民」の一般意志の表現であるべきだと考える、コアの小さなイデオロギー」と定義した(Mudde and Kaltwasser 2017: 6)。コアの小さい(つまり、大きな思想的核が存在しない)イデオロギーであるということは、政治的には左右双方の思想と結びつくことが可能で、またその他のイデオロギー(例えばナショナリズム)とも容易に結びつくことがある。そうして、「ポピュリズム」の範疇に入れられる現象には、独裁的体制や傲慢なエリート政治を打破する民主化運動とともに、外国人嫌悪、人種主義などの性質を帯びた排外主義的動き、およびそういった排外主義的メッセージを発することで、現状に不満を持つ層を政治的に動員しようとする動きにもつながる。エスニックに定義された「人民」は外からその均質性を乱そうとする侵入者を敵視するからである(Mudde and Kaltwasser 2017; Freeden 2017)(以下、ここで論じるポピュリズムはこの「排外主義的」ポピュリズムを念頭に置く)。

ポピュリズムは「反エリート」であり、「移民」の他に敵と見なされるのは国内外の「エリート」である。国外では、EUはエリート主義そのものであると見なされるが故に敵視される。国内の「都市在住でコスモポリタンなリベラル・エリート」も同様に「敵」と見なされ、またそこには専門的知識を有する人々も含まれる(Clarke and Newman 2017)。EU残留によるメリットを強調する政治家や経済人の主張は「人民」の状況を理解しない「エリート」の利己主義に過ぎないと一蹴される。移民に関して言えば、識者が移民の流入が必ずしも失業率の上昇や賃金の低下につながるわけではないことや、社会問題の責任を移民にのみ押しつけることがいかに不合理であるかを主張したとしても、そのような「専門家」の見解そのものが不信感を持って受け止められ、健全な議論の俎上に載せられることはない。

ポピュリズム政治とメディアの関係性はある種の「共犯関係」のようにも見えるが、実はより複雑である。なぜならメディアも「エリート」の一部と見なされることがあり得るからだ。しかし、ポピュリズムを煽動する政治家(ポピュリスト)自身が実は「エリート」でありながら、自己のエリート性を否定するのと同様、メディアのなかにも「エリート」のメディアと、「人民」の利益を代弁するメディアが存在することになり、よって、ポピュリズムの主張に好意的なタブロイド紙などは「エリート」であっても敵視の対象とはならない(Mudde and Kaltwasser 2017; Moffitt 2016)。タブロイド・メディアも「人民(＝善)」対「エリート(＝悪)」という単純化された対立図式に則った主張を展開する。典型例として、離脱を訴えた『サン』の社説(*The Sun*, 2016. 6. 13)は、巧妙に「我々」と「彼ら」＝残留派(経済エリート、「傲慢なヨーロッパ贔屓」の人々)を対比させ、後者をネガティブな語彙の羅列(例：嘘つきの(deceitful)、卑劣な(nasty)、攻撃的な(abusive)など)により否定的に表象する。加えて、「我々」という表現は同紙の「社論」が「人民の声」の当然の代弁者であることを示す。

イスラモフォビア

ムアとラムゼイの分析において、ネガティブな「移民」に関する報道の矛先が、二〇〇四年のＥＵ統合拡大以降、実際に増加したポーランドやルーマニアからの移民労働者にも増して、実はトルコやアルバニアなど、まだ実際には加盟していない国からの「潜在的移民」に向けられていたと指摘されていることは、すでに述べた(Moore and Ramsay 2017)。国民投票後にイングランド北部のある国会議員が、現在移民の影響はほぼない彼女の選挙区でも、今にも大量の移民、特にトルコのＥＵ加盟によりムスリム移民が押し寄せ、職を奪い、生活様式を破壊するという根拠のない不安に駆られ、離脱票を投じた者が多かったと述べた、とあるメディア研究者も伝えている(ＵＲＬ⑦)。

今回の排外主義的な報道のもう一つの特徴は、イスラモフォビア的要素である。ただしこれは、「人種主義」として非難されやすいため、ある種の捉えがたさとともに提示されることもある。例え

Daily Mail

As politicians squabble over border controls, yet another lorry load of migrants arrives in UK declaring ...

WE'RE FROM EUROPE — LET US IN!

図　『デイリーメール』の記事
「ヨーロッパから来たんだ ――入れてくれ！」.
出典：URL ⑬.

ば、虚偽情報を含み、読者の誤解を招くとしてＩＰＳＯに訴えられた『デイリーメール』の一面記事（*Daily Mail*, 2016. 6. 16）（**図**）には、「政治家たちが国境管理についてあれこれ言い争っている間に、またトラック一杯の移民たちがこう言いながらやってくる……「ヨーロッパから来たんだ――入れてくれ！」」という見出しがつけられている。写真はトラックの荷台に隠れていた人々を警察官が発見した場面である。

実は見出しと矛盾して、ここに写っていた人々はイラクとクウェートからの難民であった。ハフィントンポストによれば、指摘を受けた『デイリーメール』は後日、訂正記事を第二面の下方に小さく載せたものの、そこにも同紙はニュースエージェントによる「ヨーロッパから来た」という情報を載せただけ、また実際イタリアの車両である、などと苦しい弁明を行った（ＵＲＬ⑬）。

この構図は今回の離脱キャンペーンで使用され非難を集めた（ＵＲＬ⑭）、あるポスターを想起させる。ＥＵからの離脱を訴え支持を集めた排外主義政党連合王国独立党（ＵＫＩＰ）の「限界点――ＥＵは我々皆を失望させた」と書かれた文字とともに、列をなす数え切れないほどの人々が写ったポスター（**写真**）で、実は写っているのはクロアチアからスロヴェニアに入国するシリアからの難民の姿であった。ＥＵに加盟していることによって、即イギリスに多くの難民が中東から入ってくるわけではない。このポスターは経済移民と難民の境界を混乱させ、問題は「経済」であって「人種」ではないと主張するための「故意の混同」であったとする指摘もある(Clarke and Newman 2017: 8)。何よりこうして、今後さらに「ムスリム移民」が増加することで、異なる生活様式や価値観を持つ「異質な人々」の存在感が増すこと、またテロの脅威が高まることに対して人々が感じている不安が揺さぶられたとも言えよう。

写真 UKIPのポスターと党首ナイジェル・ファラージ
出典：URL ⑭.

イスラモフォビアという言葉がイギリスで認知されるきっかけになったと言われる、ラニーミード・トラスト(人種平等分野の代表的シンクタンク)による『イスラモフォビア——私たち皆に突きつけられている挑戦』が出されたのは一九九七年のことであった。一九八九年のラシュディ事件あたりから、イギリス社会におけるイスラームの「脅威」に対するメディアの注目は始まっているように思われるが(浜井二〇〇四)、この一九九七年の報告書はやはりマスメディアによるムスリムへの偏見に満ちた報道を多く指摘した(Runnymede Trust 1997)。二〇一七年に、最初の報告書から二〇年の時を経て、ラニーミード・トラストは『イスラモフォビア——未だ私たちに突きつけられている挑戦』を発表した。そこでは、イスラモフォビアを「反ムスリムの人種主義」と位置付け、メディア、特に新聞の報道にムスリムに対する敵意や偏見が依然として織り込まれていることが改めて述べられた(Runnymede Trust 2017)。パキンスタン系とバングラデシュ系を中心に、現在では三〇〇万人以上とも言われるイギリス在住のムスリムの人々は、そのような報道が繰り返される社会に暮らしている。

一九九七年からの二〇年の間に起きたことは、イギリスに限定されず、メディアとムスリムの関わりに憂慮を抱かせる一方である。大陸ヨーロッパでの二つの出来事は、ムスリムに侮辱的だと取られかねない風刺画を掲載するという行為(またそれを許容する行為)が、表現の自由の「絶対的価値」を尊重するか否かを確認する踏み絵のような役割を果たしていることを示す。二〇〇五年にはデンマークの『ユランズ・ポステン』紙が預言者ムハンマドの風刺画を一二枚掲載し、イスラーム諸国およびヨーロッパに居住するムスリムからの抗議を引き起こした。記憶に新しいところでは、二〇一五年フランスのシャルリ・エブド事件もある。ムハンマドの風刺画を掲載した新聞『シャルリ・エブド』の編集室が武装したアルジェリア系男性二名によって襲われ、関連の事件も含め、一七人の犠牲者が出た(宮島二〇一七：一六―一八、五四―五五)。事件そのものが明らかな犯罪・テロ行為であり、また表現の自由が民主主義の根幹的な価値の一つであることについて疑いはない。しかし、表現の自由とは常に絶対的で、他者の、また特にその社会における弱者の宗教に対する冒瀆の権利をも保障するものなのか。容易に結論は出ない問題であるが、一つ確かなことは、現状において、このような成り行きはイスラモフォビア的報道と同様、西欧社会に暮らすムスリム・マイノリティの多くに疎外感を与える結果を招きかねないということだ。

四　メディアへの批判と期待

EU残留・離脱を問う国民投票をめぐるメディアの報道は社会に苦々しい空気を残し、そして手厳しい批判にもさらされた。しかし、メディア研究者・関係者による分析や論評の多くが、一部メディアの極端な偏りや、それ以外のメディアがその偏りを正すのに無力であったことに向けられた一方で、民主主義社会におけるメディアの影響力、役割を重要なものと捉えるが故の叱咤を含んだものであったことも最後に述べておきたい。

「人種主義」「ポピュリズム」「イスラモフォビア」といったキーワードによる考察から浮かび上がってくる論点は、商業主義とジャーナリズムの規範倫理、メディアの監督規制強化の是非、ポピュリズム政治とメディア、マイノリティの表象、表現の自由の絶対性ないしは限界など、この短い論考ではとても論じきれないものを多々含んでいる。イギリスが選んだ離脱という選択の行方とともに、今回の離脱キャンペーンとメディア報道がイギリス社会に残した「後味の悪さ」を、イギリス社会が、またメディア業界自体がどう受け止め、変えていくのかを含めて、今後も見守り続ける必要があるだろう。

注

（1）BBC1, ITV, Channel 4, Channel 5である。分析は平日に放送されたニュース番組に限定されている。

（2） 表1に示された一〇紙の印刷版で、平日発行されたものに限定されている。
（3） 投票の前後三〇週間にわたり、一万八〇〇〇人のユーザーによる三万の投稿を分析した。
（4） 新聞一〇紙（ラフバラ大学の分析対象のうち *The i* を *The Independent* に入れ替え。日曜版が存在する場合はそれも含む）、雑誌三誌（*The Economist, The New Statesman, The Spectator*）、テレビ四局（BBC, ITV, Channel 4, Sky News）、オンライン報道機関三つ（Buzzfeed UK, Huffington Post UK, Vice UK）。
（5） 最新のデータ（Standard Eurobarometer 86 "Media Use in the European Union"）では「信頼する」と答えた割合が二一％にまで下がっている（URL⑮）。
（6） 全国読者調査によれば、印刷媒体だけでなくインターネットによる閲読まで含めれば、一五歳以上人口の九一％が何らかのニュースブランド（主に新聞）を消費しているとされる（URL⑯）。
（7） BBCは存立に関わる、王立憲章による認可の更新時期に当たっていた。また当時のメディア担当大臣であったジョン・ウィッティングデールからEU報道の姿勢について「警告」とも取れる書簡が当時送られていた（Seaton 2016: 335–336）。
（8） 三三七人にも及ぶ証人の聴き取りを経て、まとめられた報告書は二〇〇〇ページにも及び、内容はきわめて多岐にわたる。
（9） 指摘の対象となったのは、『デイリーメール』『デイリーエクスプレス』『サン』に加えて『デイリーテレグラフ』である。

参考文献

浜井祐三子（二〇〇四）『イギリスにおけるマイノリティの表象――「人種」・多文化主義とメディア』三元社。

宮島喬（二〇一七）『フランスを問う――国民、市民、移民』人文書院。

Clarke, John and Janet Newman (2017) "'People in This Country Have Had Enough of Experts': Brexit and

the Paradoxes of Populism," *Critical Policy Studies*, 11(1): 101–116.
Freeden, Michael (2017) "After the Brexit Referendum: Revisiting Populism as an Ideology," *Journal of Political Ideologies*, 22(1): 1–11.
Gordon, Paul and David Rosenberg (1989) *Daily Racism: The Press and Black People in Britain*, The Runnymede Trust.
Jackson, Daniel, Einar Thorsen and Dominic Wring (2016) *EU Referendum Analysis 2016: Media, Voters and the Campaign*, Centre for the Study of Journalism, Culture and Community, Bournemouth University.
Law, Ian (2002) *Race in the News*, Palgrave, 2002.
Leveson, The Right Honourable Lord Justice (2012) *An Inquiry into the Culture, Practices and Ethics of the Press*, The Stationery Office.
Moffitt, Benjamin (2016) *The Global Rise of Populism*, Stanford University Press.
Moore, Martin and Gordon Ramsay (2017) *UK Media Coverage of the 2016 EU Referendum Campaign*, King's College London.
Mudde, Cas and Cristóbal Rovira Kaltwasser (2017) *Populism: A Very Short Introduction*, Oxford University Press.
Panayi, Panikos (2010) *An Immigration History of Britain: Multicultural Racism since 1800*, Pearson（浜井祐三子・溝上宏美訳『近現代イギリス移民の歴史——寛容と排除に揺れた二〇〇年の歩み』人文書院、二〇一六年）。
Runnymede Trust (1997) *Islamophobia: A Challenge for Us All*, The Runnymede Trust.
Runnymede Trust (2017) *Islamophobia: Still a Challenge for Us All*, The Runnymede Trust.
Seaton, Jean (2016) "Brexit and the Media," *The Political Quarterly*, 87(3): 333–337.

Startin, Nicholas (2015) "Have We Reached a Tipping Point?: The Mainstreaming of Euroscepticism in the UK," *International Political Science Review*, 36(3): 311–323.

ＵＲＬ

①http://lordashcroftpolls.com/2016/06/how-the-united-kingdom-voted-and-why/（二〇一七年一二月一八日閲覧。以下、最終閲覧日同じ）

②http://www.bsa.natcen.ac.uk/latest-report/british-social-attitudes-34/brexit.aspx

③https://www.theguardian.com/news/datablog/2015/dec/18/immigration-euroscepticism-rising-storm-eu-referendum

④https://blog.lboro.ac.uk/crcc/eu-referendum/uk-news-coverage-2016-eu-referendum-report-5-6-may-22-june-2016/

⑤https://www.oii.ox.ac.uk/blog/social-media-voices-in-the-uks-eu-referendum/

⑥http://www.referendumanalysis.eu/eu-referendum-analysis-2016/section-7-social-media/impact-of-social-media-on-the-outcome-of-the-eu-referendum/

⑦http://foreignpolicy.com/2016/07/08/the-tragic-downfall-of-british-media-tabloids-brexit/

⑧http://www.theneweuropean.co.uk/culture/liz-gerard-on-how-the-press-conspire-to-brainwash-britain-on-immigration-1-4718203

⑨http://www.pressgazette.co.uk/abc-figures-national-press-sees-june-brexit-vote-boost-in-print-and-online/

⑩http://blogs.lse.ac.uk/brexit/2017/05/16/acrimonious-and-divisive-the-role-the-media-played-in-brexit/

⑪https://www.theguardian.com/society/2016/sep/07/hate-surged-after-eu-referendum-police-figures-show

⑫http://www.pressgazette.co.uk/inaccurate-newspaper-stories-misled-the-british-public-when-they-votedremain-says-founder-of-pro-eu-fact-checking-website/

⑬http://www.huffingtonpost.co.uk/entry/daily-mail-correction-were-from-europe-eu-referendum_uk_5763cfe6e4b01fb658637 4d8

⑭https://www.theguardian.com/commentisfree/2016/jun/16/farage-poster-enoch-powell-rivers-of-blood-racism-ukip-european-union

⑮https://publications.europa.eu/en/publication-detail/-/publication/7b345c9d-6b64-11e7-b2f2-01aa75ed71a1

⑯http://www.nrs.co.uk/latest-results/facts-and-figures/newspapers-factsandfigures/

第8章　政治的行為としての「暴動」

――パリ郊外移民集住地域の政治変容

森　千香子

一　「二世」の再問題化とその「政治的行為」

二〇一五年一一月一三日、パリ市内と郊外サン・ドニの計七カ所で同時多発襲撃事件が発生し、死者一三〇人負傷者三五二人を出す大惨事となった。それ以外にも二〇一二年三月南西部ミディ＝ピレネーで起きた連続銃撃事件（容疑者の他に七人死亡）、二〇一五年一月パリ風刺新聞社・ユダヤ食品店襲撃事件、二〇一五年八月タリス鉄道銃乱射事件、二〇一六年七月ニース・トラック暴走事件、同月ルーアン近郊教会襲撃事件など、フランスでは同様の事件が相次いだ。

一連の事件は、「主犯格」とされた人々がフランスや他のヨーロッパ諸国生まれの移民二・三世だったことから「ホームグロウンテロ」と呼ばれた。だが、「ホームグロウンの若者のテロリズムへの関与」という懸念は現在に始まったことではない。一九九五年パリ地下鉄爆破事件の「主犯」とされたハーリド・ケルカールはリヨン郊外の団地で育ったアルジェリア移民二世だったが、そのことが判明して以来、同じように郊外に居住し、服役経験をもつ移民二・三世の若い男性を「テロリスト予備軍」と危険視する見方が広がった。実際、二〇一五年一月の実行犯の三人も旧植民地出身移民の子弟としてフランスで生まれ育った。二〇一五年一一月の事件でも関与を疑われた二九人の大半はフランスやベルギーの国籍をもつ[1]。

ホームグロウンの若者のなかに、ジハーディズムのような過激思想に魅せられ、実力行使に走る者が現れるのはなぜか。この疑問を明らかにするために、国際テロ組織の活動やインターネットの影響、刑務所などでの勧誘活動、移民の若者が受ける深刻な差別など、様々な要因が分析された。そして、これらに共通する背景として問題化されたのが、移民が集住する郊外の脆弱都市区域[2]における「脱政治化（dépolitisation）」である。これらの地域では脱工業化の進んだ一九八〇年代以降、労働運動に代わって移民の政治的意思を社会に発信する回路がなくなった。そのような「政治的空白状態（vide politique）」が国際テロ組織に活動する余地を与えた、という議論である（URL①）。

だがテロリズムへの関与はフランスの「移民」や「ムスリム」と呼ばれる人々のごく一部に限定されている。その事実をふまえれば[3]、「テロリズム」を出発点とした分析は「移民二世」の実態を把握する上で不十分と言わざるを得ない。それどころか偏見を強化するリスクも孕んでいる。このように「移民」がヨーロッパ・デモクラシーの「危機」の元凶であるかのように客体化して論じる傾向が今日強くみられるが、「移民」は西欧諸社会のなかで現状に働きかける政治的アクターとしても登場している。このような「転換」の側面にも光をあてなければならない。以上の問題意識に基づいて、本章はフランスの「移民二世」と政治の関係を検討する。具体的に現状を把握するため、本章はパリ郊外の移民集住地域というローカルな空間に焦点を定め、そこで展開されてきた政治的行為と社会、公権力との関係性を考察する。

二　フランスの郊外と「移民」

移民の多様化と分極化

はじめに、フランスにおける「移民」の実態を整理しておこう。二〇一二年にフランス国立統計経済研究所が提出した報告書（「フランスの移民とその子孫」）によれば、移民が総人口に占める割合は一世・二世を合わせると約二〇％で、一五―三四歳の若年層に限定すれば全体の三割に達する（森二〇一六）。

また「移民」の内実はきわめて多様である。出身国は、一九七〇年代半ばに移民人口の六六％を占めていたヨーロッパ出身者が減少し（三八％）、旧植民地出身者（アルジェリア、モロッコ、カメルーン、コートジボワール、コンゴなど）だけでなく、トルコや中国出身者の増加が著しい（森二〇一六）。ヨーロッパのなかでも送り出し国に変化がみられ、一九九〇年代末までの主要送り出し国だったスペイン、イタリア、ポルトガルに代わりイギリス、セルビア、ロシア出身者が増加した。

なかでも多様性が際立つのは、パリ市とその郊外を含んだ首都圏である。移民一世が全人口の一六・九％、二世も含めると三三％を超え、海外県出身者やその子弟も加えると一八―五〇歳の四三％は親のいずれかがフランス本土外の出身だ。[4]出身地もヨーロッパ二九・二％、北アフリカ二九・七％、サブサハラ・アフリカ一八・六％、アジア一七・五％、北南米オセアニア五％と多様で、渡仏期や世代の多様化（ニューカマーがいる一方、四世も増えている）は進んでいる。

多様化は出身地だけでなく階層・職業・居住形態にもみられる。居住に関しては、持ち家取得者の増加が目立つ。D・デポンは、パリ郊外における外国人・移民世帯の持ち家取得者の数が一九八〇年から三〇年間で約四倍近く増加したことを明らかにした（Desponds 2010）。またM・カルチエらは、セーヌ・サン・ドニ県で持ち家を取得した移民世帯への質的調査を行い、「移民中産階級」の出現と彼／彼女らの生活世界や価値観を詳細に描きだした（Cartier et al. 2008）。これらの研究からも、「移民」と呼ばれる人々がもはや一枚岩的には捉えられないことがわかる。

セグリゲーションと格差の拡大――オルネー・スー・ボワ市の事例

だが中産階級が出現した一方で、社会の底辺に滞留し続ける層も多く存在する。ヨーロッパ域内出身者と国民間の格差は一九六〇年代末と比べて大幅に減少し、特に居住環境の格差はほぼ解消したが、その一方でヨーロッパ域外出身者と国民間の格差はいまだに根強い。しかも「ヨーロッパ域外出身者」も同質的ではなく、分極化の傾向がみられる。アジア出身者は持ち家取得率が五割に達し、社会職業面でもヨーロッパ域内出身者に次いで安定的な状況にあるが、北アフリカとサブサハラ・アフリカ出身者は一部に中産階級化がみられるものの、大多数は社会職業面で不安定だ。その上世帯構成人数も多く、一人あたりの所得が低い（森二〇一六）。

分極化に加えて重要なのは、こうした層が郊外の老朽化の著しい団地地域に集中するというセグリゲーションの存在である。すでにイル・ド・フランス都市整備計画研究所（IAURIF）の調査では、

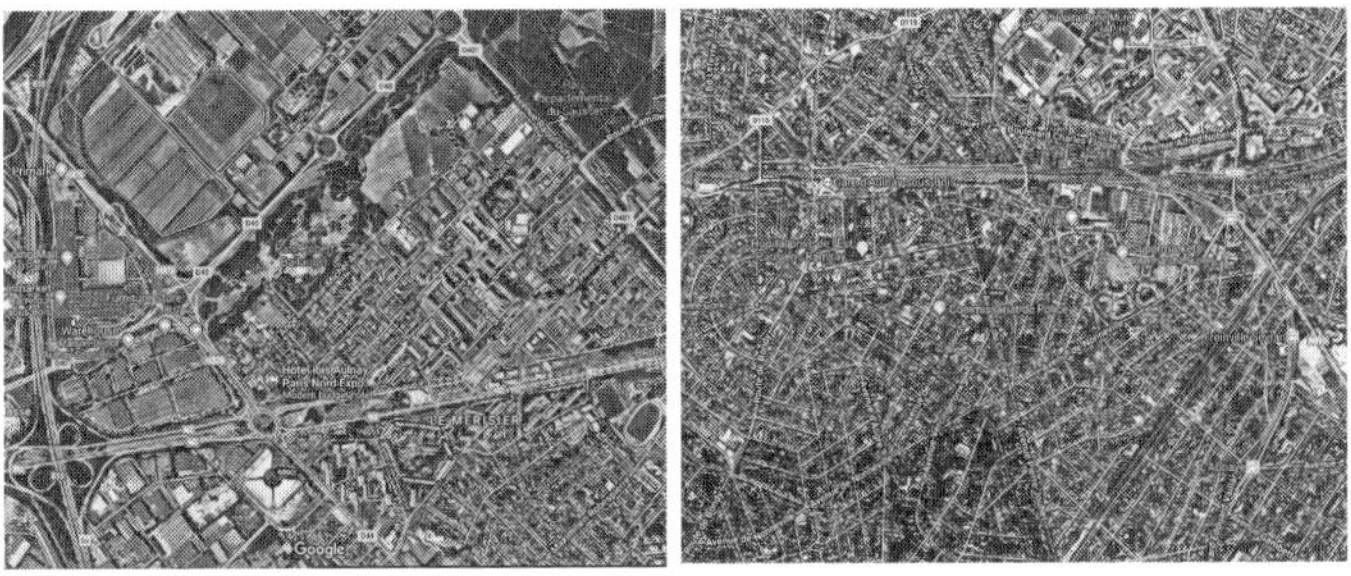

北部　工業地帯と公営団地．移民人口の集中．

南部　低層戸建住宅，中産階級居住地区．市内の公的リソースが集中．

写真1　オルネー・スー・ボワ市内の分極化とセグリゲーション

北アフリカ出身者の四七%、サブサハラ・アフリカ出身者の四二%がこのような団地に居住していることが示された。以下では問題を具体的に把握するため、セーヌ・サン・ドニ県オルネー・スー・ボワ市の事例をとりあげる。

同市はパリの中心部から北東一九キロに位置し、総面積一六・二平方キロに人口八・二万人を抱える。二〇世紀初頭より農地の工業化と人口増加にともなって住宅開発が漸次的に進み、現在では総面積の四四%が戸建住宅地、三〇%が工業地帯、一五%が自然(公園も含む)、一一%が団地となっている。ただし四カテゴリーの空間的分布はきわめて偏っている。**写真1**は同市の航空写真である。県道一一五号線をほぼ境に北部と南部に分けると、北部に工業地帯と団地、南部に戸建住宅地が集中している。また南部には郊外高速鉄道やトラムの駅、バス停などの公共交通機関網や市役所などの公共施設が集中しているが、北部には鉄道やトラムの駅がない。公共交通機関としてはバス網があるのみである。

さらに土地利用用途と連動した人口分布の偏りがみられる。北部のラ・ローズ・デ・ヴァン地区(La Rose-des-Vents)の事例をみてみよう。同地区を含むオルネー・スー・ボワ市北部一帯では戦後に自動車工場の立地が進んだ。そこで働く労働者の職住近接を実現させる目的で、一九六九年に大規模な団地開発が始まり、六五〇〇戸の団地が同地区に建設された。だが住宅供給が優先され、その他の生活インフラは後回しとなった。こうして公共交通網や公共施設の不足が著しい北部の市面積四%足らずの土地に、市の総人口の約三〇%にあたる二万四〇〇〇人が居住する結果となったのである。住民には北アフリカやサブサハラ・アフリカ出身の低所得世帯が集まり、フランス生まれの子どもを抱える世帯が多い。

フランスの「郊外問題」とは単なる空間的な郊外地域を指すのではなく、このように深刻なセグリゲーションとその悪化を指す。次節以降では特にことわりのない限り、「郊外」と言うときはこのような郊外自治体内部の団地地域を、「移民」と言うときはこのような地域で生活する移民二・三世を指すこととする。

三　移民と制度内政治の乖離

移民集住地域の脱政治化の過程と再政治化の試み

冒頭でも言及したように、フランスの移民二・三世と政治の関係が論じられる際に「脱政治化」という表現がよく使われる。この表現には「移民と政治の乖離は昔から存在したわけではない」とのニュアンスが込められている。G・ノワリエルは一九三〇—六〇年代にイタリア、ポーランド、ベルギー出身の労働者が労働運動で中心的な役割を果たし、組合・左派政党で活躍したことをとりあげ、労働運動が移民とフランス人の共闘の場であったこと、また移民がそれを通して社会に参入していたことを指摘する（Noiriel 2001）。そうであるならば、第二節でみたようなセグリゲーションを克服するためのツールとして労働運動が機能していた、と考えられる[5]。

ところが脱工業化が進み、かつての労働運動に代わる「政治的な場」が不在となり、移民と政治をつなぐ回路がなくなってしまった、というのが「脱政治化」の議論である。フランス生まれの外国人は一定の要件を満たせば、成人（一八歳）に達すると同時に国籍を付与され、有権者となるが、移民二世の有権者の投票率は高くない。二〇〇四年都市問題省庁間代表部の報告書でも、郊外の脆弱都市区域での高棄権率、特にそれが若年層で顕著であるのが明らかになった。また北アフリカ出身者は投票率が低いだけでなく、組合活動やその他社会運動への参加も同世代フランス人に比べて少ない（Garbaye 2005）。

「脱政治化」の背景には何があるのか。従来の研究では教育や家庭環境、文化面からの分析が主流だったが、近年異なる視座からの分析も出てきた。なかでもサン・テチエンヌ出身でモロッコ移民三世のA・アジャットによる歴史的背景の分析は興味深い。アジャットは一九七〇年代には移民労働者寮の家賃値上げ反対運動、一九八〇年代には反人種差別運動、一九九〇年代には反警察暴力運動といったように、郊外の移民集住地域では様々な移民運動が展開されてきたことに注意を喚起する。その上で、公権力がこうした政治色の強い運動を徹底的に排除する一方、政治色を出さない福祉・相互扶助サービス組織には助成金を出して援助するという露骨な対応をとったことが、結果的に移民の「政治離れ」につながったという（Hajjat 2006）。この指摘で重要なのは、移民が政治意識を失ったのではなく、移民による政治的表現が公権力によって抑圧されてきたという視点を「脱政治化」の議論に持ち込んだ点にある。

だがその一方で、従来の「脱政治化」の状況に「転換」の兆しもみられる。二〇〇〇年代以降、公式な政治的回路である選挙を通じて、自分たちの意思を政治に反映させようとの気運が段階的に高まってきたのである。

第一段階は、二〇〇六年から二〇〇七年四月の大統領選まで展開された「選挙リスト登録運動」である（森二〇〇九）。先にも述べたように、フランス生まれの移民二世は、成人年齢に達すると同時にフランス国籍を付与されて参政権を得るが、選挙リストの未登録者は多く、投票率も低い。そこで若者に人気のあるミュージシャンなどの有名人と地域で活動する若者支援ＮＰＯが協力し、若者に選挙の意味を訴え、選挙リストへの登録をサポートする運動を展開した（森二〇〇九）。

ただし、同運動は若者に投票を促すことに目的を限定しており、「自分たちの意思を代表するような政治家・政党がない」という問題は残されたままとなった。したがって投票率の向上に成功しても抜本的な問題解決には至らない。このような問題認識を背景として移民出身者の政界進出が二〇〇七年以降拡大していった[6]。これが第二段階である。

政界進出の条件としての「非政治性」というパラドクス

こうした流れのなか、移民出身者を候補に擁立する動きが既存の政党にもみられるようになり、地方議会だけでなく、「移民」の代表性が低かった国会でも移民出身の議員の数が少しずつ増加した。

二〇一二年の国民議会選挙では移民出身者の比率は総議員数の一・八％（五七七議席中一〇名）であったが、[7]マクロン大統領選出の直後に行われた二〇一七年の国民議会選挙では、七％台（三五名）に増加した。[8]背景には、世界的な「ダイバーシティ[9]への配慮」といったマクロ要因の影響も考慮すべきであるが、より内在的にはフランスで北アフリカ、サブサハラ・アフリカ出身移民の定住化が進み、フランス国籍者の割合が増加した結果、「移民」の有権者としての重要性が漸進的に増加したことの影響も大きいだろう。

しかし「ダイバーシティへの配慮」の名の下に進められた移民の政界進出が、ある一定の条件のもとで起きていたことにも留意しなければならない。たとえば二〇〇八年市町村議会選挙時に、パリ郊外のある自治体では伝統的に強固な支持基盤を誇る共産党と社会党が「左派連合」として共闘し、「地域住民の多様性を市議会に反映させる」との方針を打ち出した。そして全三五名の候補者リストに移民出身候補を一一名入れた。だが興味深いのは、「左派連合」が「これらの候補は移民だから選ばれたのではない」と繰り返し強調した点である。これまでの功績や能力が評価されて候補になっただけであり、移民候補が他の市民と「全く変わらない」ことがアピールされた。背景には、民族に基づいて個人を区別することを拒絶するフランス共和主義が看過できない影響を及ぼしている。

このような文脈で候補者に選ばれた人々には複数の共通点があった。第一に、フランス社会に十分に統合され、かつ「一般フランス人と価値観を共有できる」と目される人物だという点である。具体的には一定水準の学歴をもち、中産階級に属する。第二はジェンダーの軸であり、「移民男性」より「移民女性」が優先された。男女格差是正への配慮から女性を積極的に登用する方針に加え、「移民だ

写真2　「ムスリム・フランス人党」候補アナン・ザウアニの選挙キャンペーンチラシ
「女性，40歳，世界市民である私は共創するフランスのために闘います」．

から選出されたわけではない」と正当化するには、「移民」以外の属性が「ダイバーシティ」の他の基準に合致する必要があり、そこで「女性」が評価された、と考えられる。第三に公的活動に貢献しているが、活動内容が政治色の強くない「市民活動」だという点である。「市民社会」へのコミットメントは評価対象となるが、「政治活動」への参加は敬遠される傾向がみられた。こうして一一名の候補者のなかには、政治活動の経験はないが補習や識字教育、女性支援などの社会活動の分野で活躍してきた人々が登用された。その一方、地元で反差別運動や反植民地運動など政治色の強い運動にコミットしてきた活動家のような人物は周縁化されがちだった。この点は一考に値するだろう。

同様の傾向は、他の選挙でも観察されている。前述の二〇一七年の国民議会選挙でも、当選したほとんどの「移民出身議員[10]」は郊外などの移民集住地域の出身であり、親が移民第一世代の労働階級に属するにもかかわらず、そのような出自について選挙期間も選挙後も口にしなかった[11]。それに加えて、候補者全員が政治経験のない民間出身者だった[12]。これらをふまえると、移民出身者の政界進出はエスニシティやジェンダー格差の是正という面で一定の評価ができる一方で、それが「既存の党内・社会の秩序を乱さない」という暗黙の条件のもとで達成されているかのようにもみえる。

だがその一方で、このような「非政治性」の圧力に抗い、自らの政治的自律性を担保しつつ政界進出をめざす動きもみられる。具体的には、ムスリム系市民による「ムスリム政党」結成の事例があげられる。二〇一〇年頃から一部の地域で始まった動きは、二〇一五年に「フランス・ムスリム民主連合（UDMF）」の結成として結実し、同年地方選挙では「ムスリムだけで固まって反フランス的だ」などと激しく批判されながらも、パリ郊外の脆弱都市区域で一定の支持を獲得した（マント・ラ・ジョリ五・九％、ラ・クールヌーヴ四・四％）[13]。さらに二〇一六年には「ムスリム・フランス人党」が結成され、今後の展開が注目される（**写真2**）。

四　政治的行為としての暴動

暴動の歴史的変遷とまなざしの変化

以上の取り組みが行われているとはいえ、移民集住地域での棄権率はいまだ全体的に高いのが現状だ。A・サイヤードは「存在するとは政治的に存在することだ」という論文のなかで、移民に参政権が与えられても、その声を反映するような「政治団体」がなければ「政治的平等」は達成されないのと同じである、と指摘する（Sayad 2006）。前節でみたような移民二世の政界進出をめぐる困難は、サイヤードの指摘を如実に表す事例として位置づけられるだろう[14]。そして移民集住地域の住民の要求に対して公権力の応答性が低いという現状と、これらの地域で暴動が頻発していることは無関係ではないと思われる。

郊外の移民集住地域で若者が車などに放火し、警察と衝突するという事件は一九七〇年代末から繰り返されてきた。最初に大きく報道された事件として、一九八一年夏にリヨン郊外マンゲット団地で、若者が集団で車を盗み、乗り回した後に火をつけて燃やした「ロデオの夏」[15]事件がある。以降、同様の事件についてメディア報道が加熱し、事件の原因と背景をめぐる社会学研究も活発に行われた。一九九〇年に入ると、郊外の移民集住地域対策をミッションとする都市省(Ministère de la Ville)が設置され、また公安警察内にも「都市暴力対策課」が新設された。そして「暴動」統計が取られ始め、九〇年代に三四一回の暴動が記録された(Mucchielli et Le Goaziou 2006: 7-8)。

しかしこうした事件を世界的に知らしめたのは、二〇〇五年秋に発生した「郊外暴動」だった。同年一〇月二七日、パリ郊外クリシー・スー・ボワで、マリ、チュニジア、クルド系の三少年が警察の職務質問を逃れようと変電施設に逃げ込み、二名が感電死、一名が重傷を負った。事件の責任を問われた警察は「少年たちが盗みをはたらいていたので追跡した」と主張したが、のちに、警察の主張が事実に反することが明らかになると、その晩から地元の若者数十人と警察の衝突が起き、翌日には衝突がセーヌ・サン・ドニ県全域に広がった。車両放火や警察との衝突のほか、商業施設や公共施設への襲撃・破壊も起きた。一一月三日朝までの一週間でパリ首都圏では五六五の車両が放火された。

さらに内務大臣ニコラ・サルコジの挑発的な言動が地元住民だけでなく、全国の移民集住地域の住民の怒りをも増幅させ、その結果、若者による車の放火を中心とする「抗議行動」はフランス各地の郊外に拡大した。事件発生後九日目に一二九五台、一〇日目に一四〇八台の車両放火が報告され、ついに政府は一一月八日に非常事態宣言を発令した。アルジェリア戦争中の一九五五年に同法が制定されて以来、初めての発令だった。そのことは事態の深刻さを表している。放火行為の頻発地区では夜間外出禁止令が発令され、また警察に令状なしの捜索権限が与えられ、取り締まりを強化することで政府は事態の収拾を図った。

それから九日後の一一月一七日、一晩の放火車両数は九八台と平時と変わらないレベルとなり、事態は鎮圧されたとして非常事態宣言は解除された。発生から三週間で、死者二名、警官負傷者五六名、逮捕者三〇〇〇人以上、放火車両九〇〇〇台強という結果が残った。二〇〇五年以降も移民集住地域で暴動は起きているが、地理空間的な規模（全国で同時展開）、期間の長さ（三週間）のいずれも二〇〇五年とは比べ物にならない。

このようにフランスでは過去四〇年にわたり、郊外の移民集住地域で暴動が繰り返されてきた。だがこれらの事件ははじめから「暴動」という言葉で認識されていたわけではない。一九八〇年代まではメディアでも研究者の間でも「若者による非行の延長」として捉えられており、「暴動」という言葉が使われることもなかった（Mucchielli et Le Goaziou 2006: 6）。一九九〇年代に入り、米国の人種間対立やゲットーの問題がフランス郊外との関連で論じられ、フランスにも「アメリカ型ゲットー」が発生したとの認識が生まれるなか、若者の放火行為や警察との衝突を「暴動」と捉える論者が増えたのである。

一般に暴動とは、多数の市民や民衆による暴行や破壊などの集合的な暴力行為を指す。だが「多数」とはどの程度なのかも含め、定義は容易ではない。現代フランスでは、先にみたような車両放火や警察と若者の衝突を指すときに使われるが、どこからが「暴動」であるかの境界は自明ではない。二〇〇五年の暴動後、内務大臣だったサルコジは暴動を測る基準として「都市暴力指標(indicateur national des violences urbaines: INVU)」を導入した。そして指標の構成要素として、車両放火、公共財放火、ゴミ箱への放火、警察に対する集団的暴行、救急隊に対する集団的暴行、発射体投棄、公共設備損傷、集団抗争、バイクによる集団暴走の九つが指定された。そして二〇〇五年には一一万件を超えるＩＮＶＵが起きたと報告された[16]。

だが同指標には批判も少なくない。主なものとして、統計の取り方とその解釈に関する批判がある。ＩＮＶＵという新たな基準ができたことで、従来「いたずら行為」として捉えられてきたものが「犯罪行為」としてカウントされるようになり、その結果「犯罪が増加している」という結論を不当に導き出しかねないこと、またそのような「解釈」が極右政党などに利用されてしまうこと、などが問題として指摘された。また平時でも一日平均九八台の車両放火が起きるなか、どこからが通常の状態ではなく「暴動」なのかの判断はきわめて恣意的にならざるを得ないことも指摘された。

集合行為としての暴動と警察の存在

暴動は、犯罪行為や治安上の課題という観点から捉えられることが多い。だがその一方で、暴動のメカニズムと論理を分析する研究も積み重ねられてきた。暴動の背景についての研究としては、暴動の担い手となる若者が晒される貧困や差別といった社会的暴力の分析(Beaud et Pialoux 2003)や暴動発生地域が抱える構造的問題についての分析(Wacquant 2007)などがある。

その一方、暴動は単なる構造から生まれる事故でも問題の兆候でもないとして、暴動に内在する論理やメカニズムを捉える研究も行われてきた。暴動のメカニズムに若者の視点から迫ったものとしてG・モジェの研究がある。モジェは一九九〇年代に記録された三四一件の暴動の発生の経緯と過程を丁寧に洗い出し、多くの事件に共通するパターンがあると指摘した。それによれば、一、貧困層エスニック・マイノリティ集住地区で、若者が「警察のせいで」殺される、二、地元の若者が団結し、「犯人」の謝罪を待つ、三、「犯人」が謝罪しない、または挑発する、四、「侮辱」「不条理」から怒りが爆発する、の四段階を経て暴動に発展する。つまり暴動の発生には警察と地元の若者の関係が大きな影響を及ぼしていることを明らかにした(Mauger 2006)。

警察と若者の関係については、両者が敵対する背景には警察による暴力行為の影響があると指摘されてきた。警察の捜査や取り調べで若者が暴力を受けるといった直接的暴力については、二〇〇五年四月にアムネスティ・インターナショナルが報告書を出し、政府に対策を講ずるよう勧告した。またより日常的には警察がパトロールの一環で行う「職務質問(contrôle d'identité)」が若者に屈辱を与えるような形で行われる、という間接的暴力も問題視されてきた。それに加えて、セグリゲーションが深刻で、公共インフラなども十分でない郊外の移民集住地域において、警察は若者にとって国家を体現する唯一の存在であり、それらが重なりあって、警察が抑圧の象徴として受け止められていることにも留意する必要がある(Mucchielli et Le Goaziou 2006)[17]。

これらの要素をふまえ、暴動を若者による「集合行為」や「政治的行為」という観点から捉える研究もある。D・ラペロニーは、就職差別などの制度的レイシズム、根強い人種差別、警察の日常的暴力といった経験を共有する移民集住地域の若者たちが、(自分たちが暴動に関わったかどうかにかかわらず)暴動を「警察のハラスメントの犠牲者による正当な反応」として位置づけていることを明らかにした。つまり日常的に経験する「支配の枠組み」が「不正義の枠組み」と読み替えられることで「暴動」が集合行為として成立しているとし、これを「暴動の道徳的次元」と呼んだ(Lapeyronnie 2006)。たしかに暴動には言語化されたメッセージはない。それを理由に暴動は非行であり、政治的行為とは一線を画しているとする主張もある。しかし明確に言語化されたメッセージはないものの、その行為には(自分たちを支配する)制度への挑戦、という性格が明確に備わっていることも事実である。また、F・ファノンが指摘するように、暴動は、排除され、劣等感に悩む弱者にとってのエンパワメントとしての側面も備えている(Fanon 2002)。さらに、第三節でみたようにパリ郊外移民集住地域における政治的機会構造がきわめて閉ざされており、そのことを米国都市の暴動分析を行ったP・K・アイジンガーの分析に基づいて考えれば(Eisinger 1973)、暴動の「政治性」を度外視することもできない。

以上をふまえると、暴動は政治的行為か否かという二項対立的な発想ではなく、その中間にある「政治的行為の初期段階(protopolitics)」と捉えるモジェの分析を採用するのが適切であろう(Mauger 2006)。かつてエリック・ホブズボームは『匪賊の社会史』のなかで「抵抗の原始的要素が構成する事実」について述べたが、そのような「抵抗の原始的要素」が移民集住地域の若者による暴動に見て取れる。

「暴動対策」の問題点

ただし「政治的行為の初期段階」がそのまま政治的行為につながる、と捉えることもまた早計であろう。第一に、暴動には様々な次元があり、それはラペロニーが指摘した「道徳的次元」だけに還元できるものではない。同時に、暴動に参加する若者の大半が未成年であるが、そのような若者がいたずらの延長として仲間とともに破壊行為を楽しむ、といった「遊び」としての側面も看過できない。暴動がもつ意味の複数性を丁寧に押さえる必要がある。第二に、暴動の特徴はその自然発生性にあり、「組織化されていない」ところにある。それは制度化された政治組織とは対極にある。

このように、暴動は政治的機会構造を閉ざされた若者たちによる、政治性を内包しながらも多義的で複雑な行為である。そうである以上、「暴動対策」としてとるべき政策があるとすれば、それは暴動の一方的な弾圧だけでは十分ではなく、複数的かつ理解的アプローチが求められるだろう。その点で、一九八〇年代から行われてきた自治体レベルの住民支援策や国レベルでの積極的差別是正制度は、領域横断的で複数的な社会政策としての性格をもっていた。ところが一九九〇年代半ばより次第に取り締まりに特化した政策への移行がみられたことは留意しなければならない(森二〇一六)。とりわけ、自然発生的で組織化されていないことが暴動の特徴であるにもかかわらず、行為の背後に「組織の存在」を過度に見出そうとする傾向が強まってきたことは看過できない。二〇〇五年の暴動の際にサルコジ内相が「暴動には自然発生的な部分など一切なく、完璧に組織されています」と発言したことは象徴的である(URL②)。

このような傾向は近年の反テロリズム対策のなかで一層強化されており、それが地域レベルで若者と警察の摩擦をさらに悪化させている。その最たる事例が、二〇一七年二月にオルネー・スー・ボワで起きた「テオ事件」である。ラ・ローズ・デ・ヴァン地区で職務質問を行っていた警官四名が、二二歳の青年「テオ」に暴行を働いた上、性的暴行を働いて全治二カ月の重傷を負わせた。警察による暴行はかつても存在したが、非常事態宣言の下で警察に大きな権限が与えられたことにより、以前よりも警察の逸脱行為が増加していることはこれまでも人権団体が問題にしてきた。テオ事件の直後にも地元の若者が暴動を起こし、派出所や商店を襲撃した。その後、暴動はセーヌ・サン・ドニ県一帯からマルセイユなど他地域にも広がった。

これは、前項でとりあげた「多くの暴動が若者と警察の関係の悪さに起因している」という指摘の典型的事例と言える。両者の関係の改善を最重要課題として取り組まない限り、警察の取り締まり強化は問題をさらに悪化させるだけだろう。暴動が内包する「政治性」に耳を傾け、それを正規の回路を通じて若者に表現させるための複数的支援が喫緊の課題として求められる。

五　むすびにかえて——国民戦線の影響力拡大とマイノリティ有権者の増加

本章は、移民二世と政治の関係についてフランスを事例にみてきた。政治的機会構造が閉ざされているなかで暴動が相次ぐ一方、「正規の政治表現」としての政界進出も漸次的に進んできたことがわかった。従来のフランス的枠組みのなかでの進出に加え、ムスリム・フランス人党の結成など個別の動きも少しずつ広がっている。

以上の知見をふまえて、こうした政治的アクターとなりつつある「移民」と、フランスの政界に大きな影響を与えている国民戦線（Front National: FN）との関係について、最後に一言述べたい。フランス世論研究所（IFOP）のJ・フルケらの調査によれば、二〇一二年の大統領選挙の決選投票では「ムスリム・フランス人」の八六％が社会党候補のオランドに投票した（フランス全体では五一・五六％）。オランドはムスリムのおかげで大統領に当選した、と言われた所以である。(18)

移民出身の「ムスリム・フランス人」が左派政党を常に支持するのかと言えば、それほど事態は単純ではない。二〇一四年の欧州議会選挙では、二〇一二年にオランド支持が強かった地区で次々に社会党候補が破れた。しかしこれらの地区でFNが伸びることもなかった。フルケとS・マンテルナックが七都市で行った調査によれば、住民にムスリムの占める割合が多い地域ではFNの得票率が高いが、有権者にムスリムの占める割合が多い地域では逆に低いとの結果が出た（図1-1・1-2）（URL③）。

IFOPが二〇一七年の大統領選後に発表した宗教別投票行動に関する調査でも同様の結果が出た。FNのマリーヌ・ルペンに全国で二一・三％の票（第一回投票）が投じられた。宗教別にみるとカトリックの二二％に対し、ムスリムで彼女に投票したのは五％だった。そのほかムスリムの投票はジャン＝リュック・メランション（服従しないフランス）三七％、エマニュエル・マクロン（共和国前進）二四％、ブノワ・アモン（社会党）一七％となり、ムスリム有権者に左派色が強い、またFNには入れない、といった傾向が再確認されたと言える。(19) これらのデータは、ムスリム有権者、広くは移民出身有権者の存在とその増加がFNの歯止めになるのではないか、との仮説を示唆するものである。

だが、そのように楽観視できない現実も存在する。ヨーロッパ・デモクラシーの枠組みで「人種差

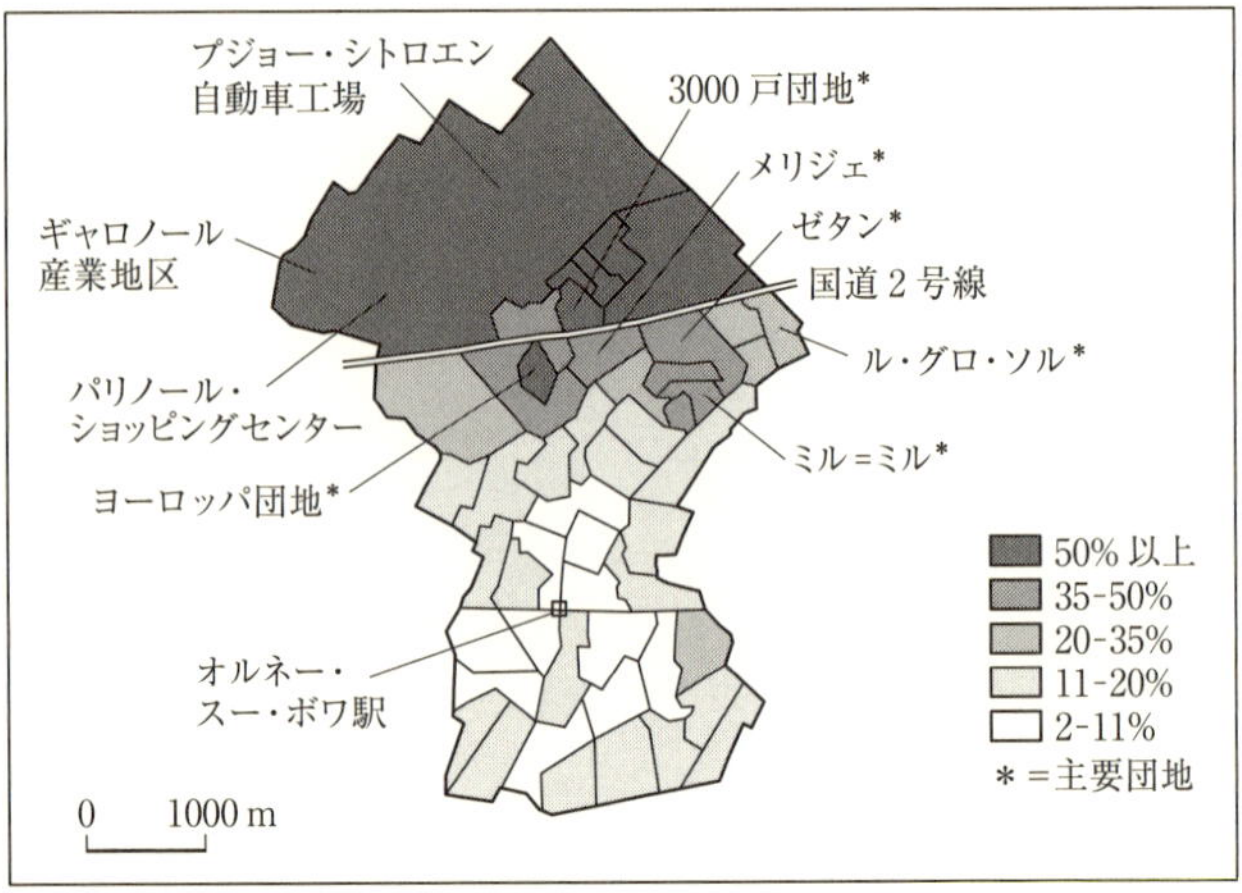

図 1-1 選挙リスト登録者に占めるアラブ・ムスリム系有権者（氏名に基づいた推察）の割合（%）

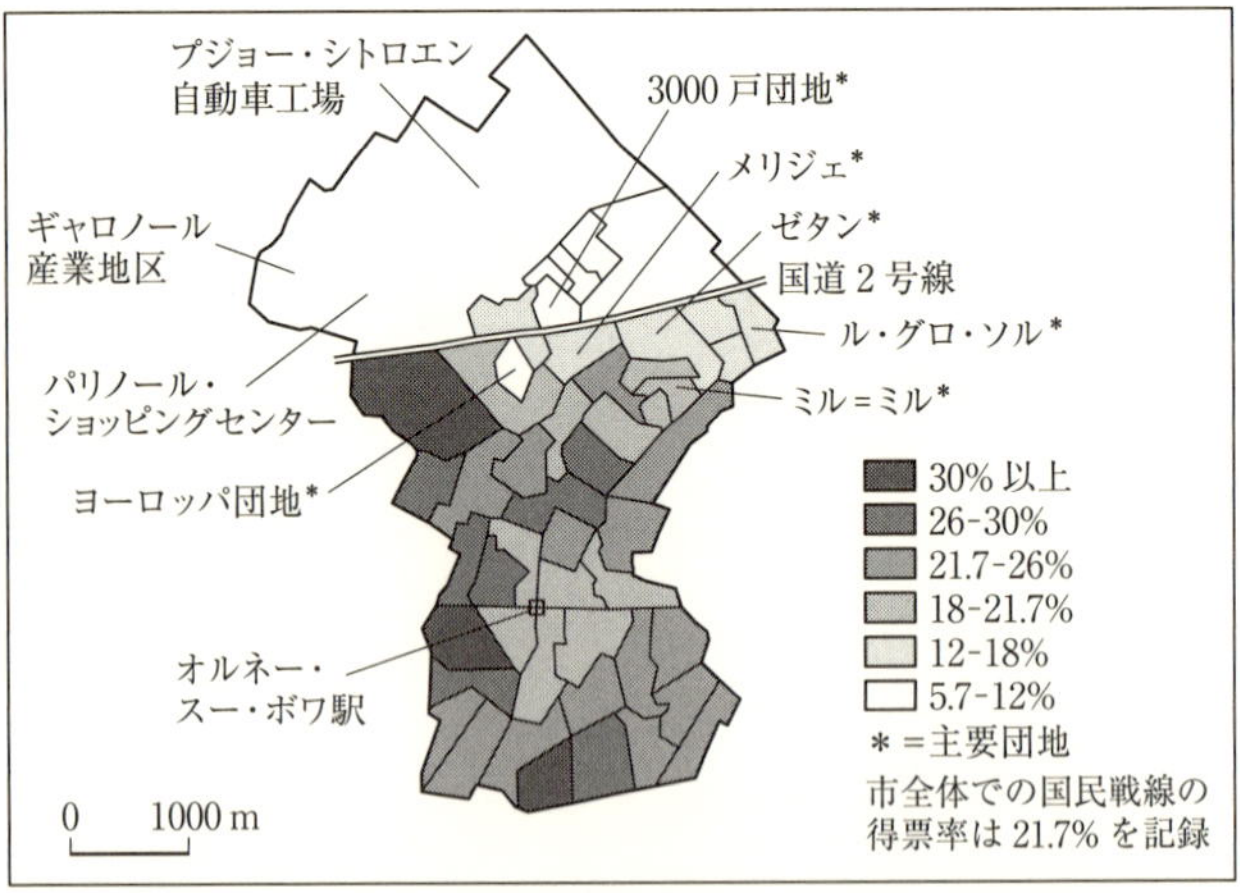

図 1-2 2015 年地方選挙第 1 回投票時の国民戦線の得票率（%）
出典：（図 1-1，1-2 とも）フランス内務省のデータより S. マンテルナック作成.

別的」のレッテルを貼られることは、政権をめざす上での障害となるが、そういった状況下でFNが「人種差別的」の批判をかわすために、移民出身者を戦略的に登用する動きをみせていることも注視しなければならない[20]。また移民出身者の政治進出などの動きにもかかわらず、郊外の脆弱都市区域ではいまだに政党政治への不信感が強く、二〇一七年の大統領選でも高棄権率を記録したことは記憶に新しい[21]。こうしたなかで、デモクラシーが排外主義の脅威という危機を乗り越え、どのような転換をはかることができるのか。その推移を今後も見守りたい。

注

（1）　二〇一二年三月の連続銃撃事件の容疑者モハメッド・メッラーや、二〇一四年五月ブリュッセルのユダヤ博物館で三人を銃殺したメディー・ネムーシュも、アルジェリア移民の子どもで、複雑な家庭環境で育ち、早い段階から非行を繰り返し、刑務所に服役しており、典型的な「ホームグロウンのイスラーム過激派」像に合致する。

（2）　Zones urbaines sensibles: ZUS. 一九九六年の都市再活性化協定(Pacte de relance pour la ville)法で「優先的に社会・経済的支援を行う必要がある」と指定された地区で、二〇〇六年時点で全国七五一カ所、約四四〇万人が居住する(森二〇一六)。うち首都圏イル・ド・フランス地方には一五七カ所、一二七万八三〇〇人(全住民の一一%)が居住する。パリ市内にも九カ所あるが、残りの一四八カ所は郊外に位置し、西部を除いてドーナツ状にパリを囲むように点在する。

（3）　二〇一四年時点で「イスラーム国」への関与がわかっている者の数は一一三二名、実際に戦闘員としてシリアやイラクに滞在する者は三七〇名とされている(*Le Monde*, 2014. 11. 19)が、それはフランスのムスリム総人口(五〇〇万)の約〇・〇二%、〇・〇〇七%にすぎない。

（4）フランスには本土以外に海外県・領土（les outre-mer）が存在し、総面積約一二万平方キロメートル、人口約二六〇万人である。これらの地域では本土に比べ失業率が高いことから、本土に国内移住する者も少なくない。海外県出身者はフランス国籍であるため移民・外国人統計には換算されないが、身体的な差異などから日常生活において「移民扱い」されることが多いため、最近では移民統計に海外県出身者をカウントする研究も増えている。
（5）ただし、ノワリエルの考察はイタリア出身移民を対象にした分析に基づいているが、同時期にフランス国内にいた北アフリカ出身者に関しては、労働運動が同じように機能していなかったことはアジャットらが指摘している。
（6）興味深いのは、この流れを形作ったのが保守政党だった点だ。二〇〇七年に大統領に就任したニコラ・サルコジは、司法大臣という要職に北アフリカ出身移民二世の女性ラシダ・ダチを任命するなど、アフリカ大陸にルーツをもつ女性三名を入閣させ「ダイバーシティへの配慮」をアピールした。
（7）Conseil représentatif des associations noires de France 2012.
（8）海外県・領土は除く。
（9）本章では一般的な意味での diversity は「多様性」という用語を用いるが、政治的なアピールで用いられる diversity に関しては経産省の「ダイバーシティ推進」など「ダイバーシティ」のほうが馴染みのある訳語だと判断し、こちらを採用した。
（10）同じマイノリティ議員でも、海外県の議員の言動は本土の「移民出身議員」とは大きく異なる。この点については稿を改めて論じたい。
（11）選出された議員のプロフィールについては、たとえば次の記事を参照のこと。« 9 portraits de députés français issus de l'immigration africaine »（ＵＲＬ④）。
（12）この選挙では移民出身議員の増加に加え、女性議員の割合が三八％に上昇したことも注目された。しかしこれらの議員が全くと言っていいほど要職についていないことは考察に値する。
(13)　だが同時に有権者にムスリム比率の高い地域でも一桁台の支持だったことを考えると、必ずしも宗教が投票行動に影響を与える重要な変数になっていない、と結論づけることもできる。この点についてはさらなる考察が求められる。
(14)　また、移民集住地域の住民の要求――宗教施設の不足や警察による暴力の蔓延などへの対策、ＮＰＯの予算割り振りの透明性など――を求めても改善されないため、不満が鬱積していることが指摘されてきた。
(15)　地元の若者の集団が盗んだ車で暴走し、最後に焼き捨てた事件。車やバイクなどで暴走することを俗語で「ロデオ」と呼ぶ。
(16)　“Les chiffres de la violence urbaine et des agressions », *Le Nouvel Observateur*, 2006.3.9.
(17)　その一方、警察側の事情についても分析が行われてきた。警官の配置が年功序列のポイント数で決まる制度のもと、郊外の「誰も行きたがらない空間」にポイントの少ない警官が配置され、経験の浅い警官が若者とのやりとりをすることで問題が増加する悪循環も指摘されている(Bonelli 2010)。この点については稿を改めて論じたい。
(18)　フランスでは民族・宗教的出自別の統計は差別に該当するとしてタブーとなっているため、このような調査は有権者の氏名から「アラブ・イスラム系」出自を推定する方法をとるのが主流である。そのため現実との一定の誤差は否めない。
(19)　ただし、結果を左右する変数が宗教であるかについては意見がわかれる。本章でとりあげたフルケらは、二〇一二年にオランド候補が同性婚を公約のひとつに掲げていたにもかかわらず、ムスリム・フランス人の大半が投票したことをふまえ、宗教的要因よりも(ムスリム・フランス人には相対的に労働者階級・低所得層が多いという)社会・経済的な変数が重要であるとの見解を示している。
(20)　たとえばルペンの特別顧問であり高級官僚のジャン・メシャ(Jean Messiha)はエジプト生まれで八歳

のときに渡仏し、東部ミュルーズの団地で育った。

(21) この問題については拙稿(森二〇一七)を参照。

参考文献

小川有美(二〇一三)「戦争する国家、たたかう人々――C・ティリーの変動の政治学」『年報政治学 危機と政治変動』二号、三六―六一頁。

ホブズボーム、エリック(二〇一一)『匪賊の社会史』船山榮一訳、ちくま学芸文庫。

森千香子(二〇〇九)「「郊外」コミュニティにおける「移民」の社会的排除と参加――政治参加の困難をめぐる背景」宮島喬編『移民の社会的統合と排除――問われるフランス的平等』東京大学出版会。

森千香子(二〇一三)「過激派の根茎を涵養するイスラームバッシング――「パリ新聞社襲撃事件」を考える」『中東研究(特集 誰が「イスラーム国」を育てたのか)』二〇一四年度三号、五五―六二頁。

森千香子(二〇一六)『排除と抵抗の郊外――フランス〈移民〉集住地域の形成と変容』東京大学出版会。

森千香子(二〇一七)「「沈黙の声」から見える仏大統領選」朝日新聞二〇一七年五月一〇日。

Bacqué, M-H. et Y. Sintomer (2001) « Gestion de proximité et démocratie participative », *Annales de la Recherche Urbaine*, no. 90.

Beaud, S. et M. Pialoux (2003) *Violences urbaines, violences sociales : genèse des nouvelles classes dangereuses*, Fayard.

Bonelli, L. (2010) *La France a peur : Une histoire sociale de « l'insécurité »*, Le Découverte.

Cartier M., I. Coutant, O. Masclet, et Y. Siblot (2008) *La France des « petits-moyens »: Enquête sur la banlieue pavillonnaire*, La Découverte.

Desponds, D. (2010) « Les effets paradoxaux de la loi SRU sur le profil des acquéreurs de biens immobiliers.

Etude portant sur trois départements d'Île-de-France », *Espaces & Sociétés*, no. 140.
Eisinger, P. K. (1973) "The Conditions of Protest Behavior in American Cities," *American Political Science Review*, 67(1).
Fanon, F. (2002) *Les damnés de la terre*, La Découverte(初版一九六一年)(鈴木道彦・浦野衣子訳『地に呪われたる者』新装版、みすず書房、二〇一五年)
Garbaye, R. (2005) *Getting into Local Power: The Politics of Ethnic Minorities in British and French Cities*, Blackwell.
Hajat, A. (2006) « Quartiers populaires et désert politique », *Manière de voir*, no. 89.
Hobsbawm, E. (1959) *Primitive Rebels: Studies in Archaic Forms of Social Movement in the 19th and 20th Centuries*, Manchester University Press(水田洋他訳『素朴な反逆者たち——思想の社会史』社会思想社、一九八九年)。
Khosrokhavar, F. (2014) *Radicalisation*, Éditions de la Maison des sciences de l'homme.
Lapeyronnie, D. (2006) « Révolte primitive dans les banlieues françaises. Essai sur les émeutes de l'automne 2005 », Déviance et Société, vol. 30.
Mauger, G. (2006) *L'émeute de novembre 2005. Une révolte protopolitique*, Éditions du Croquant.
Mucchielli, L. et V. Le Goaziou (2006) *Quand les banlieues brûlent ... :Retour sur les émeutes de novembre 2005*, La Découverte.
Noiriel, G. (2001) « Communisme, traditions politiques et immigration, Éléments pour une recherche », *État, nation et immigration. Vers une histoire du pouvoir*, Gallimard.
Sayad, A. (2006) *L'immigration ou les paradoxes de l'altérité. 2. Les enfants illégitimes*, Raisons d'agir.
Tarrow, S. (1994) *Power in Movement: Social Movements, Collective Action and Politics*, Cambridge Univer-

sity Press（大畑裕嗣監訳『社会運動の力――集合行為の比較社会学』彩流社、二〇〇六年）。
Tilly, C.（2005）*Popular Contention in Great Britain 1758–1834*, Paradigm.
Wacquant, L.（2007）*Urban Outcasts: A Comparative Sociology of Advanced Marginality*, Polity.

URL

①https://www.crisisgroup.org/fr/europe-central-asia/western-europemediterranean/france/france-and-its-muslims-riots-jihadism-and-depoliticisation（二〇一七年一二月一一日閲覧）
②http://atelier.leparisien.fr/sites/longsformats/emeutes-2005-dix-ans-apres/chrono.html（二〇一八年三月五日閲覧）
③http://www.leparisien.fr/politique/comment-votent-les-musulmans-de-france-04-11-2015-5246247.php（二〇一八年三月五日閲覧）
④https://africapostnews.com/2017/06/20/portrait-de-9-deputes-francais-issus-de-limmigration-africaine/（二〇一八年一月二九日閲覧）

Ⅲ

開かれたヨーロッパ・デモクラシーへ

第9章　ヨーロッパ統合の進展と危機の展開

――現代スペイン政治から考える

若林　広

一　危機特定の試み

イギリスのＥＵ離脱（Brexit. 以下ブレグジット）やドイツ、オーストリアにおける移民排斥・極右政党の台頭、また南欧ギリシャ・スペインのシリザやポデモスといった急進左派政党の躍進、そして最近のカタルーニャの独立の動き等、ヨーロッパ諸国は今多くの難題に直面している。これらの国々はすべてＥＵを構成する国々でもあり、よってこれはＥＵが直面する問題でもある。

戦後のヨーロッパ政治は、西ヨーロッパ主要国において政権を担う中道左派・右派政党がヨーロッパ統合を推進し、東西冷戦終焉後もＥＵが東ヨーロッパ諸国を吸収する（加盟）といった求心力の論理で動いてきた。しかし近年の前述の動きには、中道から極端（極右・極左）へ、また統合から離脱や独立といった遠心力の論理が働いている。この遠心力の原動力には、これまでの求心力の政治を担ってきた既存の政治エリートや政党への不信、また住民投票やデモといった大衆を動員し、それに呼応するポピュリズムの多用が挙げられる。このような動きは、現在のヨーロッパ政治が抱える単なる諸問題というより、伝統政治に対する異議申し立て、挑戦と言え、その意味で現代のヨーロッパの伝統的な民主政治は大きな危機にさらされていると言えよう。では、このような危機は、いかなる要因により生じたのであろうか? またなぜ極右・急進左派という両極端の政治勢力が危機の担い手となっているのであろうか?

多発する現在の危機をもってヨーロッパ統合(EU)自体が危機に瀕しているとして、ヨーロッパ統合の行き詰まりを主張する意見は多い。実際、危機を主導する人々のなかにも、反EUやEUの解体を主張する人は少なくなかった。しかしブレグジットの現状が示すように、国家への回帰やEUの瓦解が現在の危機解決の答えでないのは明らかである。また危機の当事者でも、極右勢力は国家への回帰を主張しつつも、急進左派は必ずしもEUからの離脱やEUの解体を主張してはいない。

このような危機的状況は、はたしてヨーロッパ統合の失敗に由来するのであろうか? 本章では逆に、危機の根本にはヨーロッパ統合の進展があると考える。つまりは統合の進展、そしてその不十分さこそが危機の原因と考える。このような問題意識に立ち、本章では最近のスペイン政治における危機の事例を取り上げ、それらの発生の背景を明らかにする。さらにヨーロッパ統合の進展がヨーロッパ社会をいかなる形で変容させ、それがいかに種々の危機の発生につながったかを検討する。最後に危機の克服と統合の方向性について考える。

二　現代スペインの政治危機

現在のスペインは一九七〇年代の民主化後、ある意味で最大の政治危機に遭遇している。地域レベルではカタルーニャ州の独立問題であり、国政においては民主化以来の二大政党制の変容である。

カタルーニャ危機

二〇一七年一〇月一日、カタルーニャ州では独立を問う州民投票が実施された。投票では九〇％以上が賛成票を投じた結果、一〇月一〇日、カルラス・プッチダモン州首相は独立を宣言したが、すぐにその効力を停止しスペイン政府との対話に余地を残した。しかし対話は不調に終わり、カタルーニャ州議会は一〇月二七日、七〇対一〇（五五人が違憲として採決に加わらず）で独立宣言を承認した。スペイン政府は直ちに独立は無効として、カタルーニャの自治権を一時的に停止する。国際社会もおおむねスペイン政府を支持しているが、一方カタルーニャ州では、マリアノ・ラホイ首相の強権的な対応への反発もあり、独立の気運は少しも衰えていない。一二月二一日に行われた州議会選挙では、独立派（JuntsxCat＋ERC＋CUP）は過半数をかろうじて確保したが、一方独立に明確に反対する「市民の党（Ciudadanos: C's）」も第一党に躍進した（**表1**参照）。カタルーニャ社

写真　カタルーニャ政庁（宮島喬撮影）

表1　カタルーニャ州議会選挙結果

	CiU	PSC	ERC	PP	ICV	C's	CUP 6)	その他
1995年11月19日	60	34	13	17	11			
1999年10月17日	56	52	12	12	3			
2003年11月16日	46	42	23	15	9			
2006年11月 1日	48	37	21	14	12	3		
2010年11月28日	62	28	10	18	10	3		4
2012年11月25日	50	20	21	19	13	9	3	
2015年 9月27日	62 1)	16	1)	11	11 2)	25	10	
2017年12月21日	34 3)	17	32 4)	4	8 5)	36	4	

1) JxSí=CiU(CDC)+ERC
2) CatSíqueesPot=ICV+Podemos
3) JuntsxCat
4) ERC-CatSí
5) CatComú-Podem
6) Candidatura d'Unitat Popular
出典：*Historia electoral*(URL ①).
El País(URL ②).

会の二極化は鮮明となり、今後の展望は大いに不透明であると言える。

カタルーニャの自治・分離運動が大きな転機を迎えたのは、二〇〇三年の州議会選挙である。スペイン民主化後のカタルーニャではジョルディ・プジョール率いる分権穏健派・中道右派の「集中と統一(Convergència i Unió; CiU)」が一貫してカタルーニャ政治に君臨してきた。しかし二〇〇三年の選挙ではCiUは大きく議席を減らし、同じく中道右派で分離に反対する全国政党「国民党(Partido Popular; PP)」の議席を加えても、過半数(六八議席)を割りこむ事態となった[1](表1参照)。この機を捉え、中道左派で分権に理解を示す全国政党「スペイン社会労働党(Partido Socialista Obrero Español; PSOE)」のカタルーニャ友党である「カタルーニャ社会党(Partit dels Socialistes de Catalunya; PSC)」は、分離独立派左派政党「カタルーニャ共和左派(Esquerra Republicana de Catalunya;

ERC)」や環境政党「カタルーニャのためのイニシアティブ緑の党(Iniciativa per Catalunya Verds; ICV)」とともに、左派三党連立政権を立ち上げる。[2] ERCは一九三一年三月に結成された明確に独立を志向する唯一の主要政党であるが、常に第三党以下の座に甘んじてきていた。

PSC主導の新政権は、早速自治権の拡大を目指す新自治憲章の起草に取りかかる。二〇〇四年の国政総選挙を前に政権への復帰を目指すPSOE党首のホセ・ルイス・サパテロが新自治憲章への全面支持を表明したことにより、連立政権内の急進派はより強硬な自治権の要求を主張するようになる(Ucelay-Dacal 2015)。同憲章草案は二〇〇五年九月、CiU の賛同も得てカタルーニャ州議会で圧倒的多数で可決される。同憲章案は、その後、憲法に従い国会に提出されるが、総選挙の勝利により政権に就いたPSOEはサパテロの約束にもかかわらず、二〇〇六年五月、カタルーニャを国家(nación)と呼称した前文や公用語としてのカタルーニャ語の優先使用を規定した第六条等に数々の修正を加えてこれを可決する。国会の承認を受けて、カタルーニャでは翌六月、同憲章案を承認する州民投票が実施され、同憲章案は七四%の賛成票を得て成立する。他方、国会で同憲章案に反対したPPは同年七月、同憲章中一一四カ条を違憲として憲法裁判所に提訴する。

二〇一〇年六月二八日、憲法裁判所は四年にわたる審議を経て同憲章への裁定を下す。裁定では、カタルーニャ語の公用語としての優先的地位を示唆した第六条、州と国家の共有権限を定めた第一一一条、州の財政権限を定めた第二一八条等、合計一四カ条を違憲とし、かつ二七の条文については解釈上の修正が加えられた(Lópaz Pérez 2016)。

新自治憲章の制定過程では、中央政府や憲法裁判所に対する不信や連立三党間(特にPSC・ERC

間)の確執を生み、また州内でカタルーニャ民族主義者と反対派の対立を生んだ。C'sの前身である「カタルーニャの市民(Ciutadans de Catalunya)」が、「自由と平等」や「二言語主義」等の原則を掲げて立ち上げられたのも二〇〇五年六月のことである。

そのような状況下、二〇一〇年一一月、カタルーニャでは新たに州議会選挙が実施された。三党連立政権の混迷を受けて、PSC、ERCはともに大きく議席を減らし、代わりに再び議席を大きく増やしたのが分権穏健派のCiUであった(表1参照)。プジョールの後継アルトゥール・マスはPSCの消極的支持を受け、新たに政権を担うが、マスが直ちに直面したのが州の財政問題であった。前年二〇〇九年一〇月の「新民主主義党(Nea Dimokratia)」から「全ギリシャ社会主義運動・ギリシャ社会党(PASOK)」への政権交代により明らかとなったギリシャの財政危機は、二〇一〇年五月のEU、欧州中央銀行(ECB)、IMFによる支援策の発表後、同じユーロを使用する他の南欧諸国にも飛び火するようになる。スペインでも金融機関の不良債権問題、国債価格の下落といった影響が現れるが、これはまた地方の信用金庫の不良債権問題、自治州債価格の下落という形で州財政をも直撃するようになる。マスはカタルーニャ国民党の協力を得て二〇一一—一二年の予算、および財政緊縮法案を成立させるが、財政危機の継続に変わりはなかった。

二〇一一年の国政選挙では、経済危機への対応が遅れたPSOEに代わりPPが勝利し、党首ラホイが首相の座に就いた。ラホイは、自治州の財政救済策の一環として、州に付与していた権限および財源を再び国に集中させ効率化を図る、いわゆる「再中央集権化(re-centralización)」構想を打ち出した。これは分権化に反対するPPの方針にも沿うものであったが(3)、この構想に対する反応は自治州により大きく異なるものであった。多くの自治州は財政負担軽減のメリットを評価して、同構想を受け入れるが、一方、国からの財政支援より国への税収持ち出しが上回る富裕州カタルーニャでは、州の財政権限強化が主張されるようになる（若林二〇一四）。二〇一二年九月二〇日、マスはラホイと会談し、バスク、ナバラ両自治州が歴史的経緯で享受する独自の財政自治権[4]をカタルーニャにも付与するよう要求するが、拒否される。マドリッドの拒絶を受けて、カタルーニャ州民の間には独立志向が高まるようになる（奥野二〇一五）。マスも、議会基盤を強化して中央政府との交渉に臨むため州議会選挙の前倒しの実施を決断する。しかし緊縮策を実行した州政府への批判は強く、CiU は大きく議席を減らし、一方、議席を倍増したERCはPSCを抜き、初めて第二党に躍進する（表1参照）。結果、マスは世論の動向も踏まえ、PSCに代わりERCとの連立を選択する。その後、カタルーニャ政府は州民投票をてこにして独立への道を一気に進むようになる[5]。

このようにカタルーニャの自治権拡大・分離運動は、中道右派・分離穏健派の CiU が州財政危機に対する財政自治権限強化を中央政府に拒否されたことにより、独立志向のERCと連立を組むようになり、現在の状況につながったと言える（Guzmán and Quiroga 2013）。

二大政党制の解体

カタルーニャ独立運動とほぼ並行して、国政でも大きな政治変動が進行していた。二〇一五年一二月二〇日、スペインでは国政総選挙が実施された[6]。それまで政権を交互に担ってきたPP・PSOEの二大政党は下院で大きく議席を減らし、新たに台頭したのが急進左派・分権積極派の「ポデモス

表2　下院議会選挙結果

	PP	PSOE	Podemos	C's	IU	CiU	その他
2011年11月	186	110	—	—	11	16	27
2015年12月	123	90	69	40	2	8(DL)	18
2016年 6月	137	85	(+IU)71	32	ポデモスと連立	8(CDC)	17

出典：*Historia electoral*(URL③).

(Podemos. スペイン語で"We can"の意味)」と中道右派で反分権派のC'sの二つの政党であった(**表2**参照)。議席を減らしたが第一党の座を維持したPPのラホイは引き続き政権担当に意欲を見せるが、ラホイのそれまでの政治手法への反発から連立を組もうとする政党は現れなかった。よって連立工作は第二党PSOEの党首ペドロ・サンチェスの手に移る。サンチェスは第三党ポデモスの再三の連立提案を拒否して、[7]二〇一六年二月二四日、C'sと連立協定を結び、三月初旬[8]首班指名投票に臨む。しかし両党以外のほぼすべての政党が反対に回り、組閣は失敗する。[9]その後の連立工作はいずれも失敗し、憲法に従い二カ月後に国会は解散され、六月二六日に新たに選挙が実施されるようになった。

再選挙の結果は当初選挙結果と大きく変わらなかった。PPは一四議席を増やし、一方PSOEは五議席、またC'sも八議席を失った(表2参照)。議席を減らしたC'sは、これを受けて長期の政権不在の危機打開のためPPとの連立を決断する。PP・C's連立政権のラホイ首班指名投票は八月三一日と九月二日に行われたが、両党以外のほぼすべての政党がここでも再び反対票を投じ、PP主導の組閣も失敗に終わる。スペインの下院選挙ではこれまでPP・PSOEの二大政党が常に合計で八〇%以上の議席を獲得して、選挙後ほぼ二カ月以内に連立政権が発足してきた。しかし今回は再選挙後も政権樹立のめどが立たず、このままでは一二月の再々選挙も不可避となり、政権不在の事態が一年続く可能性も出てきた。

九月二五日、バスクとガリシアで州議会選挙が実施される。ここでもポデモスはそれぞれ一一議席と五議席を新たに獲得するが、一方PSOEはそれぞれ七議席と四議席を失う。このような結果を受けて「八五議席では政権は取れない」として、二八日、アンダルシア州首相スサーナ・ディアスを中心とする執行役員一七名が辞表を提出し、PSOE執行部内におけるサンチェス批判が表面化するようになる。一〇月二日開催のPSOEの全国委員会でサンチェスは自らの方針の承認を求めたが、同方針は否決される。サンチェスは直ちに党首を辞任し、代わりにハビエル・フェルナンデスが暫定党首に選出される。再々総選挙を回避する憲法上の期限となる一〇月二九日、ラホイの首班指名投票が再び実施され、今回はPSOEが棄権に回り、ようやくラホイの少数与党政権が発足することになる。

ほぼ一〇カ月というスペイン政治史上初の長期にわたる連立政権工作の背景には、左派PSOE・ポデモス間の主導権争いとともに、最大の要因として、ポデモスとC'sが、両者で一〇九議席(二〇一五年選挙)という、全議席(三五〇)の三〇%を超える議席を獲得した事実にある。しかも後述のように、両党は政治座標軸上、全く対角線上にあり、両党が同時に連立に参加するのはほぼ不可能であった(若林二〇一六a)。政権は再び二大政党の一つに委ねられたが、今後のスペイン政治の不安定化は明らかである。

ポデモスは二〇一四年五月の欧州議会選挙への参加を目指して、わずかその四カ月前の同年一月に結成された新興政党である。しかし市民運動としての出発はその三年前の二〇一一年にさかのぼることができる。当時スペインでは住宅バブルが崩壊し、若年層の失業率は四一・五％(二〇一〇年。OECDデータ)とヨーロッパ諸国で最悪であった。当時のサパテロ政権は労働法制緩和により雇用の創出を図ろうとしたが、労働側からの反発は大きく、二〇一〇年九月にはすでにストライキが頻発していた。翌年、全国地方選挙を一週間後に控えた五月一五日、全国五〇以上の都市で大規模なデモが実施された。既存の労働組合に加え、反グローバリズムグループのATTACや住宅ローン被害者の会(La PAH)といった市民グループは「Democracia Real Ya(DRY. 今こそ真の民主主義を！)」という動員のためのプラットフォームを設立し、デモでは「No nos representan(我々は代表されていない)」や「No somos mercancía de políticos ni de banqueros(我々は政治家や銀行家の商品ではない)」といったスローガンが叫ばれた。またデモの参加者は「indignados(怒れる者)」と呼ばれた。この大規模動員は、開催日の五月一五日から「15－M(Mayo.「五月」の意)」の名称で記憶されるが、デモ隊の要求に対する既存政党からの反応は鈍かった(池田二〇一四)。そこで三年後の欧州議会選挙を前にして立ち上げられたのがポデモスであった。創設には大学関係者、文化人等約三〇名が名を連ねていたが、中心となったのはマドリッド国立大学で教鞭をとるパブロ・イグレシアスであった。ポデモスは直後の欧州議会選挙で五議席を獲得するが、さらに翌年五月の自治州・地方自治体選挙では、各自治州の地域政党と選挙協力を結び、大きく躍進するようになる(若林二〇一六b)。

イグレシアスは、ポデモスは左右の座標軸ではなく、民主制対独裁制の対峙のなかで捉えるべきであると主張するが、15－Mの市民運動から生まれ、機会の平等や富の分配等の党の主張は、やはり左派政党と規定するべきであろう。事実、欧州議会でポデモスは各国の共産党とともに欧州統一左派という院内会派を形成している。また分権に関しては、地域政党との選挙協力もあり、連邦制による自治権の拡大を目指している。

一方、前述のようにC'sの起源はカタルーニャにある。二〇〇三年の州議会選挙後、カタルーニャで民族主義が前面に押し出されるなか、二〇〇五年六月、元々PSCやICVに近かった大学関係者や知識人により「カタルーニャの市民」が結成された。行き過ぎたカタルーニャ主義に反対する同市民連合は、二〇〇六年六月の州民投票では当然反対の立場を取る。同連合は翌七月第一回党大会を開き、党名を「市民の党C's」と改名し、当時二六歳の若き弁護士アルベール・リベラが党首に選ばれた。C'sは同年一一月のカタルーニャ州議会選挙を戦い、三議席を獲得するが、その後の国政選挙(二〇〇八年)や欧州議会選挙(二〇〇九年)では議席の獲得には至らなかった。しかし二〇一一年の経済危機以降、前述の再中央集権化構想が提示されるなか、国家の一体性を重視し、既存政治の改革を訴えるC'sに注目が集まり、二〇一四年の欧州議会選挙で初めて国政レベルで議席を獲得する。二〇一五年九月のカタルーニャ州議会選挙では議席を二五に伸ばし、その後の下院議会選挙の躍進につながるようになる。

このようにカタルーニャの独立運動、全国二大政党制の変容はともにギリシャ財政危機により深刻化したスペインの経済危機を契機に大きく展開した。では、このような危機はヨーロッパ統合の展開のなかでいかに捉えるべきであるのか、次節にて検討を加える。

三　ヨーロッパの政治危機とヨーロッパ統合の展開

危機の検討と統合の展開

ヨーロッパの経済危機の発端となった二〇〇九年のギリシャの財政危機は、低利の借り入れが可能となるユーロの導入により財政赤字や公的債務基準の逸脱が隠蔽され、それが政権交代により暴露されたところから始まる。その結果、ギリシャは財政支援の代償として緊縮策の受け入れを余儀なくされ、国民の不満が既存政治批判、新興政党シリザへの支持につながった。危機発生前年二〇〇八年のギリシャの公的債務の対GDP比は一一三%であるのに対して、スペインのそれはわずか四〇%であった。スペインの危機はギリシャの財政危機を発端とするヨーロッパ大の金融不安が、すでに住宅バブルの崩壊といった不安定要因を抱えていたスペイン金融業界を直撃し、かつギリシャの財政危機を受けて、南欧各国のユーロ建て国債の価格が下落し、資金調達が困難になったことが大きな原因と言える。このようにギリシャの財政危機がPIIGS（ポルトガル、イタリア、アイルランド、ギリシャ、スペイン）と呼ばれる国々に同時多発的に瞬く間に拡がった要因には、二〇〇二年に本格導入されたユーロの流通が大きく関わっている。

一方オーストリア、ドイツ等の極右政党が排斥を主張する移民には、北アフリカや中東とともに旧東ヨーロッパからの域内移動労働者も含まれていると考えられる。ヨーロッパにおける極右政党の歴史は古い。しかし現在、問題となっている移民排斥極右政党は、一部の例外を除いて一九八〇年代以降に台頭した政党である。そこには、戦後の好況期からの定住移民労働者やグローバリゼーションに付随した一般的な人の流入とともに、ＥＣ／ＥＵで導入された人の自由移動の原則に対する不満が存在すると考えられる。

ユーロの導入は一九八九年六月のマドリッド欧州理事会で了承されたドロール報告に基づき、一九九〇年にその第一段階が開始された。一方、人の自由移動を含む共同市場の創設は、一九八七年発効の単一欧州議定書(Single European Act)が規定していたものである。よって両者はＥＵを創設した一九九二年調印のマーストリヒト条約とは直接は関係ない。しかし一九九九年のユーロ導入の第三段階への移行にはマーストリヒト条約の発効が不可欠であったし、共同市場も一九九二年末に完成した点を考えると、一九九二年のマーストリヒト条約調印前後は、ヨーロッパ統合における一つの大きなターニングポイントであったと言えよう。

一九五二年の欧州石炭鉄鋼共同体の設立により現実化したヨーロッパの統合は、その後の欧州共同体(ＥＣ)の成立という形で順調に展開するが、当初から歳入は関税等に限られており、その財政基盤は非常に弱いものであった。重要政策の一つである共通農業政策の実施に一時期ＥＣ予算のほぼ三分の二が投入されたこともあり、大きな予算上の裏付けを必要とする他の政策の実施は限られていた。よってＥＣは当初から大きな財源を必要としない(共通)規則の制定を中心とする政策(regulatory policy)を推し進めてきた[10](Caporaso et al. 2015)。共通規則の制定は関係者以外にはほぼ直接大きな影響を及ぼすものではなく、大半の域内民には比較的受け入れやすい政策であった。また共通規則の制定は、ＥＣの存在を前面に押し出す必要もなく、その意味でマーストリヒト条約以前のヨーロッパ統合は

「寛容のコンセンサス（permissive consensus）」（Sitter 2002）、ないしは「暗黙の容認（tacit consent）」（Brack and Startin 2015）という形で加盟国民や政党に受け入れられていた。しかしマーストリヒト条約以降、状況は大きく変化する（Bickerton et al. 2015）。まずEUは新条約の制定により政策領域をECに比べ大きく拡大した。また関税以外の歳入も確保され、EUの財政基盤も強化された。さらにマーストリヒト条約批准時の統合に対する反発を教訓として、EUの活動が加盟国民に認識しやすく、身近なものとなるような可視化や民主的コントロールのプロセスが加速化された。

所得再分配政策と国境を越えた社会の分断化

ユーロの導入も人の自由移動もこのような状況下で取り入れられた政策であったが、共通通貨の導入は、参加時に財政赤字の対GDP比等のいわゆる収斂基準（convergence criteria）を満たせば、ギリシャ等のそれまでの弱い通貨国もドイツ等の強い通貨国同様に有利な条件下でユーロの使用が認められるという、一種の再分配政策（redistribution policy）の側面を持っていた。また人の自由移動も、単に国籍を超えた職業選択の自由というより、低賃金国から高賃金国への大量の労働者の移動を想定する、やはり一種の所得再分配政策の側面を持っていた。

マーストリヒト条約以前の共通規制制定中心の政策は、ECが大市場を準備することで経済活動が活発になり、基本的に大半が何らかの受益を得るという、ポジティブサム・ゲームの統合を可能としてきた。当時のECは経済活動には直接介入しないという新自由主義の立場に立っており、よって競争が激化し一部で経済的不利益が発生しても、そこでECが矢面に立つことはなかった。他方、マーストリヒト条約以降のユーロの導入や人の自由移動といった潜在的な所得再分配政策では、それが一定の範囲内で機能していれば論争となる（政治化する）ことはなかった。しかしユーロについては、ギリシャ政府の経済運営の失敗により直接の財政支援が必要となり、このような具体的な国境を越えた所得再分配的支援策が統合の支持に対する論争を引き起こすようになる。また人の自由移動についても、雇用の奪い合いや文化的摩擦の顕在化等により、同様にその所得再分配の側面が政治論争の対象となるようになる。

ヨーロッパ統合、さらにはグローバリゼーションに対するこのような論争は、統合やグローバル化の支持・不支持という形で国境を越えて社会を分断、固定化するようになった（transnational cleavage）(Hooghe and Marks 2018)。これらの政策はまた、可視化された所得の再分配を伴うことにより、政策策定、実施において勝者（winners）と敗者（losers）が明確となり、双方の対立も深まるようになった。

Ｈ・クリジー等（Kriesi et al. 2006）は、Ｓ・リプセットとＳ・ロッカンが提示した社会的亀裂（social cleavages）を経済（階級等）、文化（宗教等）の二つの次元で捉え、一九七〇年代までは国家（国教の維持）対ヨーロッパ統合の対立軸において、両者はほぼ同じ動きをしていたと論じる一方で（図１）、一九九〇年代以降は、移民の流入、グローバル化、ヨーロッパ統合が進むなかで、ヨーロッパ統合に対する支持・不支持の対立軸が固定化・明確化され、経済、文化的亀裂は同対立軸において必ずしも同じ動きをしなくなってきたと主張する（図２）。ここで左上から右下の斜線は政治的な左右の対立軸である。

Ｓ・オチエとＡ・カザニドゥーはさらに、経済危機の債務国である南ヨーロッパ諸国では、統合の不支持と経済的亀裂の相関性が高く、一方債権国である北ヨーロッパ諸国では、統合の不支持は文化的

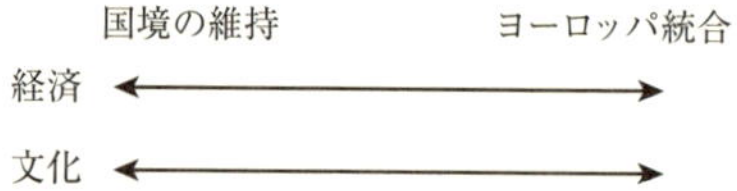

図1　経済・文化次元の社会的亀裂とヨーロッパ統合への支持・不支持(1970年代まで)
出典：筆者作成.

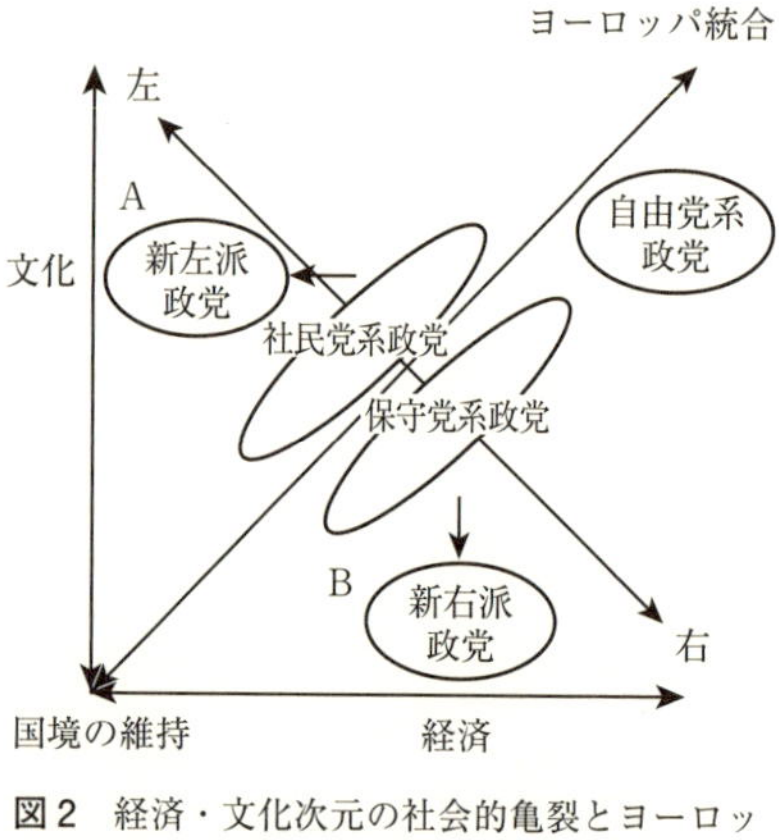

図2　経済・文化次元の社会的亀裂とヨーロッパ統合への支持・不支持(1990年代以降)
出典：Kriesi(2006: 926)図1を一部加筆修正.

亀裂との相関性が高いと報告している(Otje and Katsanidou 2017)。その結果、図2のAとBに明確な社会集団が形成され、新たな政党形成の余地が生じるようになった。既存の政党が、党の立場を一部変更して(re-positioning)この集団を新たな支持層として取り込むのは、それまでの政党の実績や評価、党リーダーの自己規定の硬直性等の要因によりかなり困難であり、代わりにその社会集団内の市民団体等から新たな政党が立ち上げられる場合が多いという(Hooghe and Marks 2018)。結果的に、Aには新たに急進左派政党、Bには極右政党が台頭してきたと考えられる。

危機の克服とヨーロッパ統合の展望

現代のヨーロッパ政治において遠心力の論理が台頭するなか、今後のヨーロッパ統合はこの遠心力を克服できるのであろうか？　Ｔ・リッセは、Ｆ・シャルフを引用して、マーストリヒト以前のＥＣでは政策の成果だけで正統性が与えられる(output-legitimacy)ことが可能であったが、所得再分配政策を伴うマーストリヒト後のＥＵにおいては、共同体意識の共有や活発な政治論議ができる公共空間の存在といったいわゆるデモス(demos)の存在が不可欠であるが、現在のＥＵにはそこまでの社会的文化的前提は存在しないとの考えが一般的であるとしている。しかしリッセは続けてユーロバロメーター(ＥＵ世論調査)のデータを引用して、自身を「加盟国民およびヨーロッパ人」と規定する人の割合は「加盟国民のみ」とする人の割合を、二〇一〇年を除いて常に上回っており、しかもイギリスを例外として債務・債権国の双方にこの傾向があるとしている。また自身をヨーロッパ人と規定する人はＥＵの経済ガバナンス維持のための責任負担を受け入れる用意があるという。このようにヨーロッパ人としての自己認識は共同体意識の共有につながるものである。またＥＵの再分配政策に関する論争や政治化は、それが社会的分断を深刻化するという否定的意見がある一方で、リッセは論争や政治化が国家公共空間ではなくヨーロッパ化された公共空間で行われることにより、結果的にヨーロッパ大のデモスの創出に寄与するものと主張している(Risse 2014)。

今回の危機でも、両政策の論争化、政治化を受けて、人の自由移動では、それを欧州市民権の権利強化(Damay and Mercenier 2016)に結び付ける試みや、またユーロについては、参加国の財政の予備審査(European Semester)や債務の共同管理、銀行の共通管理制度(banking union)の導入といった形でデモスの構築が再度試みられようとしている。

注

(1) すでに一九九九年の州議会選挙において、CiU の退潮は明らかであった。これを受けてプジョールは二〇〇三年の選挙には出馬しない旨を明らかにしていた。

(2) 議席を増やしたERCには、CiU と組んでカタルーニャの分離を推し進めるという選択肢と、PSC等と組む左派連立の選択肢があったが、結局後者が選択された(Sánchez Medero 2011)。

(3) 奥野(二〇一五)によれば、再中央集権化の主目的は財政削減より自治権の縮小であったという。

(4) 通常は国が徴税し州税分が自治州に配分されるが、両自治州では、州が徴税権を持ち、国税分が国に納められる。

(5) CiU の変容後の独立への過程は、紙面の制約上、ここでは詳説できないが、詳しくは奥野(二〇一五)、Rico and Liñeira (2014)、Orriols and Rodon (2016) 等を参照。

(6) PPは六三議席減らし一二三議席に、一方PSOEは九〇議席で二〇議席減に留まったが、前回選挙(二〇一一年)ですでに前々回比で五九議席減と大敗していた。

(7) ポデモスはそれまでの地方選挙で独立志向の地域政党と組んで支持を伸ばしており、サンチェスはその分権志向を嫌ったと思われる。またPSOEの退潮はポデモスの台頭によるものとして、PSOEが左派の主導権を維持するためにもポデモスとの連立は不可能としていたと考えられる。

(8) 指名投票は三月二日と四日の二回行われた。一回目の指名には絶対過半数が必要で、二回目の指名は単純比較多数決で決定される。

(9) サンチェスとしては、ポデモスが同じ左派として賛成票、最悪でも棄権をすると考えていたと思われる。

(10) ビールやチーズに関するEC規則がドイツやフランスで論議となったことが、逸話的に残されている。

参考文献

池田朋洋(二〇一四)「政治/経済危機下のスペインにおける15－M運動の展開とその成果」『上智ヨーロッパ研究』六号、七七―九四頁。

奥野良知(二〇一五)「カタルーニャにおける独立志向の高まりとその要因」『地域研究・国際学編』(愛知県立大学)四七号、一二九―一六六頁。

若林広(二〇一四)「スペインの経済危機と自治州制度」『東海大学教養学部紀要』四四号、一五五―一六八頁。

若林広(二〇一六ａ)「ポデモス・市民の党の台頭とスペイン二大政党制の変容」『海外事情』六四巻一二号、一一〇―一二二頁。

若林広(二〇一六ｂ)「シリザとポデモス――ギリシャ・スペインにおける急進左派政党の台頭」『東海大学教養学部紀要』四六号、九七―一一三頁。

Bickerton, Christopher et al. (2015) "The New Intergovernmentalism: European Integration in the Post-Maastricht Era," *Journal of Common Market Studies*, 53(4): 703–722.

Brack, Nathalie and Nicholas Startin (2015) "Introduction: Euroscepticism, from the Margins to the Mainstream," *International Political Science Review*, 36(3): 239–249.

Caporaso, James et al. (2015) "Still a Regulatory State? The European Union and the Financial Crisis," *Journal of European Public Policy*, 22(7): 889–907.

Damay, Ludivine and Heidi Mercenier (2016) "Free Movement and EU Citizenship: A Virtuous Circle?" *Journal of European Public Policy*, 23(8): 1139–1157.

Guzmán Ramírez, Aura Daniela and Martha Lucía Quiroga Riviere (2013) "La crisis económica y el movimiento independentista catalán," *OASIS*, 18: 55–71

Hooghe, Liesbet and Gary Marks (2018) "Cleavage Theory meets Europe's Crises: Lipset, Rokkan, and the Transnational Cleavage," *Journal of European Public Policy*, 25(1): 109–135.

Kriesi, Hanspeter et al. (2006) "Globalization and the Transformation of the National Political Space: Six European Countries Compared," *European Journal of Political Research*, 45(6): 921–956.

Lópaz Pérez, Ana María (2016) "La financiación de las Comunidades Autónomas y la crisis del estado autonómico. Escenarios de reforma," *Documentos de Trabajo*, 14 (Instituto de Estudios Fiscales): 49–58.

Orriols, Lluis and Toni Rodon (2016) "The 2015 Catalan Election: The Independence Bid at the Polls," *South European Society and Politics*, 21(3): 359–381.

Otjes, Simon and Alexia Katsanidou (2017) "Beyond Kriesiland: EU Integration as a Super Issue after the Eurocrisis," *European Journal of Political Research*, 56(2): 301–319.

Rico, Guillem and Robert Liñeira (2014) "Bringing Secessionism into the Mainstream: The 2012 Regional Election in Catalonia," *South European Society and Politics*, 19(2): 257–280.

Risse, Thomas (2014) "No Demos? Identities and Public Spheres in the Euro Crisis," *Journal of Common Market Studies*, 52(6): 1207–1215.

Sánchez Medero, Gema (2011) "El sistema de partidos en Cataluña(1980–2010)," *Revista de Derecho Electoral*, 12: 1–34.

Sitter, Nick (2002) "Opposing Europe: Euro-scepticism, Opposition and Party Competition," *SEI Working Paper*, 56 (Sussex European Institute): 1–24.

Ucelay-Da Cal, Enric (2015) "Catalonia Dreaming: The Rise of Catalan Mass Secesionism 2010–2015," *Tiempo*

Devorado.Revista de Historia Actual, 2(3): 328–372.

URL

①http://www.historiaelectoral.com/acatalunya.html（二〇一八年二月二五日閲覧。以下閲覧日同じ）

②https://elpais.com/tag/elecciones_catalanas/a

③http://www.historiaelectoral.com/he1970es.html

第10章　信仰の自由とアイデンティティの保持に向かって
――フランスにおける移民系マイノリティとイスラーム学校の開設

浪岡新太郎

一　信仰の自由の尊重と警戒

欧州において個人の信仰の自由や宗教的多元性は、尊重するべき市民の基本的価値として評価されてきた。しかし、イスラームは政教一致や男尊女卑などを基本的価値とし、欧州において同様に基本的価値とされる政治の宗教からの独立性や人権と対立するので警戒するべきだという意見は珍しくない（Amiraux 2012）。現在、欧州にはイスラーム諸国からの移民系マイノリティが約二六〇〇万人定住しており、彼らはその実際とは無関係にムスリム（イスラーム教徒）とみなされることで、その市民としての適性を疑われている。[1] 一方での個人の信仰の尊重と他方での信仰に対する警戒は、どのように結びつけられるのだろうか。フランスで両者の緊張が具体的な形で争われる典型的な場が、「私学助成を受けるための契約化」（以下「私学助成」sous contrat d'association）を前提とする全日制イスラーム初等・中等教育学校（以下「イスラーム学校」）の開設と運営である。私学助成の獲得は、公立学校と同じように、市民としての価値観の養成に寄与する公教育を担うにふさわしいと公認されることを意味する。イスラーム学校は私学助成による公教育課程担当教員人件費の全額と設備費の一部補助を目指す。そして、同時に、イスラームに基づいた教育を提供することで、ムスリムの信仰の保持を目的としている。本章では、私学助成の獲得に成功したイスラーム学校の開設と運営の過程を明らかにすることで、ムスリムの信仰の自由の尊重と警戒とがどのように結びつくのかを考察する。

その際、フランスの事例に注目するのは、欧州の中で絶対数において最多、フランスの人口比率にして八・八%のイスラーム諸国からの移民系マイノリティが定住し、最も早くから激しい形で「イスラームと市民としての基本的価値との対立」(以下「イスラームと共和国の対立性」)が警戒されてきたのがフランスだからである。一九八〇年代から、彼らのムスリムとしての信仰の表現、特に公立学校での女子生徒の宗教的標章(ヒジャブ、ニカブやブルカ)[2]の着用は、「政教分離または国家の非宗教性(ライシテ)」や男女平等など市民として従うべき基本的原則への不服従の表明と理解され、警戒されてきた。ついには二〇〇四年三月一五日に法律(いわゆるスカーフ禁止法)によって公立学校でのヒジャブ、ニカブ、ブルカの着用が禁止される。そして、同じような信仰への警戒から、二〇一〇年一〇月一一日には「公道」でのニカブとブルカの着用も法律(いわゆるブルカ禁止法)によって禁止される。さらに、特に二〇一二年のホームグロウンテロ(ミディ＝ピレネー連続銃撃事件)以降は、イスラーム国(ＩＳ)への欧州出身ムスリムの参加(フランスが最多)を念頭に、イスラームはテロリズムと結びつけられる傾向が強くなり、信仰は治安の観点からも警戒される。

こうしたムスリムの信仰への警戒が強まる状況を背景に、信仰が尊重される場がムスリムによって求められるようになる。フランス本土でイスラーム学校は二〇〇一年から開設されはじめ、現在では約六〇校にもなる。イスラーム学校の増加は、市民を養成すべき公教育の価値が、それと対立するムスリムの信仰によって侵害される過程として警戒されている（*Figaro* 2016. 4. 6）。こうした警戒のためにほとんどのイスラーム学校は私学助成を獲得できていない。二〇一七年現在、二校のイスラーム学校のみが中等教育後期課程（高校）での私学助成の獲得に成功している[3]。警戒のなかでどのように二校のイスラーム学校は開設され、私学助成を獲得し運営を安定させることができたのだろうか。

本章では、まず信仰の自由の尊重と警戒の観点からフランスにおけるイスラーム学校の制度的背景を明らかにする。次に、私学助成の獲得に成功した中等教育後期課程を持つイスラーム学校二校、「アヴェロエス（Averroès）」中等教育学校（中学校・高校）と「アルキンディ（Al-Kindi）」初等・中等教育学校に注目する[4]。アヴェロエスはフランス北部リールの貧困者集住地区に位置し、開設・運営がスムーズであった学校として知られ、イスラーム学校のなかで最多数の約八〇〇名（中学校約三〇〇名、高校約五〇〇名）の生徒を誇る。もう一校のアルキンディはフランス南東部リヨン郊外デシーヌ・シャルピューの貧困者集住地区に位置し、開設・運営に困難を経験した学校として知られており、二番目の約五五〇名（小学校約一三〇名、中学校約二四〇名、高校約一八〇名）の生徒数をもつ。これらの事例から、警戒のなか、ムスリムがどのような信仰の自由を求めてイスラーム学校を開設したのか、そしてその信仰は私学助成の下でどのように教育として具体化されたのかを検討する。その上で、ムスリムの信仰を基本として尊重するイスラーム学校が私学助成の獲得に成功する際の特徴を明らかにする。

二　イスラーム学校開設の要求と制度的背景

欧州全般においてイスラーム諸国からの移民出身者は、早期離学率、失業率や貧困率の高さにおいて、欧州市民平均から「分離した《セグレガシオン》」層となっている。(5) 彼らの多くは低所得者向け住宅が多い地域に集住しており、地理的にも「分離」を経験している。こうした社会経済的、地理的分離に加えて、彼らはその想定されるムスリムとしての信仰ゆえに差別を経験することが多い。また、ムスリムとみなされることで雇用などの日常生活で不利な状況におかれる。そして実際に信仰実践の際には、礼拝所の確保やハラールミール（イスラームに基づいて処理された食品）の確保を始め、多くの困難を抱えている。ただし、ムスリムはイスラーム諸国からの移民出身者だけではないことは忘れてはならない。

欧州においてイスラームを信仰することが他の宗教宗派の信仰よりも共通して困難を抱えることを意味するとしても、その困難に対する政策的対応は各国ごとの歴史を反映しており、相違が大きい。国家と宗教団体との関係は三つに分けることができる（大石一九九六：二三）。第一に、フランスに代表されるような、国家の非宗教性を基本的原則とする関係である。第二に、英国や北欧諸国に代表されるような、国教を持つが、それ以外の宗教団体も公認する関係である。第三に、オランダやドイツなど特定の宗教団体を国家が公認する関係である。こうした三つの関係は、公教育課程におけるイスラームの教育に対する直接的・間接的な公的資金の支出の可否に関わっている（Berglund 2015）。公立学校の中でイスラームが宗教として教えられているのはスペイン、オーストリア、フィンランド、ベルギーなどである。また、英国、デンマーク、スウェーデン、オランダ、フランスなどでは私学助成など公的資金による援助の下でイスラーム学校を開設し、イスラームを教えることが可能である。このようなイスラーム学校の数は、英国で一一校、オランダは欧州最多の四七校、デンマークは一八校、スウェーデンは一六校である。しかしフランスには四校しか存在しない。

そもそもフランスは国家の非宗教性を基本的原則として、特に左派を中心に、公教育における宗教団体の関与を拒絶する傾向が強かった。しかし、こうした傾向は一九五九年一二月三一日のドゥブレ法によって終止符を打つ。この法律は、そのカリキュラムや時間割が公教育の基準にしたがっていること、生徒をその宗教的属性を限定せずに受け入れることなど教育内容や運営方法が公立学校に準じていることを条件に、私立学校が、宗教的原則の学習などの「教育の固有の性格」を保持したまま公教育を担う学校として、国民教育省及び地方自治体などから私学助成を受けることを認めた。

二〇一二年現在、中等教育で生徒の約二〇％が全日制私立学校に通っている。全日制私立学校（初等・中等教育学校）の約九八％が、私学助成を部分的にであれ獲得している学校である（URL①）。この私立学校のほとんどすべてが宗教系であり、カトリック学校が約九〇〇〇校、ユダヤ学校が一一五校、プロテスタント学校が一二校であるという（Ferrara 2016）。フランスのカトリック教徒の数がムスリムの約九倍であることを考えれば（IFOP 2011: 7）、イスラーム学校四校というのはきわめて少ない。ただし、ホームスクーリングや、私学助成を全く受けない私立学校による公教育も認められている。とはいえ、その水準は一般に私学助成を受けた学校に遠く及ばない。つまり、信仰を中心に考えるならば、より国民教育省の規則のゆるい、そうした場で公教育を受けることも可能なのだ。

フランスにおけるイスラーム学校は本土に限れば、最初のものは、二〇〇一年に開設されたパリ郊外のオーベルビリエ市の「ラレユシット(「成功」La Réussite)」中学校(二〇〇五年高校開設)である。次に二〇〇三年九月に開設されたのがアヴェロエス高校(二〇一三年中学開設)である。その後、二〇〇七年三月にはアルキンディ中学校(同年高校開設)が開設された。その後も開設は続いている。ただし初等教育が多い(松井二〇一七)。その背景には中等教育学校開設の初期費用の高さ(一般に四〇万ユーロ=五二〇〇万円)や開設基準の厳しさ、私学助成獲得の困難がある。

イスラーム学校はどのような組織によって開設されているのだろうか。フランスでムスリムとみなされる者たちの出身国は、マグレブ諸国(アルジェリア、チュニジア、モロッコなどアフリカ北西部諸地域)を中心にサブサハラ系諸国やトルコなど多様である。この多様な出身者のイスラーム組織、及び出身地へのこだわりの少ない移民第二世代以降のムスリムが中心となったイスラーム組織が、礼拝所やコーラン学校など、ムスリムとしての信仰の保持のための教育機関を設置している。その規模から代表的なものとして、以下のような団体がある。まず、出身国政府との繋がりが強く、移民第一世代をまとめようとする団体である。アルジェリア政府系のパリモスクや、モロッコ政府系の「フランス・ムスリム全国連合(FNMF)」や、その後継組織である「フランスのムスリムの集合(RMF)」である。次に、出身にこだわらず社会的排除との闘いなどを目的に第二世代以降をまとめようとする「ムスリム青年連合(UJM)」や、その全国組織である「フランス・ムスリム・ネットワーク(CMF)」である。この組織はムスリム同胞団のイデオロギーに影響を受けているが、組織としてはムスリム同胞団に属していない。そして、最大規模であり、頻繁に「イスラームと共和国の対立性」の観点から警戒される組織が「フランス・ムスリム組織連合（ＵＯＩＦ）」である。このＵＯＩＦがイスラーム学校を開設する主たる組織となっている（約八割）。現在まで中等教育後期課程を持つ学校はすべてＵＯＩＦの主要メンバー（代表もしくは副代表）によって開設、運営されている。ＵＯＩＦはチュニジアの反政府イスラーム主義政党出身者を中心に設立され、現在ではモロッコ出身の移民第一世代を中心としながら、出身や世代にこだわらずにムスリムを取り込もうとするムスリム同胞団の組織である。その影響力はフランスにとどまらず、欧州のムスリム同胞団組織全体を統括する「欧州イスラーム連合（ＵＯＩＥ）」（本部ロンドン）の中心的組織となっている。またその予算の少なくない部分が湾岸諸国からの寄付である。

ムスリム同胞団の解釈においては国家と宗教組織の区別は存在せず、生活のすべてはイスラームによって規定される。とはいえ、ＵＯＩＦは、フランスにおいては既存の政治や法制度の枠組みのなかでイスラームを振興しようとしており、宗教的標章を禁じる法律が成立する際にもそれに対する反対運動を組織することはなかった。イスラーム学校の開設もこのＵＯＩＦの「社会民主主義的な」戦略の中に位置付けられる（Amghar 2009）。実際に、ＵＯＩＦは二〇〇〇年代初頭からＮ・サルコジ内務大臣（当時）との関係を深め、国政でのロビイングを行うようになる（Geisser 2006）。ＵＯＩＦの方針はどのように学校の開設、私学助成の獲得のなかで具体化したのだろうか。

三　学校開設の一背景としてのスカーフ禁止

設立団体の結成、建物の購入や当初の運営資金の準備、生徒の確保

私立学校の開設の際には、①設立団体の結成、②建物の購入や当初の運営資金の準備、③生徒の確保、その後、④市長と大学区長への届出が必要になる。アヴェロエスとアルキンディはそれぞれどのように設立団体を形成し、資金や生徒を確保したのだろうか。

両校の設立団体は、ともに「イスラームのスカーフ事件」をきっかけとして設立されている。スカーフ事件とは、一九八九年にパリ郊外クレイユの公立中学校で、三人のマグレブ系女子生徒がヒジャブを着用して授業に出席しようとし、これが公立学校に適用される非宗教性原則違反であると認識され、教員によって登校を禁じられた事件である（浪岡二〇一一）。この事件は「イスラームと共和国の対立性」を象徴するものとしてメディアや政治の場で大きく問題化した。当時の保革共存政権はこの事件に関して最高行政裁判所である国務院に判断を求める。国務院は、国家の非宗教性原則が適用される宗教的標章の着用が禁じられるのは公立学校の教職員であり、生徒ではないことを明らかにした。この判断を受けた国民教育大臣は、生徒の宗教的標章の着用はそれ自体としては禁じられないこと、ただし、それが「誇示的」、「宣教的」である場合には禁じうることを明確にし、着用が問題化した場合には生徒と十分な面談の上で対応するように通達を出した。

したがって、公立学校における生徒のヒジャブ着用が可能ということで問題が決着したように見え

るが、実際には通達後も着用を理由とした教師による生徒の登校の禁止は継続した。もちろん、訴訟も可能であるが、多くの費用と時間、労力を要する。そのようにして生徒がそのまま教育課程から離脱することも多かった。結果的に高等教育に進めない女子生徒の生活のその後の困難はムスリムの注目を集めた。

こうした排除された女子生徒たちの修学を支援する中心となったのがＵＯＩＦであり、問題への対応として、イスラーム学校開設を計画することになる。リールでは、女子生徒一七人が公立高校からヒジャブ着用を理由として登校を禁じられた一九九四年の事件をきっかけに、現在のアヴェロエスの元になる団体が、彼女たちの修学を支援するために結成された。ＵＯＩＦのリールの中心団体である南リールモスクは、彼女たちが中等教育後期課程を修了するまでの数年間、モスク内で学習支援を継続した。この経験を通じて、リールのムスリムたちの間で、公立学校が国務院判断に反して実際にはムスリムの女子生徒を受け入れないのであれば、またそこまでムスリムに対する差別が激しいのであれば、ムスリムがその信仰を自由に表明できる中等教育を担う私立学校を開設し、そこから高等教育へ進む道を確保したいという考えが出てくる。

中等教育機関の開設という考えをさらに緊急性の高いものとし、具体化させたのは、二〇〇四年三月のスカーフ禁止法の成立である。この法律は正式には「公立学校において誇示的な宗教的標章の着用を禁じる法律」であり、ムスリムを特定しているわけではない。しかし、実際には通達で標章の例としてヒジャブを挙げており、ムスリムを実際には特定した法律という点で国家の非宗教性原則を逸脱したと、法律家からも批判された。この法律の成立はムスリムの間で、ムスリムに対する差別が社会だけではなく法律にまで広がっている証左として認識され、ムスリムが差別されない学校の開設が喫緊の課題となったのである。この法律を念頭に、アルキンディを含め、それまでスカーフ問題によって登校を禁じられた女子生徒の修学支援に携わっていたＵＯＩＦメンバーがフランスの各地で次々とイスラーム学校の開設を決断する。

ただし、開設の理由はスカーフ問題だけではない。そもそもムスリムの女子生徒であっても、学業成績が良くかつ金銭的余裕があれば既存のカトリックをはじめとする私立学校に進学して、宗教的標章の着用を含む信仰を実践することは可能である。スカーフ問題とは別に、ムスリムの多くが居住する貧困者集住地区の公立学校は教育水準が低いことで知られており、この地域の子供たちのための進学校の必要性もイスラーム学校開設の理由として頻繁に挙げられた（Al-Kindi 2013; Ferrara 2016）。

むしろ、学校関係者はスカーフ問題への対応のみを理由として挙げることを嫌う。その背景として、親たちが子供のために何よりも差別のない、また、社会的経済的分離から抜け出させることができる学校を望んでおり、「イスラームと共和国の対立性」の観点から警戒されることを望んでいないことがある。この点で、ＵＯＩＦの学校への関与は、対立性の観点から一般に警戒されやすい（Bras 2010）。ただし、それが常に開設の障害になるとは限らない。

アヴェロエスにおいては約二〇万ユーロ（約二六〇〇万円）のＵＯＩＦの支援がムスリムの間での生徒募集や募金活動などの開設準備を後押しした。アヴェロエスの設立団体はＵＯＩＦのモスクであり、生徒募集や募金活動において、そのモスクのメンバーや下部組織を基盤としていた。そしてリールでは、職場を通じたＵＯＩＦのネットワークはすでに地域のムスリムたちに広範に代表性を認められていた。また、地域で活発に活動するイデオローグであるＵＯＩＦのＨ・イクイッセンは、イスラーム学校の開設を評価していた。

これに対して、アルキンディでは、約一五万ユーロ（約一九五〇万円）のＵＯＩＦの支援はムスリムの間で開設に対する警戒を強めることになった（浪岡二〇一七）。設立団体はＵＯＩＦのモスクであるが、生徒募集や募金活動では、主として第二世代以降を対象とするＵＪＭを中心としたネットワークを基盤にしていた。このネットワークは、ＵＯＩＦがスカーフ禁止法に反対するムスリムを批判したことや、新自由主義者といわれるサルコジ内務大臣を支持することを、批判した。また、ＵＪＭの中心的なイデオローグはＴ・ラマダンであり、彼はムスリム同胞団系知識人ではあるものの（Amgahr 2009）、ヒジャブ着用女子生徒を排除する公立学校をこそ変えるべきであり、イスラーム学校を開設することはこうした排除を受け入れることを意味するとして反対であった。そこで、アルキンディでは一方で開設資金など支援を受けながらも、他方でＵＯＩＦからの自律性を強調せざるを得なかった。

市長と大学区長への届出

ＵＯＩＦとの繋がりは、行政手続きにおいても警戒される。開設資金が確保され、生徒募集の見込みがつくと、今度は市長に校舎設備の適合性の確認を求め、また地域の小中高等教育機関を統括する大学区長に開設届けを出すことになる。これは単なる届出であり、申請ではない。そもそも国家の非宗教性を基本的原則とするフランスの行政機関は宗教団体の信仰の適切さを検討することはできない。

アヴェロエスの行政手続きはスムーズだったと言われるが、それでも一部で警戒された(6)。二〇〇二年にアヴェロエスの設立団体が結成され、三一人の生徒受け入れを前提に開設の手続きが始まる。学校は当座の校舎として南リールモスクを予定していたので、「イスラームと共和国の対立性」の観点からは公教育を担う場として適切ではないと一般に批判されていた。しかし、当時の市長、社会党のM・オーブリーは問題なく二〇〇三年五月二一日に校舎設備の適合性を確認する。彼女は労働組合を組織基盤としており、職場を中心にイスラームのネットワークを広げてきた北フランスのUOIFに好意的であった。二〇〇三年五月二一日に市長は適合の報告書を出す。

しかし、開設の届出を受ける大学区長のP・デヌフはこの校舎設備の適合の報告書が大学区に届くことを知っていながら、その前に「大学区審議会(CAEN)」を開くことで、設備の適合性が確認できないことを理由として開設届けを拒否した。モスク内で授業を行うイスラーム学校の開設を妨げるような行為はメディアや政治家など一般に広がる「イスラームと共和国の対立性」の観点に従うものであった。大学区長は国民教育大臣に選ばれて大統領に任命されるので、政権交代によって頻繁に交代する。したがって、実際には政治状況に左右されやすい。そこで、アヴェロエスはサルコジ内務大臣に働きかける。当時、サルコジは「フランス・イスラーム宗教実践評議会(CFCM)」(二〇〇三年四月設立)というフランス初のムスリム代表者会議設立の責任者であったために、CFCMの主要勢力であるUOIFに好意的であり、働きかけを約束する。結果的にCAENの上位の機関である「文教高等会議(CSEN)」での再検討を経て、デヌフの決定は、拒否の時期が適切ではなかったことを理由に取り消される。

開設手続きにおける困難はアルキンディにおいてはより明確に現れる。(7) アルキンディは工場跡地に学校の開設を計画し、二〇〇六年三月に手続きを開始する。市長は社会党のP・クレドスであり、彼はオーブリーに比べて消極的であったが特に開設を妨げることはなかった。大きな障害になったのは大学区長A・モルバンとの関係である（浪岡二〇一七）。彼は、三度にわたって土地の汚染の可能性や校長予定者の適格性の欠如などを理由として開設届けを拒否し、その拒否はCAENに追認された。しかし、実際にはモルバンはメディアに対して拒否の理由を「アルキンディがUOIFの影響下にあること」とし、拒否は共和国をムスリムから守るためであると説明した。アルキンディは拒否のたびに改善し、届出を繰り返した。さらにその決定を不服として訴訟を起こし、UOIFを通じて、当時大統領選への出馬を決定していたサルコジ内務大臣に選挙支援を約束することで介入を依頼する。結局、すべての訴訟でアルキンディは勝利し、CSENはモルバンの決定を再検討し、彼は更迭された。

イスラーム学校開設について、「教育の固有の性格」としての信仰を巡って、尊重と警戒はどのように結びついたのだろうか。まず、イスラーム学校の支持基盤となるイスラーム諸国からの移民系マイノリティのネットワークには庶民層が多く、彼らは子供の社会的上昇を望んでいた。そのために、学費がかかり、そこの卒業生であることを理由に「イスラームと共和国の対立性」と結びつけられ、社会的に周縁化される可能性のあるイスラーム学校の開設に積極的ではなかった。そこで、UOIFは彼らにスカーフ事件に注目させることでムスリムへの差別の激しさに注意を向けさせ、開設の必要性を強調する。次に、行政は一般にUOIFの開設への関与を警戒する傾向があるが、実際の運用ではこの警戒が開設を阻むとは限らない。右派のサルコジは国政で一般的に「イスラームと共和国の対立性」が主張されるなか、UOIFを支援した。リールでは市政で左派のオーブリーが支援した。しかしリヨンでは市政で右派のモルバンと左派デヌフがＵＯＩＦを警戒した。学校運営の段階では、ＵＯＩＦの関与は具体的にどのような「教育の固有の性格」として現れたのだろうか。

四　学校運営をめぐって——困難と戦略

私学助成獲得の過程

一度開設されたイスラーム学校が存続していくためには、安定的に生徒数を確保し、経営の安定化のために私学助成を獲得し、さらに私学助成が一〇〇％獲得できない場合には、その割合を高めるための圧力団体の形成が必要となる。イスラーム学校に通う生徒の大多数は学校が所在する貧困者集住地区か、その周辺地域から進学している。アヴェロエスとアルキンディの場合、生徒の五〇％以上は庶民層出身であり、所得を基準とした地方自治体の奨学金を受けている。ただし、他に約一〇％の富裕層出身者、二〇％の中産階層出身者も存在するという。年間授業料はアヴェロエスが約八〇〇ユーロ（約一〇万四〇〇〇円）、アルキンディが約一四〇〇ユーロ（約一八万二〇〇〇円）であり、他の私立学校とあまり変わらない額となっている。この授業料は世帯収入に応じて変動するとはいえ、公立学校が無償であることを考えれば、庶民層にとっては高額であり、授業料の値上げは困難であった。

また、教員の給与は両校ともに公立学校教員に比べると八割程度で、教員は相対的に低額の給与で働くことを受け入れている。とはいえ、両校ともに授業料収入だけでは必要な収入の五〇％程度しかまかなうことができない。さらに、理科系の教室などの設置にはさらなる設備投資が必要になる。したがって、私学助成がないと学校の運営自体が続かなくなる。

私学助成獲得のためには、五年間の学校運営の実績が求められ、その上で大学区の視学官が当該私立学校が公立学校に準じているかどうかを調査し、報告書を大学区長に提出しなければならない。区長は報告書を参考に私学助成の可否を判断することになる。ただし、私学助成の獲得は権利ではないので、学校が私学助成の対象とならないことについて異議を申し立てることは公式には困難である。それまでの五年間、イスラーム学校は自分たちの資金及び授業料収入で運営を継続し、そしてその間、バカロレア（大学入学資格試験）合格率など一定の教育水準を確保する必要がある。

学校が私学助成を獲得できるかどうかは大学区長の裁量によるので、中立的に判断が行われにくく、一般的なイスラームの否定的なイメージに左右されやすい。ただし、私学助成の決定は、知事の署名を必要とする。アヴェロエスは二〇〇三年に開校したので、五年目になる二〇〇八年九月からの私学助成を目指して二〇〇七年一一月にリール大学区長B・デュブルイユに私学助成を申請した。大学区は直ちに調査を行い、私学助成に関して「適合」の報告を行った。デュブルイユは、当初、私学助成は認めるが予算の都合上、公教育課程の一部のみを助成することを提案した。当時の視学官M・スーサンはアヴェロエスの顧問も務めており、彼はUOIFとともに、UOIFの支持を受け、大統領に就任したばかりのサルコジに大学区長への働きかけを依頼する。結局、サルコジが内務大臣時代の部下であり、当時はリールの位置するノール県の知事（大統領の任命職）を務めていたD・カネパに働きかけ、カネパが、デュブルイユに直接圧力をかけることで、公教育課程全体に対する私学助成を認めさせたという(8)。

写真1　アルキンディの校舎
多くのイスラーム学校は，普通の学校と変わらない外観である．

アルキンディ(**写真1**)の場合はＵＯＩＦからの自立を強調し、さらにアヴェロエスのような視学官との深い関係がなかったので、大学区長の決定に対して受け身にならざるを得なかった(9)。二〇〇七年に開校したアルキンディは二〇一二年九月より公教育課程の三〇%について私学助成を獲得し、助成の割合は二〇一六年九月には七〇%にまで高まっている。私学助成の割合をさらに高めようとアルキンディは大学区長に働きかけを行っているが、大学区長は予算不足を理由として容易には応えない。アルキンディは真の理由は予算不足ではなく、イスラームへの否定的なイメージであると考えており、公教育課程全体に対する私学助成を目指して、行政の望むようなイスラームを意識してその教育内容を決定するようになっている。

イスラーム学校としての「教育の固有の性格」の具体化

それでは、「教育の固有の性格」としての信仰の保持は具体的にどのように実現されているだろうか。両校ともにヒジャブなどの宗教的標章の着用は認められる。また、礼拝所を持ち、礼拝の時間に利用することができる(**写真2**)。さらに、週一回二時間のイスラームの授業が選択科目として存在する。両校ともに、マフムードなどイスラームの歴史的人物が取り上げられるとしても、特定の教義に偏ることなく、様々なイスラームの解釈が引用され、その中で「隣人に親切にする」などの周囲との関係を良好にするメッセージが強調される(Ferrara 2016)。校内の使用言語はフランス語であるが、アラビア語は最も重要な外国語科目として多くの時間が割かれ、ネイティブ教員を配し、短期留学プログラムを用意するなど重視されている。集団礼拝を考慮して金曜日は半日授業となっている。また両校ともに食堂をもち、ハラールミールを提供している。

ただし、こうした「教育の固有の性格」が保障されるとしても、それが実際に生徒や教員に利用されているかどうかは別である。実際、両校ともに教員や生徒全員がムスリムと自己定義しているわけではない[10]。アヴェロエスでは、教員三五名のうち、時期によって異なるが一〇名程度がムスリムではないことを公言している。女子生徒でヒジャブを着用しているのは五〇%程度である。また、アルキンディでは、教員二五人のうち、四名程度がムスリムではないことを公言している。そして、女子生徒でヒジャブを着用しているのは七〇%程度である。しかし、ヒジャブの着用は信仰実践に熱心であることを必ずしも意味しない。アヴェロエス学校長はヒジャブを着用する女子生徒が礼拝を行っていない場合が多いことを指摘し、「彼女た

写真2　アルキンディの校内礼拝所

ちにとってヒジャブの着用は宗教実践と結びつかない」と批判的に語る。アルキンディにおいても、学校長は生徒たちが受験勉強の時間を確保するために礼拝所に行かないことを問題視している。

ただし、そもそも両校ともに信仰を学校教育の最優先基準とはしていない。両校ともにスカーフ問題をきっかけとして開設されたにもかかわらず、公立学校から排除されたムスリムの女子生徒を受け入れるための奨学金の提供や入学基準の緩和などの優遇措置をとることはない。また、顔を覆った状態で指導はできないことを理由にニカブやブルカは着用を禁止されている。イスラームとの関連で問題となりがちな音楽や生物・地学も義務として通常のカリキュラムに沿って行われている(Ferrara 2016)。

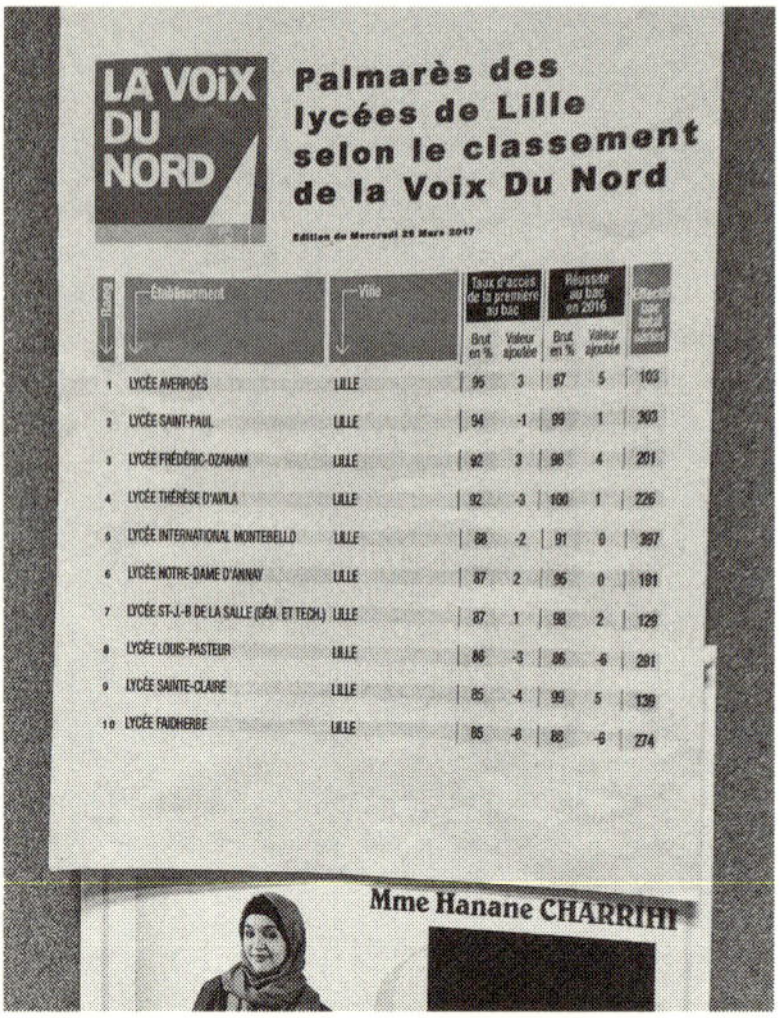

写真3　アヴェロエス校内の掲示板
上の表では，ローカル紙の高校ランキングでアヴェロエスが第1位になったことが示されている．

実際、両校の生徒募集広告においては進学実績を前面に出し、信仰よりも、学業の伸びが期待できる進学校であることが強調されている。特に、信仰を基準としない、教育能力を重視した教員採用や生徒募集における厳しい選抜(アヴェロエスは約三〇%、アルキンディは約一〇%の合格率)、公立学校に比べた場合の少人数教育、外国語教育の重視などがアピールされている。

両校ともに医学部やエリート校への進学が期待される理系バカロレアSを受験する生徒が圧倒的多数（アヴェロエスで約八〇％、アルキンディで約七〇％）で、他に社会科学系バカロレアESを受験する生徒が約一〇％、職業バカロレアBTSを受験する生徒が一〇％程度である。特にアヴェロエスは『パリジャン』紙が二〇一三年に公表した全国高校ランキングで第一位となり、大きく注目された。その後も、アヴェロエスは地方のトップ校の一つとして新聞や教育雑誌で位置付けられている（**写真3**）。また、アルキンディも地域平均を大きく上回る進学実績を上げている。さらに、両校ともに進学校として評価され、ムスリム以外の生徒が自校に入学してくれることを希望すると積極的に発言している（浪岡二〇一七、Ferrara 2017）。そして、こうした進学校としての方向性は、志願者の多さや卒業生からの高い評価という面で生徒やその親に支持されているといえる。

しかし、一般に開かれた進学校を目指しているにもかかわらず、イスラーム学校は何らかの出来事をきっかけに「イスラームと共和国の対立性」の観点から、公教育を担うにふさわしくない、つまり私学助成を受けるべきではない学校として糾弾されることが多い。二〇一五年二月、アヴェロエスは、学校の教育内容がフランスの価値を否定しており、私学助成を受けるに値しないと元教員によって糾弾された。この事件は全国的に取り上げられ、視学官がアヴェロエスの教育内容を調査することになった。結果としては私学助成は維持された。また、アヴェロエスは糾弾者を侮辱罪で訴え、勝訴した。アヴェロエスはすでに一〇〇％助成を受けていることから、私学助成を中止するときには明確な理由が必要となることを念頭に、訴訟によってその根拠がないことを明らかにしようとした。

しかし、私学助成が部分的である場合には、その助成の拡大が大学区長の裁量によることから、学校は大学区長の方針に従順であることを選択する。二〇一七年二月、アルキンディ同窓会がT・ラマダンの兄にあたるムスリム同胞団の知識人H・ラマダンを招待して学校で講演会を計画していたことを理由にアルキンディは糾弾された。H・ラマダンの以前からの「スカーフを身につけない女性は手から手に渡る二ユーロ硬貨のようなものだ」という発言などがメディアで大きく問題化された(*Le Progrès* 2017. 2. 22)。これに反応して、直ちに、アルキンディの責任者は講演会の中止を決定した。助成の拡大を目指す以上、そしてその実現が大学区長の裁量による以上、その意に沿わないような行動はできる限り慎む必要があった(11)。

こうしたムスリムへの中傷やそれによって左右される行政判断を前に、イスラーム学校は集団としてまとまり、開設や私学助成の獲得にあたって、特にイスラーム学校が経験する困難について情報交換を行い、集団として国政レベルでのロビイングを行うことを考えている。国政のロビイングではUOIFは経験と大きな影響力を持っている。実際に二〇一四年三月にはUOIFの下でイスラーム学校をまとめる「イスラーム学校全国組織連盟(FNEM)」が設立された。しかしそのことは学校開設を地域のムスリムの要望ではなく、ムスリム同胞団組織としてのUOIFの戦略により組み込んでいくこと、全国レベルや地方レベル、場合によっては欧州レベルでの「イスラームと共和国(欧州)との対立性」という観点からメディアや行政に認識されやすくなることを意味する。

イスラーム学校運営については、「教育の固有の性格」としての信仰を巡って、尊重と警戒はどのように結びついたのだろうか。実際の教育内容に注目すれば、イスラーム学校ではイスラーム固有の価値の教育や信仰実践は保証されているものの、教員採用や生徒募集、さらにはカリキュラム決定の最優先基準とはなっていない。しかしこうした「教育の固有の性格」の実際の弱さとは無関係に、イスラーム学校は「イスラームと共和国の対立性」の観点から警戒され、他の私立学校と区別された特殊な学校として糾弾されることで、カトリック系私立学校と異なり、私学助成などで差別されやすい。その対抗策としてイスラーム学校は他の私立学校とは異なったロビイングを開始することになる。

五　イスラームへの警戒が強化するイスラーム学校の「教育の固有の性格」

宗教的多元主義の尊重とムスリムへの警戒は、フランスを含め欧州全体に共通する傾向である。そして、欧州最多数のムスリムが定住するフランスの行政は、その宗教的属性にかかわらずあらゆる市民を平等に扱うという国家の非宗教性原則にもかかわらず、実際には特にイスラームを警戒し、差別的な対応を行う。しかしながら、こうした差別的な対応は全国的に一律に行われているわけではなく、イスラーム学校の対応も地域によって大きく異なる。地域のムスリム・ネットワークの強さや指向性、地域で選挙される市長、政権交代に伴い頻繁に交代する大学区長によってその運用は左右される。

とはいえ、イスラーム学校に一律に共通する特徴も存在する。私学助成を前提とする以上、またイスラーム学校に進学する生徒の親の主たる動機がイスラーム教育ではなく学業成績の上昇であることから、「教育の固有の性格」は二次的になる。イスラーム学校は公立学校のカリキュラムをより効率化した教育を提供し、公立学校やその他の私立学校と変わらない進学実績を争い、庶民層出身者には入学の困難な、社会的上昇を目的とする進学校になることを目指すようになる。

その一方で、私学助成を前提とした、イスラーム学校の進学校への指向性は、信仰への警戒、具体的には学校に対する中傷や行政の恣意的判断などの差別によって限界に直面する。差別のために、イスラーム学校はイスラーム諸国からの移民系マイノリティ以外を生徒として想定することが困難である。また、差別に対抗するためにイスラーム学校同士でまとまることになる。つまり、この差別経験がイスラーム学校の「教育の固有の性格」を強化している。差別のために進学校を目指すイスラーム学校は、社会的上昇においてムスリムという特定の宗教的属性によって不利な扱いをする社会と闘わざるを得ない。また、庶民層を前提として学費を設定せざるを得ない。そこで目指されるのは、出身階層や属性にかかわらず個々人が自分の能力を教育によって伸ばし、ふさわしい職業につける、よりデモクラティックな社会である。

注

（1）　移民系マイノリティという言葉で、移民第一世代及び、主として欧州の定住国で社会化された第二世代以降を含んでいる。第二世代以降の多くはすでに定住国の国籍を持っている。彼らの中には非ムスリムもいるし、ムスリムとしての信仰を持つ者でも、実際に礼拝などを実践しているとは限らない。若年層において礼拝を行っている者が三九%、礼拝所に行く者が二三%、断食を行う者は七〇%という調査がある(IFOP 2009)。イスラーム諸国からの移民系マイノリティの定住者数はフランスが一番多く、マグレブ系を中心に五七〇万人、次いでドイツにトルコ系を中心に約五〇〇万人、英国にインド系を中心に約四一〇万人を数える(Pew Research Center 2017)。本章ではムスリムとしての信仰実践(礼拝や断食、喜捨など)の有無にかかわらず、ムスリムと自己定義する者をムスリムと考える。

(2) ヒジャブとはイスラームに従って頭や体を覆うもので、フランスでは一般に「イスラームのスカーフ」と呼ばれる。ニカブやブルカは顔全体を覆うものを指す。

(3) 本章では特にムスリムの中等教育からの排除が、高等教育に進学できない点で大きく問題とされることから、中等教育後期課程において私学助成を獲得している二校に注目する。なお、他に二校が中等教育前期課程(中学校)について近年一部私学助成の獲得に成功している(Ferrara 2016)。本章は二〇一六―一七年に行った二校における参与観察及びインタビューに基づいている。

(4) 前者は一二世紀の欧州に影響を与えたムスリムの哲学者、後者は九世紀のムスリムの哲学者の名。学校名は欧州とイスラームを繋いだ著名知識人の名前や、「成功」など進学校であることをアピールするものが多い。

(5) フランス国立統計経済研究所(INSEE)の調査でも、EU域外生まれの「移民出自の者」のなかで、学業水準にかかわらず二五・八%と失業率が最も高いのはマグレブ系である(INSEE 2012: 186)。学歴については、初等教育以上の学歴を持たない者は移民ではない場合一五%、移民出自の者でもない場合は一三%であるが、マグレブ系移民は三九・四六%、マグレブ系出自の者は一七―二九%が該当する(ibid.: 164–167)。詳しくは浪岡(二〇一五)を参照のこと。

(6) アヴェロエス校長エル・ハッサン・ウフケル、顧問で元視学官ミシェル・スーサン、全国イスラーム学校学校協議会会長兼UOIF副代表マクルフ・マメシュとのアヴェロエス校長室でのインタビューによる。二〇一七年一二月六日。

(7) アルキンディ副責任者シェルギとの彼の弁護士事務所近くのカフェでのインタビュー。二〇一四年一〇月一八日。

(8) 二〇一七年一二月六日、アヴェロエス校長室でのインタビュー。

（9） 二〇一六年二月一八日、アルキンディ校長室での校長とのインタビュー。
（10） 注（9）のインタビュー及び二〇一七年一二月六日、アヴェロエス校長室でのインタビュー。
（11） 二〇一七年三月一七日、パリでの彼の弁護士事務所近くのカフェでのシェルギとのインタビュー。

参考文献

大石眞（一九九六）『憲法と宗教制度』有斐閣。

園山大祐（二〇一二）「私学の役割機能変遷にみる世俗化現象」園山大祐編『学校選択のパラドックス——フランス学区制と教育の公正』勁草書房。

浪岡新太郎（二〇一一）「ムスリム女性であり、フランス市民であること」粟屋利江・松本悠子編『人の移動と文化の交差』明石書店。

浪岡新太郎（二〇一五）「「フランス共和国」におけるムスリムの社会教育と市民参加——リヨン大都市圏におけるムスリム青年連合のネットワーク」中野裕二他編『排外主義を問いなおす——フランスにおける排除・差別・参加』勁草書房。

浪岡新太郎（二〇一七）「フランス共和国における公教育とイスラーム」丸岡高弘・奥山倫明編『宗教と政治のインターフェイス——現代政教関係の諸相』行路社。

松井真之介（二〇一七）「フランスにおけるムスリム学校建設の取り組みとその拡大」『フランス教育学会紀要』二九、四九—六二頁。

Al-Kindi (2013) *Cahier de charge.*

Amghar, Samir (2009) "L'Europe, terre d'influence des Frères musulmans," *Politique étrangères*, 2, pp. 377–388.

Amiraux, Valérie (2012) "État de la littérature L'islam et les musulmans en Europe," *Critique Internationale*

56, 141–157.

Bassiouni, Mustapha Chérif (2008) “La naissance du collège-lycée Al-Kindi à Décines : une réussite conflictuelle,” *L’Année du Maghreb*, IV, CNRS.

Berglund, Jenny (2015) *Publicly Funded Islamic Education in Europe and the United States*, The Brookings Project on U. S. Relations with the Islamic World, Analysis Paper, 21.

Bras, Jean-Philippe, dir. (2010) *L’enseignement de l’Islam dans les écoles coraniques les institutions de formation islamique et les écoles privées*, EHESS.

Ferrara, Carol A. (2016) “Les écoles musulmanes privées sous contrat avec l’Etat,” in: Charles Mercier et Jean-Philippe Warren, dir., *Identités religieuses et cohésion sociale: La France et le Québec à l’école de la diversité*, Le Bord de l’Eau.

Ferrara, Carol A. (2017) “Transmitting faith in the Republic: Muslim Schooling in Modern Plural France,” *Religious Education*, 112(5).

Geisser, Vincent (2006) “L’UOIF, la tension clientéliste d’une grande fédération islamique,” *Confluences Méditerranée*, 57, 83–101.

IFOP (2009) *Enquête sur l’implantation et l’évolution de l’Islam en France*, juillet.

IFOP (2011), *Les Français et la croyance religieuse*, avril.

INSEE (2012) *Immigrés et descendants d’immigrés en France*.

Pew Research Center (2017) *Europe’s Growing Muslim Population*.

Willaime, Jean-Paul (2004) *Europe et Religions: Les enjeux du XXIe siècle*, Fayard.

ＵＲＬ

① http://www.education.gouv.fr/cid251/les-etablissements-d-enseignement-prive.html（二〇一七年六月一二日最終閲覧）

第11章　ヨーロッパのなかのイギリス
――EU離脱と連合王国の行方

木畑洋一

一　二〇一六年国民投票の衝撃

二〇一六年六月二三日に行われた欧州連合(EU)をめぐるイギリス国民投票の結果は、世界中を驚かせた。事前の世論調査の結果では離脱派の優勢も伝えられていたものの、いざ実際の投票になれば残留支持が過半数を占めるであろうという大方の予測がはずれ(本章の筆者もそのような予想をしていた)、離脱支持五二%に対し残留支持四八%でEU離脱(Brexit, 以下ブレグジット)の方向が選ばれたのである。

投票結果で注目されたのは、離脱支持票と残留支持票の分布がいくつかの形でイギリス社会内部の分岐の様相を示したことであった(Clarke et al. 2017: Ch.7)。なかでも目立ったのが地域による違いである。イギリスすなわち連合王国(グレートブリテンおよび北アイルランド連合王国)を形成する四地域のうち、スコットランド(残留支持六二%、離脱支持三八%)と北アイルランド(残留支持五六%、離脱支持四四%)で残留支持票が過半数を占めたのに対し、イングランドとウェールズでは離脱支持がともに約五三％となったのである。イングランドにも残留支持が六〇％に達したロンドンなど、残留票が過半数を占めたところがあったが、四地域のなかで最大の規模をもつイングランドでの離脱票の多さがイギリス全体の趨勢を決める結果となった。

国民投票のこの結果に見られる地域的相違は、単なる地域差にはとどまらず、イギリスという国家の基本的な枠組についての問いをはらんでいる。ブレグジットを推進する人々は、EUからの離脱によってイギリスに国家としての主権を取り戻せると主張してきたが、ブレグジットによって連合王国の形自体が揺らいでいく可能性が存在するのである。人々が帰属する国家の形は、依然として民主主義が機能する場を規定する重要な要素であるが、国民投票はそれをめぐってイギリスが問題を抱えていることを改めて明らかにした。そこで本章では、ヨーロッパ統合との関わりを重視しながら、連合王国を構成する地域の変動を描いてみたい。

二　連合王国の生成からイギリスのEC加盟まで

連合王国の生成と展開

連合王国の形成過程は、一六世紀に始まる。まず一五三六年にウェールズがイングランドと合同したのである。さらに一七〇七年にスコットランドがそれに加わり、ブリテン島を覆うグレートブリテンというまとまりが誕生した。現在の北アイルランドを含むアイルランドが合同し、連合王国の形ができたのは、それから一世紀近く後の一八〇一年のことである。

この連合王国は、各地域間の平等な結合の結果として作られたものではなく、イングランドが他地域に対して優位に立つ力関係のもとで生まれた。それぞれの地域の人々は、イングランドとの合同以前に培われた地域的なアイデンティティを保ちつつ、「中心」としてのイングランドに対する「周縁」として、連合王国を形成したのである。

ただし、イングランドとの関係の仕方は、一様ではなかった。合同からしばらく後にスコットランドで起こった反乱を除いて、ウェールズやスコットランドではイングランドへの強い反抗運動がなかったのと対照的に、イングランドに支配される植民地としての様相が濃かったアイルランドでは、合同の解消すなわち独立をめざす運動が一貫して継続した。その結果、第一次世界大戦後の一九二二年に、アイルランドが南北に分割された上で南部にのみ独立が付与されることになった。北アイルランドは連合王国の一部として残ったが、そこには、南部(アイルランド自由国、後にアイルランド共和国)と合同することを望むナショナリスト(カトリック教徒から成る)とイギリスとの結合継続に固執するユニオニスト(プロテスタントから成る)との間の激しい対立が存在しつづけることになった。

アイルランドと違って、ウェールズやスコットランドで地域ナショナリズムと呼べるものが持続しながらも大きく政治化することがなかった要因として、イギリスが世界にまたがる広大な帝国を築き、これらの地域の人々も帝国支配に与っていたことがあげられる(木畑二〇一二)。地域ナショナリズムは、帝国支配国の国民としての帝国意識の陰に隠れる形となっていたのである。アイルランドもまた帝国支配に関与していたが、植民地としての意識の方が帝国意識を凌駕していたと考えられる。

スコットランドやウェールズにおける地域ナショナリズムの示され方に変化が見えたのは、南部アイルランドが独立するなどイギリス帝国解体の徴候があらわれ始めた第一次世界大戦後であった。これら地域の地域ナショナリズムを体現する政党が出現したのである。ウェールズでは、一九二五年にウェールズ国民党(Plaid Cymru: PC)が結成された。この党は、伝統や文化、とりわけウェールズ語の維持、利用問題を前面に押し出しつつ、「自治領としての地位」を求めた。一方スコットランドでは、二八年に創設された民族スコットランド党(National Party of Scotland)が、今一つの政党と合同して、三四年にスコットランド国民党(Scottish National Party: SNP)が生まれた。民族スコットランド党はイギリスから完全には分離しない形での自治を目標としていたが、SNPとなって以降、独立かイギリスのなかでの権限拡大かの間で議論が分かれた末、四二年頃から独立を志向するようになった。

地域ナショナリズムの浮上とイギリスのEC加盟

地域ナショナリズム政党の影響力は当初きわめて限られていたが、その状況は、イギリス帝国の解体が最終局面に入った一九六〇年代以降、異なる様相を呈し始めた。スコットランドでは、六七年の下院補欠選挙でSNPが初めて議席を獲得し、七〇年の下院選挙では得票率を大きく伸ばした。PCの方も、同じく七〇年の下院選挙で得票率をあげ、政党としての存在感を示したのである。

この時期は、イギリスとヨーロッパ統合の関係が大きく変化した時期とも重なった。一九五〇年代に始まったヨーロッパ統合の過程に、イギリスは当初きわめて消極的な対応をとった。五二年にできた欧州石炭鉄鋼共同体(ECSC)にも、五八年に発足した欧州経済共同体(EEC)にも参加しなかったのである。しかし、帝国解体の加速化が明確になってくるなかで、イギリスの政策に変化が生じ、六一年にイギリス政府はEECへの参加申請に踏み切った。この申請も、六七年に行われた二度目の加盟申請も、フランスのシャルル・ドゴール大統領の反対によって失敗に終わり、イギリスが最終的に欧州共同体（EC：六七年にEECとECSCなどの機構が統合してECとなっていた）に加盟したのは三度目の加盟申請の結果で、七三年のことであった。

広大な帝国の中心としての位置から統合を進めるヨーロッパの一員としての位置へ舵をきるという形での、世界のなかでのイギリスの立ち位置の変化と、地域ナショナリズムを体現する両国民党の政治的影響力の拡大とは、並行して進んだのである。ただし、地域ナショナリズム政党がヨーロッパ統合に積極的であったというわけではない。たとえば六二年のSNPの政策文書は、「同胞としての絆と歴史の影響力の結果として求められるのは、〔コモンウェルスの〕自治領との間の緊密で直接の政治的・経済的関係である」と、帝国構造の延長にあくまでも重点を置いていた（Wellings 2012: 170–171）。

この同じ頃、アイルランドでも大きな変化が生じていた。南北アイルランドの分割後、北アイルランドのナショナリストはユニオニストの支配下に置かれ、さまざまな権利を奪われていたが、その状態の是正をめざす公民権運動が六〇年代に高揚した結果、六九年秋から激しい流血を伴う紛争（北アイルランド紛争）が始まった。イギリス帝国解体の第一段階としてのアイルランド南北分割で残された矛盾が帝国解体の終盤になって噴出してきた、といってよいであろう。一方独立した南アイルランド（アイルランド共和国）は、七三年、イギリスと同時にECの加盟国となった。

イギリスとアイルランド共和国がECに加盟した直後に、ヨーロッパ統合をめぐって各地域の人々がどのような姿勢をとっていたかを、七五年に行われた国民投票に即して検討しておこう。EC加盟後もイギリス国内では加盟反対の声が強かったため、労働党のハロルド・ウィルソン政権は、ECへの残留の是非を問う国民投票を実施したのである。その結果は、興味深いことに二〇一六年の国民投票とは反対の傾向を示している。連合王国全体としては残留賛成が六五％であったが、地域別に見ると、残留賛成率が最も高いのがイングランドで六九％であり、ウェールズが六五％でそれにつづいた。他方、スコットランドの残留賛成率は五八％、北アイルランドは五二％で、いずれも残留賛成が過半数を占めたものの、イングランド、ウェールズに比べて、かなり低い賛成率を示した。この時点では、高揚の傾向を見せてきた地域ナショナリズムは、ヨーロッパ統合への積極姿勢と結びついていたわけでなかったのである。地域ナショナリズム政党について見れば、ＳＮＰもＰＣもＥＣ加盟問題をめぐる内部の見解は統一していなかった。ＳＮＰの場合、ＥＣは連合王国と同じようにスコットランドの利益を損なう存在として否定的に見られており、国民投票に際しては残留反対の陣営に加わった（力久二〇一七：一七〇、Elias 2009: 50）。

三　連合王国の変容

権限移譲とヨーロッパ統合への姿勢

一九七九年、盛り上がってきた地域ナショナリズムにイギリス政府が対応し、労働党のジェームズ・キャラハン内閣のもとで、スコットランド、ウェールズへの権限移譲（devolution）を問う住民投票が両地域で実施された。この時は、投票成立のための条件が満たされなかったため、いずれの地域においても権限移譲は成らなかった。しかし、地域の自立性拡大を求める動きは萎縮することなく持続していった。

本章の視点から注目すべきは、その後、地域ナショナリズム政党がヨーロッパ統合に対する姿勢を積極的なものに変えていったことである。SNPは八八年の党大会で「ヨーロッパのなかの独立」という政策を採択した。SNPはすでにそれ以前からECへの態度を柔軟化し、八三年党大会でスコットランド独立後に実施される国民投票での承認を条件としてECに残留する方針を認めていたが、さらに踏み込んだのである(力久二〇一七：一七二)。PCもまた、八八年党大会でEC支持を初めて表明し、「ヨーロッパのなかでのウェールズの国家としての完全な地位」をめざす方向を明確にした(Elias 2009: 56–57)。

いずれの地域においても、地域としての自立性の拡大、さらには独立への志向と、ヨーロッパ統合を支持する姿勢とが完全に重なり合うようになったわけではなく、その間には、ずれが存在した。イギリスからの独立追求が、イギリスに代わる上位枠組としてのEC／EUにも属したくないという態度につながる場合も多かったのである。とはいえ、SNPやPCがこのような統合ヨーロッパ支持政策を打ち出したことは、単一欧州議定書からマーストリヒト条約へとヨーロッパ統合の動きが新たな段階に入る状況のなかで、地域ナショナリズムに新たな力を与えることになった。

こうした地域ナショナリズムの高揚のもと、九七年、労働党のトニー・ブレアは政権掌握後すぐに、スコットランドとウェールズへの権限移譲をめぐる再度の住民投票を実施した。今回は投票率の条件はつけられず、両地域ともに賛成票が過半数を上回ったため、権限移譲が実現することになった。ただし、賛成の割合は両地域でかなり異なり、スコットランドでは七四％であったのに対し、ウェールズでは五〇％をわずかに上回る率にとどまった。それまでも常に見られてきたことであるが、ウェールズではウェールズ語をめぐる文化面でのナショナリズムは強固であるものの、独立をも視野に入れた政治的ナショナリズムはスコットランドに比べて弱いことが、この結果にあらわされた。

住民投票の結果を受けて、両地域には独自の議会と行政府が誕生した。「準連邦国家」と呼びうる状態に連合王国の国制は変化を遂げたのである（小舘二〇一六：一二五）。

北アイルランド紛争の終息

ちょうど同じ頃、一九九八年には北アイルランドにおいても、きわめて大きな変化が生じた。同年四月に結ばれた「聖金曜日合意（Good Friday Agreement）」（イースター合意ともベルファスト合意ともいう）で、六九年以降つづいてきていた北アイルランド紛争が一応の終結を迎えたのである。北アイルランド紛争をめぐる状況は、八五年のイギリス－アイルランド協定でイギリス政府が紛争終結へのアイルランド共和国の関与を認めたこと、さらに九三年の両国共同宣言（ダウニング街宣言）で、イギリス側がアイルランドの民族自決権を初めて認めたこと（それは南北統一の可能性を意味した）によって次第に変化してきていた。それでも和平への路は遠いと見られていたものの、ここに至って北アイルランドの諸政治勢力の賛同のもと両国間での合意が成り、平和が実現したのである（尹二〇〇九：二五七、南野二〇一七：第一〇章）。この合意によって、北アイルランドにも自治議会と自治政府が作られることになった。

またこの合意の結果、北アイルランドを含むアイルランド全島を国土としていたアイルランド共和国の憲法は修正され、アイルランド島で生まれたすべての者が「アイルランド国民(Irish nation)」を構成すること、ただし統一アイルランドは南北両地域の人々の合意によってのみ達成されることが規定された。

この合意を実現させた要因としては、イギリス、アイルランド共和国両政府の努力や、米国の積極的な介入などさまざまなものがあげられるが、ヨーロッパ統合の進展という点もきわめて重要であった。二〇一一年から一七年までアイルランド共和国首相であったエンダ・ケニーは、EECを作ったローマ協定がなかったならばベルファスト合意もありえなかった、とそれを端的に表現している(Hassan and Gunson, eds. 2017: Ch. 24)。大きな意味をもったのは、統合ヨーロッパの一員としてのアイルランド共和国の経済が一九九〇年代になって急速に発展したことである。経済成長をもたらしたのは、アイルランド政府の企業誘致策に応えた多国籍企業の進出による製造業の伸張であったが、企業側は、ヨーロッパ統一市場が成立するなか(九二年末に統一市場が完成し、マーストリヒト条約によって九三年秋にEUが誕生した)、アイルランドを足場としてEU市場への輸出を目論んだのである(高神二〇〇九)。これによって、貧しかった隣国が「ケルトの虎」と呼ばれる経済強国に変貌する状況を北アイルランドの人々が眼にすることになったことは、紛争に疲れた北アイルランドの和平への動きを大きく後押しした。

この合意については、それによってアイルランド共和国と北アイルランドの境界線が存在しないに等しくなったことにも注目しておく必要がある。イギリスもアイルランドもシェンゲン協定には加盟していないので、本来であれば国境でのチェックは必要なはずであるが、一九二三年以降設定されていた共通旅行圏(Common Travel Area)と呼ばれる仕組みによって、両国間ではもともと人の移動が自由にできることになっていた。紛争期には境界でのパスポート検査が行われていたが、合意成立によってその必要性がなくなったのである。また単一市場のEU加盟国として物資の移動も自由となっていた。

この境界線問題は、ブレグジット国民投票後に大きな争点として浮上することになる。

四　ブレグジット国民投票への道

各地域の政治状況

二〇〇〇年代に入ると、スコットランドや北アイルランドの政治状況に大きな変化が生じた。スコットランドでは、自治議会選挙でSNPが躍進して、二〇〇七年には連立政権に入り、さらに一一年には単独政権を樹立した。そして独立という選択肢が存在することをイギリス政府に認めさせる交渉を行った結果、一二年一〇月にはエディンバラ合意が成立し、独立の如何を問う住民投票を正式に実施することが可能になった。

ただし、スコットランドにおいて独立を望む人々の声が急速に強まったというわけではなく、権限移譲後の世論調査での独立支持の割合は二四%から三五%の間を変動していた(Keating, ed. 2017: 8)。そのためSNP政権はエディンバラ合意後も住民投票実施を急ごうとはせず、独立は必ずしもイギリスからの完全な分離を意味しないと、いわば「柔らかいナショナリズム」とも呼びうる路線を打ち出した（力久二〇一七：一八三）。

独立をめぐる住民投票は、結局一四年九月に実施され、世界の注目を浴びた。投票直前の世論調査では独立賛成が反対を上回るというケースも出てきたものの（『朝日新聞』二〇一四年九月一二日）、投票結果は賛成四五％に対して反対が五五％を占め、独立の方向は斥けられた。この投票は、独立への賛否を問うという二者択一で行われたため、もしも権限移譲の枠組強化・拡大（たとえば、ヨーロッパとの関係や、エネルギー、交通・運輸、社会保障、移民などをめぐる権限移譲）という選択肢があれば、それに最も多くの票が集まったであろうといわれる（Devine 2016: Preface）。その意味で反対票がイギリスのなかでのスコットランドの現状維持を支持したものとは必ずしもいえないことに注意しておく必要があろう。

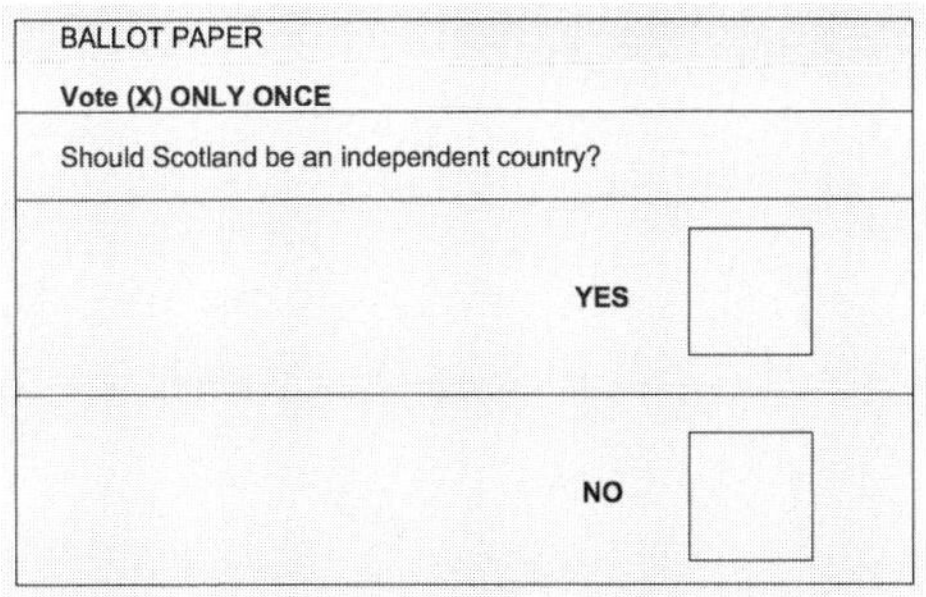
BALLOT PAPER

Vote (X) ONLY ONCE

Should Scotland be an independent country?

YES

NO

図　スコットランド独立を問う住民投票の投票用紙

独立が否定されたとはいえ、この投票は、同じように独立を希求する声の強いヨーロッパの他の地域にも強い影響を与えた。同じ年の一一月にカタルーニャで行われた独立の是非を問う非公式の住民投票がその最もよい例である。この投票には有権者の四割強が参加し、その八割強の人々が、カタルーニャの独立を支持した。

ウェールズでもPCが二〇〇七年に自治議会第一党である労働党との連立政権に入った。ただし、ここではスコットランドのようなめざましい変化は生じなかった。

北アイルランドでは、聖金曜日合意で設置された自治政府と自治議会の機能が、二〇〇二年にいったん停止される状況が生じていたが、それは〇六年に再開され、紛争時には考えられなかった政治的協力関係が実現した。ユニオニストの側でもナショナリストの側でも、穏健派が後退し強硬派の力が伸びたことにより、ユニオニストの民主統一党（DUP）のイアン・ペイズリーが首相の座に、ナショナリストのシン・フェイン（Sinn Fein）党のマーティン・マクギネスが副首相の座についたのである。いずれも、北アイルランド紛争で非妥協的な態度を貫いた人物として知られており、このような権力分有政権が実現したことは、アイルランドの政治風景変容の激しさを示すものとなった。

ヨーロッパ統合への姿勢

このような変容を見せたイギリスの各地域が、ヨーロッパ統合の進展に対していかなる姿勢をとっていたかを次に検討しておこう。

表1は、二〇〇七年における、各地域の人々のEUからの受益感覚を示している。イギリス全体を平均した人々の受益感覚に比べて、これらの地域における受益感覚が高かったことがこれには示されている。とはいえ、受益感覚を否定する人々もかなりの率にのぼった。

スコットランドの場合、二〇一四年の独立をめぐる住民投票に際して、政権党であったSNPはヨーロッパのなかでの独立をめざすキャンペーンを展開したが、投票一カ月前の調査によると、独立賛

表1 EU加盟国であることによる消費者の利益増加(%)

	増加する	増加しない	分らない・無回答
北アイルランド	60	30	10
スコットランド	55	34	11
ロンドン	53	38	9
ウェールズ	53	39	8
イギリス平均	49	41	10

出典：Flash Euro Barometer, Series #203, Attitudes towards the EU in the United Kingdom (URL ①).

表2 EU離脱の結果について(%)

	世界のなかでの影響力低下	経済状況の悪化	失業者の増大	国民医療制度の改善	アイデンティティへの脅威消失*	移民の減少
スコットランド	40	41	34	22	39	50
イングランド・ウェールズ	34	34	27	33	47	55

*イギリス(Britain)に属するという明確なアイデンティティがEU帰属で損なわれる状況がなくなること.
出典：Hassan and Gunson, eds. 2017: Ch. 4, Table 2.

成票を投じようとしていた人々のうち、独立した後にEUに加わるべきであると思っていた人々の割合は五九%であり、二七%の人々はそれに賛成していなかった(Keating, ed. 2017: 118)。独立賛成者のなかでも、上記の受益感覚とほぼ同じ割合でEUへの姿勢が分かれていたのである。

今一つ、イギリスのEU残留をめぐる国民投票が近づいた二〇一六年五月から六月にかけて行われた世論調査の結果を紹介しておこう(**表2**)。

この調査結果には、スコットランドの回答者とイングランド・ウェールズの回答者の間でEU離脱の結果をどう見るかに相当の違いがあったことがよく示されている。ここに見られる意見の違いは、そのまま国民投票の結果に反映されたといってよいであろう。

五　ブレグジット国民投票後の各地域

白書の示す地域特性

イギリスのEU残留・離脱国民投票は、本章の冒頭で示したように、一方におけるイングランドとウェールズ、他方におけるスコットランドと北アイルランドという形で、連合王国内の地域差をはっきりと示す結果となった。その後二〇一七年初めまでの間に、各地域自治政府とイギリス政府は、国民投票の結果を踏まえて、白書の公表などを行った。

その口火を切ったのは、北アイルランド自治政府である。北アイルランド自治政府は、首相である民主統一党のアーリーン・フォスター（前述したペイズリーは二〇〇八年に首相を辞任し一四年に死去した。フォスターは二〇一六年初頭に就任)と副首相であるシン・フェイン党のマクギネスの連名で、イギリス政府のテリーザ・メイ首相宛の書簡を発した。そこでは、イギリスのEU離脱によって北アイルランドがEU加盟国(アイルランド共和国)と国境を接する唯一の地域になることが指摘された上で、その国境が人や財、サービスの移動の妨げにならないようにすることの重要性が何よりも強調された。さらにEUとの貿易関係の維持、EUの労働力へのアクセスの維持が求められた(URL②)。

聖金曜日合意後、まったく意識されなくなっていた国境線に新たに検問所などが作られ、国境線が可視化するという事態になれば、南北アイルランドの間の分断感覚が再び強まり、ひいては北アイルランド紛争の再燃という事態にもつながりかねないとする危機感が、北アイルランド自治政府の姿勢の背後には存在した。国民投票に際して、アイルランド以外でこの問題が議論になることはほとんどなかったといってよいが、それ以降この重要性は大きく浮上することになった。

一六年一二月には、スコットランド自治政府の白書『ヨーロッパにおけるスコットランドの居場所』が発表された。このなかで最も強調されていた点は、ブレグジット後も、EUの単一市場、関税同盟にイギリスが残る必要性である。すなわち最もソフトな離脱の形がよしとされたのである。そして、仮にイギリス政府がその方向を選択しなかった場合にも、スコットランドは独自に欧州自由貿易連合(EFTA)の一員となって、欧州経済領域(EEA：EFTA加盟国がEUに加盟することなくEUの単一市場に参加する仕組み)に加わることをめざす、という姿勢が表明された。またEUとの間での人の自由移動が必要とされるとともに、イギリス国内でのスコットランドへの権限移譲範囲の拡大も求められた(Scottish Government 2016)。

ブレグジット後にイギリスがEFTAやEEAに属する可能性は薄いと考えられていたが、そのような国を構成する一地域が独自にEFTA、EEAに加わることは可能である、と白書は述べていた。実際には具体化が困難な道筋であるこの方策を打ち出したことは、すぐ後で見るように、独立をめぐる再度の住民投票実施案がくすぶりつづけるスコットランドの状況を直截に反映していた。

EUの単一市場や関税同盟への参加、EUからの労働力導入の継続必要性は、PCの見解も取り入れてウェールズ自治政府が一七年一月に出した白書『ウェールズの将来を確かなものに――EUからヨーロッパとの新たな関係への移行』でも、明確に示された(Welsh Government 2017)。ただし、ここでは、イギリス全体がEEAに参加する(必要ならEFTAに加わる)ことでそれを実現することが希望されており、スコットランドのような地域独自の政策選択の可能性は提示されなかった。

一方、イギリス政府は、一七年二月に『EUからの連合王国の離脱とEUとの新たなパートナーシップ』と題する白書を発表した。EUからの移民をコントロールすることを重視し、単一市場や関税同盟を抜けて新たな形でヨーロッパ市場とのつながりや関税手続きの仕組みを作り上げる、とすることの内容は、上述した各地域自治政府の望みとは方向性を大きく異にしていた。また、アイルランド共和国との国境線をめぐっては、人の移動について一〇〇年近い歴史をもつ共通旅行圏の柔軟性を尊重し、物資などの移動について「境界を可能な限りシームレスで摩擦のない形に保つ現実的な解決策」を探るという姿勢が示されたが、「現実的な解決策」の具体像は不明のままであった(HM Government 2017a)。

模索される将来像

EUからの移民制限、単一市場と関税同盟からの離脱というハードなブレグジットの方針を固めたメイ首相は、一七年三月二九日、離脱交渉を正式に始めるための「離脱通知」をEUに対して行い、さらに下院選挙に打って出た。労働党が左派のジェレミー・コービン党首のもとで低迷していると見られる状況のもと、予想外の選挙に打って出ることによって、保守党の議席数を増やし、ハードなEU離脱に向けた交渉を推進する国内基盤を固めようとしたのである。

当初はこの首相の思惑通りになるかとも思われたが、保守党公約の社会保障策に批判が集まり、さらにマンチェスターのコンサート会場で起きた自爆事件が前内相としてテロ対策の責任者であったメイへの信頼低下につながるといった要因が重なった結果、六月八日の選挙で保守党は議席を減らして過半数を割りこんだ。首相の思惑は完全にはずれたのである。またスコットランドでは、SNPが第一党であることに変わりはなかったものの、大幅に議席を減らした。ウェールズでは変化がなかったが、北アイルランドでは、ユニオニスト側でもナショナリスト側でも穏健派が議席を失い、民主統一党とシン・フェイン党のみが議席を獲得した。保守党は過半数を下回ったことによって単独政権を作ることができなくなり、一〇人を当選させた民主統一党の協力をとりつけなければならない状況に追い込まれた。

この間スコットランドでは、一七年三月、自治政府のニコラ・スタージョン首相（SNP党首）が、ブレグジット決定で一四年の住民投票時とは独立をめぐる条件が変わったことから、二度目の住民投票を実施するという方針を打ち出し、自治議会もそれを承認した。しかし、下院選挙での議席減という現実を突きつけられたスタージョンは、六月末、住民投票再実施計画を一時棚上げにし、イギリスのEU離脱条件が具体的に決まってくると思われる一八年秋以降に再検討するという方針を発表した。再度の住民投票は独立推進派にとっても非常に危険な賭けであったため、この棚上げ方針は現実的な選択であった。ブレグジットをめぐるスコットランド自治政府の活動は、独立要求を先送りにするなかで、離脱条件を自地域の権限の維持や拡大に向けていくという形をとることになったが、それにはウェールズ政府も歩調を合わせた。

スコットランド独立を望む勢力を勇気づける出来事が、一七年秋にスペインで起こった。一〇月にカタルーニャで、スペインからの独立の是非を問う住民投票が公式に実施され、投票者(有権者の四三%)の九二%が独立に賛成する結果になったのである。カタルーニャ住民投票の翌日、スタージョンは、スペイン政府が対話をつづけることを望むとしつつ、カタルーニャ独立を支持するきわめて重要な意思表明を眼にした以上、それを簡単に見過ごしてしまうことは決してできないと語った(URL③)。独立という選択肢を含むスコットランドの将来像の模索は、こうしたカタルーニャなど地域ナショナリズムを抱える他の地域の様相にも影響されながら、つづけられている。

スコットランド独立問題がとりあえず後景に退いた一方、ブレグジット問題の前景として登場してきたのが、アイルランドの国境線問題である。すでに見たように、北アイルランド自治政府が何より重視していたのはこの問題であったが、その自治政府でのユニオニストとナショナリストの連立は、エネルギー政策をめぐる対立が原因で一七年一月に瓦解してしまった。そのため三月初めに行われた自治議会選挙はユニオニストの力の後退という結果になり、ブレグジットに向かうイギリスよりもEU加盟国としてのアイルランド共和国との一体化を望む気運が増していることをうかがわせた。興味深いことに、イギリス政府のEU離脱問題担当相デーヴィッド・デイヴィスも、三月末にその内容がリークされた書簡で、もしも北アイルランドが南との統一を選んだ場合には、スコットランドと違い、すでにEUメンバーであるアイルランド共和国の一部としてEUに入ることになると書いていた(URL④)。

アイルランドの国境線問題は、EU離脱にあたってEUに支払う「清算金」の額、イギリスに住むEU市民の権利保護とならんで、ブレグジットの本格交渉に入る前に合意が必要な三点の一つとされ、その重要性が一挙にクローズアップされた。一七年八月半ば、イギリス政府は『北アイルランドとアイルランド』という政策文書を公表し、①聖金曜日合意の継続、②共通旅行圏の維持、③物の移動を妨げる「固い国境線」の回避、④アイルランド島内の南北間およびイギリスとアイルランド共和国間の東西間の協力保持、という四つをめざす姿勢を明らかにした(HM Government 2017b)。この文書でも、「固い国境線」をいかにして回避するかという点が相変らずあいまいなままに残されたため、EU側でもまたアイルランド内部でもイギリス政府の姿勢への不満が募っていった。しかし、単一市場と関税同盟やその規則から完全に離れるハードな離脱と、「固い国境線」の回避とを両立させることはきわめて難しく、一七年一二月になって「清算金」とEU市民の権利についての合意ができた時も、この問題は課題としていったん残された。メイ首相は、「固い国境線」を避けるためにブレグジット後も北アイルランドに特別の地位を与えてEUの規制を残すという方針をEU側に提示したが、それはイギリスの一部としての北アイルランドの位置を損なうものであるとして、メイ政権の存続を左右する北アイルランドの民主統一党が反対し、合意が延期されたのである。そのため、北アイルランド側の合意がない限り北アイルランドとイギリスの他の地域との間に新たな規制の壁は作らないとの修正方針が作られ、一二月八日、ようやく合意が成り立った。これによってブレグジット交渉は次の段階を迎えることになったが、アイルランドでの国境線処理方法の具体的解決は実質的に先送りされたにすぎず、問題は残った形となった。

六　連合王国の行方？

二〇一六年の国民投票でブレグジットの方向が決まることによって、これまでもイギリスという国家のなかにおける自分たちの地域の位置を探ってきた各地域の人々は、以上見てきたように、その検討に改めて取り組むことになった。

イギリス政府は、ブレグジット後のイギリス像について、「グローバルな強国」という点を強調している。たとえば、一七年二月の白書では、「わが国はグローバルな強国としてありつづけ、ヨーロッパのパートナーと協力して共通する挑戦課題に取り組んでいく。（中略）わが国は真にグローバルな連合王国を築き上げることにより、きわめて国際的な連合王国の歴史と文化を尊重していく」と述べられている（HM Government 2017a）。かつてイギリスが世界最大の帝国の支配国として確かに「グローバルな強国」であった時、スコットランドにせよアイルランドにせよ、その支配に参与しつつ、イギリス国家を構成する部分となっていた。しかしそのような時代は遠い過去となり、今イギリス政府が語る「グローバルな強国」は、単なるレトリックという感が強い。統合ヨーロッパの構成メンバーとしてのイギリスという姿のもと、独立の選択をいったん斥けたスコットランドも、悲惨な紛争に終止符を打つことができた北アイルランドも、統合ヨーロッパから離れ、かつ「グローバルな強国」でもありえないこれからのイギリスのなかで、将来像を模索していかなければならないのである。

一七年七月にイギリス上院のＥＵ委員会が出した『ブレグジット――権限移譲』という報告書は、

ブレグジットの決定で連合王国が全体として「根本的な国制上の挑戦」にさらされているとして、権限移譲の範囲を広げる必要性を説いた(House of Lords, European Union Committee 2017)。スコットランドの新聞『スコッツマン』は、この報告書について報道するに際し、「ブレグジット後にスコットランドにより多くの力を、さもなければ「連合王国の将来は危うい」」という見出しを掲げた(URL⑤)。「連合王国の将来は危うい」という表現は、実際にはこの報告書では使われていないが、的を射ている。ブレグジットへ進む道で、連合王国の姿がどのようなものになるか、注視していかなければならない。

参考文献

木畑洋一(二〇一二)「陽の沈まぬ帝国――イギリス帝国論」木畑洋一・南塚信吾・加納格『帝国と帝国主義』有志舎。

小舘尚文(二〇一六)「イギリスにおける連邦的解決をめぐる政治とスコットランド――安定か不均衡な連合の継続か」松尾秀哉他編『連邦制の逆説?――効果的な統治制度か』ナカニシヤ出版。

高神信一(二〇〇九)「一九九〇年代のアイルランド経済の高成長――「ケルトの虎」の実態」法政大学比較経済研究所・後藤浩子編(二〇〇九)。

南野泰義(二〇一七)『北アイルランド政治論――政治的暴力とナショナリズム』有信堂高文社。

法政大学比較経済研究所・後藤浩子編(二〇〇九)『アイルランドの経験――植民・ナショナリズム・国際統合』法政大学出版局。

尹慧瑛(二〇〇九)「排除と包摂のはざまで――北アイルランドという地政学的空間」法政大学比較経済研究

所・後藤浩子編（二〇〇九）。
力久昌幸（二〇一七）『スコットランドの選択——多層ガヴァナンスと政党政治』木鐸社。
Clarke, Harold D., Matthew Goodwin, and Paul Whiteley (2017) *Brexit : Why Britain Voted to Leave the European Union*, Cambridge University Press.
Devine, T. M. (2016) *Independence or Union: Scotland's Past and Scotland's Present*, Penguin Random House UK.
Elias, Anwen (2009) *Minority Nationalist Parties and European Integration: A Comparative Study*, Routledge.
Hassan, Gerry and Russell Gunson, eds. (2017) *Scotland, the UK and Brexit: A Guide to the Future*, Luath Press Ltd.
HM Government (2017a) *The United Kingdom's Exit from and New Partnership with the European Union.*
HM Government (2017b) *Northern Ireland and Ireland: Position Paper.*
House of Lords, European Union Committee (2017) *Brexit: Devolution.*
Keating, Michael, ed. (2017) *Debating Scotland: Issues of Independence and Union in the 2014 Referendum*, Oxford University Press.
Scottish Government (2016) *Scotland's Place in Europe.*
Wellings, Ben (2012) *English Nationalism and Euroscepticism: Losing the Peace*, Peter Lang.
Welsh Government (2017) *Securing Wales' Future: Transition from the European Union to a New Relationship with Europe.*

URL

①http://ec.europa.eu/commfrontoffice/publicopinion/index.cfm/Survey/getSurveyDetail/instruments/FLASH/surveyKy/603/p/5（二〇一七年一二月一〇日閲覧）

②https://www.executiveoffice-ni.gov.uk/sites/default/files/publications/execoffice/Letter%20to%20PM%20from%20FM%20%26%20dFM.pdf（二〇一七年一二月一八日閲覧）

③http://www.bbc.com/news/uk-scotland-scotland-politics-41470446（二〇一七年一二月一八日閲覧）

④https://www.thetimes.co.uk/article/north-could-automatically-join-eu-after-reunification-wnmwv0pmz（二〇一七年一二月一八日閲覧）

⑤https://www.scotsman.com/news/politics/general-election/give-scotland-more-power-after-brexit-or-risk-the-future-of-the-uk-1-4507593（二〇一七年一二月一八日閲覧）

あとがき

小説とも歴史書ともつかないチェコ人作家パトリク・オウジェドニークの『エウロペアナ――二〇世紀史概説』(阿部賢一・篠原琢訳、白水社、二〇一四年)は、第一次世界大戦が欧州の「国民」の戦いであったにもかかわらず、背が高いという理由でセネガル兵が最前線に送り出されたというエピソードから始まる。今日、先進デモクラシーへの期待が寄せられながら、単純に文明、人権、福祉の理想の先進地とは呼べなくなった「ヨーロッパ」をどのように論じることができるのか。本書のテーマを「ヨーロッパ・デモクラシー」としたことは、狭い意味のデモクラシーの定義からすれば逸脱であろうが、デモクラシーの根底にある共存という営みと「その意義および困難さを伝える」(宮島喬)ためのわれわれの決断でもある。

本書を生み出すきっかけとなったのは二〇一六年秋から六回にわたり岩波書店で開催された「ヨーロッパ研究会」であり、社会学、政治学、法学、移民研究、メディア研究といった多分野、英独仏から南欧・北欧・東中欧まで含む多地域の研究者が集まった。この研究会には執筆者のほか大島美穂氏(津田塾大学)が毎回参加され、貴重な知見を賜った。また巻末年表の作成に際しては、池田和希氏(東京外国語大学・院)にとりまとめの作業に当たって頂いた。編集部の藤田紀子氏、大橋久美氏には行き先の見えないヨーロッパの模索を何とかつかまえようとする作業に最初から最後までお付き合い頂いた。ようやく刊行の運びとなり、ヨーロッパから学ぶ苦しみが喜びに変わることを読者とともに味わいたいと願っている。

二〇一八年三月　編者を代表して

小川有美

4月	フランスの大統領選挙第一回投票で，FNのマリーヌ・ルペンが21.3%の得票率を獲得して2位となり，決戦投票に進む
5月	フランスの大統領選挙決選投票で，エマニュエル・マクロンが66.1%の得票率を獲得し，ルペン(33.9%)を破り当選
6月	フランス国民議会選挙で「共和国前進」(マクロン支持)が過半数を制し，社会党は30議席に激減，FNは8議席(全577議席中)／難民受け入れを拒否しているハンガリー，ポーランド，チェコに対し，欧州委員会が欧州司法裁判所に提訴の可能性があることを発表
9月	難民割り当ての撤回を求めたハンガリー，スロヴァキアの訴えを欧州司法裁判所が棄却，難民受け入れ義務を支持／ドイツ連邦議会選挙で「ドイツのための選択肢」が12.6%を獲得し初の議席，CDU/CSUは32.9%，SPDは20.5%の低得票率
10月	カタルーニャ州で独立を問う住民投票，独立賛成90%，反対8%(投票率43%)，中央政府は同投票を違憲として認めず
11月	ポーランド，ワルシャワでの極右デモに6万人が参加
12月	オーストリア，中道右派の国民党と右翼ポピュリストの自由党との連立政権誕生／欧州委員会，ポーランドに対し，法の支配に関する違反について制裁措置を発動するよう，欧州理事会に提案／カタルーニャ州議会，解散後の選挙で再び独立支持派が多数を占める．ただし第一党は反独立派の「市民の党」
2018年 2月	イタリア中部マチェラータで，イタリア人青年によるアフリカ移民を狙った銃撃事件，6人負傷
3月	イタリア下院選挙で，「同盟(旧北部同盟)」およびM5Sが躍進．いずれの勢力も過半数には届かず／ドイツでCDU/CSUとSPDの大連立政権誕生，首相メルケル(前年9月の選挙結果をうけ諸政党との長期間の連立交渉の末)

(年表作成：池田和希)

	官，編集長ら12人殺害／ギリシャ議会選挙，急進左派シリザのチプラス政権誕生
夏	ハンガリーがセルビアとの国境に非合法移民を防止するとして，鉄条網付きのフェンスを建設
9月	バルカンルート経由の難民をドイツが受け入れ(15年に約110万人が入国)／欧州理事会が義務的な難民受け入れ割り当てを多数決で決定
10月	ポーランド下院議会選挙，「法と公正」政権成立
11月	パリ市内および郊外サン・ドニにおいて発砲，爆発による同時多発テロで130人以上死亡，非常事態宣言(17年11月解除)
12月	EUの難民割り当ての撤回を求めてハンガリーが欧州司法裁判所に提訴／スペイン下院選挙．新興二政党(ポデモス，市民の党)躍進(国民党マリアノ・ラホイの新政権成立まで10カ月を要する)
2016年 2月	イギリス首相デーヴィッド・キャメロンが6月にEU残留・離脱を問う国民投票を行うことを下院の演説において発表
3月	EU・トルコ声明でギリシャからトルコへの非正規移民の送還について合意／ブリュッセル空港とマールベーク駅で連続爆破テロ事件，犯人を含む35人死亡
5月	ロンドン市長選挙で，労働党のサディク・カーン(パキスタン系)が当選，西欧主要国の首都で初のイスラーム教徒の市長
6月	ローマ市長・市議会選で新興ポピュリスト政党「五つ星運動(M5S)」のヴィルジニア・ラッジ市長選出，市議会で48議席中29議席獲得／欧州委員会がポーランドの法の支配についての意見を発表，7月に勧告／イギリスの国民投票でEU離脱(51.9%)が残留(48.1%)を上回る
7月	フランス，ニースでトラックによるテロ事件で86人死亡，北部ルーアン近郊の教会襲撃事件で神父殺害．両者ともイスラーム国(IS)が犯行声明
10月	ハンガリーでEUの難民割り当て政策に関する国民投票．低投票率で不成立ながらも，投票者の98%はEUの政策に反対
12月	ベルリンのクリスマス・マーケットでテロ事件
2017年 3月	オランダの下院選挙でヘールト・ウィルデルスの自由党，議席を増やす．第一党は自由民主国民党で，同党は自由党との連立は拒否

2009年 4月	アルバニアとクロアチアがNATO加盟
10月	ギリシャ政権交代で国家財政の粉飾判明，翌年欧州債務危機(ソブリン危機，ユーロ危機)が深刻化
12月	リスボン条約発効(07年12月調印)，発効しなかった欧州憲法条約に代わる改革条約
2010年 4月	ハンガリー議会選挙，フィデス政権成立
5月	イギリスで第二次大戦後初の連立政権(キャメロン保守党・自由民主党政権)
10月	フランスで「ブルカ禁止法」公布
2011年 1月	マリーヌ・ルペンがフランスのFNの党首に就任
7月	ノルウェーで人種優越思想をもつアンネシュ・ブレイヴィクによる労働党青年部サマーキャンプなどの襲撃テロ，77人死亡
10月	金融機関を批判する米国発のオキュパイ運動がヨーロッパ各地でも広がる
2012年 3月	フランス南西部ミディ＝ピレネーで連続銃撃事件，ユダヤ人学校などで7名殺害．アルカイーダ系組織による犯行声明，大統領選挙活動が一時中断
2013年	ヨーロッパ市民の年(EYC)
1月	EU財政協定条約発効(12年3月調印)
7月	クロアチア，EU加盟
2014年 2月	ウクライナで親ロシア派のヴィクトル・ヤヌコーヴィチ大統領退陣．ロシアのクリミア侵攻
3月	EU，法の支配強化枠組みを導入
5月	欧州議会選挙でフランス，イギリス，デンマークでポピュリスト政党が得票し第一党に／ブリュッセルのユダヤ博物館襲撃事件，4人死亡
7月	クリミア併合(3月)に対するEUによる対ロ制裁
9月	スウェーデン議会選挙で右翼ポピュリストのスウェーデン民主党が第三党に躍進，同年12月社会民主党・緑の党政権の予算案否決の事態／スコットランド独立をめぐる住民投票で，賛成44.7%，反対55.3%
2015年頃	シリアをはじめとする中東やアフリカ等から地中海，バルカン半島経由で欧州に流入する難民が激増
2015年 1月	フランスの風刺週刊紙『シャルリ・エブド』編集室が襲撃され警

	のデモ，デモ人数は同国史上最大規模
3月	大量破壊兵器保有の疑いを理由として，米英主導の有志連合によるイラク戦争が開戦
9月	1990年のダブリン条約(庇護申請審査を最初に入国した加盟国に限る)を改定したダブリン規約(ダブリンⅡ)発効．13年7月にはダブリンⅢ発効
2004年 3月	マドリッドで列車爆破事件，191名死亡／エストニア，スロヴァキア，スロヴェニア，ブルガリア，ラトヴィア，リトアニア，ルーマニアがNATO加盟／フランスで「スカーフ禁止法」公布
5月	ポーランド，ハンガリー，チェコ，スロヴァキア，エストニア，ラトヴィア，リトアニア，スロヴェニア，キプロス，マルタの10カ国がEU加盟(東方拡大)．イギリス，アイルランド，スウェーデンの3カ国は経過措置期間をおかず，新規加盟国からの人の移動の自由を認める
10月	欧州憲法条約調印
11月	オランダ，映画作家テオ・ファン・ゴッホ，モロッコ系の青年により刺殺される．反イスラームの世論，運動が広がる／治安対策を加味したEU共通移民政策の新たな行動指針「ハーグ・プログラム」を欧州理事会が採択
2005年5–6月	フランス，オランダの国民投票で欧州憲法条約批准反対が多数となる
7月	ロンドンで地下鉄・バス爆破事件，犯人を含む56人死亡
9月	デンマークのユランス・ポステン紙が預言者ムハンマドの風刺画を掲載，内外のイスラーム社会に反発が広がる
10–11月	パリ郊外の移民集住地域で若者による暴動，フランス全土に拡大．非常事態宣言(06年1月解除)
11月	ドイツでキリスト教民主同盟/キリスト教社会同盟(CDU/CSU)とSPDの大連立によるメルケル政権発足
2007年 1月	ルーマニア，ブルガリアがEU加盟，この年ルーマニアからイタリア，スペインにそれぞれ約27万人，20万人が入国
5月	スコットランド議会選挙でスコットランド国民党が初の第一党，単独で少数政権を発足させる(11年5月に単独過半数獲得)
2008年 9月	リーマン・ブラザーズ・ホールディングスが経営破綻，世界的金融危機に拡大

3月	チェコ，ハンガリー，ポーランドが北大西洋条約機構(NATO)加盟
3-6月	NATOによるユーゴスラヴィア各地の空爆．前年よりユーゴスラヴィア軍とコソヴォ独立を求める勢力との武力紛争で多数の死傷者．99年6月紛争終結
5月	アムステルダム条約発効(調印は97年10月)．これにより，庇護・移民に関する政策の策定がEUの権限に加わる／スコットランドに地域議会の設置，広範な一次立法権がウェストミンスター議会(国会)から移譲される
10月	欧州理事会がEU共通移民政策に向けた行動指針である「タンペレ・プログラム」を採択
2000年 1月	ドイツ，新国籍法発効．一定条件下で出生地主義の導入
2月	オーストリアでイェルク・ハイダーの率いる自由党が国民党との連立で政権入り，EUによるオーストリア制裁につながる
6月	欧州理事会が「人種的平等指令」を制定
12月	EU基本権憲章公布
2001年 5月	イギリス，イングランド北部のオールダム(南アジア系ムスリムが多く居住する地区)で暴動．これ以降，夏にかけて同様の暴動がバーンリー，ブラッドフォードなどで相次ぐ
9月	アメリカ同時多発テロ．世界貿易センター，国防総省が攻撃され3000人以上の犠牲者．これに対し，アメリカが中心となり「対テロ戦争」を開始，アフガニスタンのターリバーン政権に軍事攻撃を行う(10月)
11月	デンマークで右翼ポピュリスト政党デンマーク国民党が自由党・保守党に閣外協力する右派連立政権発足，同政権下で庇護・移民関連法制の厳格化
2002年 1月	ユーロ現金紙幣・硬貨の流通開始
4月	フランス大統領選挙で国民戦線(FN)のジャン＝マリ・ルペン候補，決選投票に進出
5月	オランダ下院選挙でポピュリストの新党フォルタイン・リスト，第二党に．選挙直前に党首ピム・フォルタイン暗殺
2003年 2月	ニース条約発効(01年2月調印)，EU拡大に備えた機構改革．01年6月アイルランドの国民投票で批准が否決されるが，翌年再国民投票で批准／ロンドンで対イラク開戦に反対する100万人規模

関連年表

1992年 2月	欧州連合条約(マーストリヒト条約)調印，欧州共同体(EC)から欧州連合(EU)となることに
6月	デンマークの国民投票でマーストリヒト条約批准反対が多数を占め，欧州統合の「民主主義の赤字」論議が広がる．翌年5月，再国民投票で批准
8月	旧東独のロストックで難民収容施設がネオナチ勢力により焼き討ちを受ける
1993年 1月	EC12カ国で単一市場始動／チェコとスロヴァキアが連邦解消，それぞれ独立国となる
6月	EU新規加盟の政治・経済・法の基準を定めた「コペンハーゲン基準」が採択される
11月	マーストリヒト条約発効によりEU発足
1994年 3月	イタリア総選挙，「タンジェントーポリ」の汚職摘発によりキリスト教民主党の長期政権が倒れ，ベルルスコーニ政権誕生
1995年 1月	オーストリア，スウェーデン，フィンランドがEU加盟
3月	シェンゲン協定施行(ドイツ，フランス，ベネルクス三国，ポルトガル，スペイン間で国境検査撤廃)
7月	パリで地下鉄爆破事件，8人死亡
1997年 5月	イギリスで労働党政権が誕生，首相トニー・ブレア
9月	スコットランド，ウェールズの住民投票でそれぞれ権限が移譲された地域議会と行政府の設置が承認される．特にスコットランド議会は広範な立法権を有するものとなった(99年5月設置)
1998年 4月	北アイルランドで「聖金曜日合意」調印，プロテスタント・カトリック住民の間の長年の紛争は終息に向かう．両者の権限分有を制度的に担保する北アイルランド議会・行政府が設置される(6月)
10月	ドイツで社会民主党(SPD)と緑の党の連立によるシュレーダー政権発足
1999年 1月	EU11加盟国で共通通貨ユーロを決済通貨として導入

【執筆者】

宮島　喬［序章］

大西楠テア（おおにし　なみてあ）
1982年生．専修大学法学部．ドイツ法．『グローバル化と公法・私法関係の再編』（共著，弘文堂，2015年），「「帝国監督」と公法学における利益法学」（『法学協会雑誌』131巻3号・132巻1号・133巻3号，2014-16年）［第1章］

若松邦弘（わかまつ　くにひろ）
1966年生．東京外国語大学大学院総合国際学研究院．イギリス政治，西欧政治．『人の国際移動とEU』（共著，法律文化社，2016年），「支持の地域的拡大と多様化」（『国際関係論叢』4巻2号，2015年）［第2章］

中野裕二（なかの　ゆうじ）
1963年生．駒澤大学法学部．政治社会学．『フランス国家とマイノリティ』（国際書院，1996年），『排外主義を問いなおす』（共編著，勁草書房，2015年）［第3章］

中田瑞穂（なかだ　みずほ）
1968年生．明治学院大学国際学部．東中欧比較政治，政治史．『農民と労働者の民主主義』（名古屋大学出版会，2012年），「ヨーロッパにおける政党と政党競合構造の変容」（『政党政治とデモクラシーの現在』日本比較政治学会年報17号，ミネルヴァ書房，2015年）［第4章］

森井裕一（もりい　ゆういち）
1965年生．東京大学大学院総合文化研究科．EU研究，国際政治学．『ドイツの歴史を知るための50章』（編著，明石書店，2016年），『現代ドイツの外交と政治』（信山社，2008年）［第5章］

小川有美［第6章］

浜井祐三子（はまい　ゆみこ）
1970年生．北海道大学大学院メディア・コミュニケーション研究院．イギリス現代史，地域研究．『イギリスにおけるマイノリティの表象』（三元社，2004年），『コモンウェルスとは何か』（共著，ミネルヴァ書房，2014年）［第7章］

森　千香子（もり　ちかこ）
1972年生．一橋大学大学院社会学研究科．国際社会学，都市社会学，レイシズム研究．『排除と抵抗の郊外』（東京大学出版会，2016年），『国境政策のパラドクス』（共編著，勁草書房，2014年）［第8章］

若林　広（わかばやし　ひろむ）
1951年生．東海大学名誉教授．国際政治経済学，ヨーロッパ研究．『帝国の遺産と現代国際関係』（共著，勁草書房，2017年），『グローバル化と文化の境界』（共著，昭和堂，2015年）［第9章］

浪岡新太郎（なみおか　しんたろう）
1971年生．明治学院大学国際学部．政治社会学．『宗教と政治のインターフェイス』（共著，行路社，2017年），『排外主義を問いなおす』（共著，勁草書房，2015年）［第10章］

木畑洋一［第11章］

【編者】

宮島 喬

1940 年生．お茶の水女子大学名誉教授．社会学．『フランスを問う――国民，市民，移民』(人文書院，2017 年)，『現代ヨーロッパと移民問題の原点――1970，80 年代，開かれたシティズンシップの生成と試練』(明石書店，2016 年)ほか．

木畑洋一

1946 年生．東京大学・成城大学名誉教授．国際関係史．『イギリス帝国と帝国主義――比較と関係の視座』(有志舎，2008 年)，『二〇世紀の歴史』(岩波新書，2014 年)ほか．

小川有美

1964 年生．立教大学法学部教授．ヨーロッパ政治論，北欧政治論．『ポスト代表制の比較政治――熟議と参加のデモクラシー』(編著，早稲田大学出版部，2007 年)，『市民社会民主主義への挑戦――ポスト「第三の道」のヨーロッパ政治』(日本経済評論社，2005 年)ほか．

ヨーロッパ・デモクラシー 危機と転換

2018 年 4 月 19 日　第 1 刷発行

編　者　宮《みや》島《じま》 喬《たかし》　木《き》畑《ばた》洋《よう》一《いち》　小《お》川《がわ》有《あり》美《よし》

発行者　岡本 厚

発行所　株式会社 岩波書店
〒 101-8002 東京都千代田区一ツ橋 2-5-5
電話案内 03-5210-4000
http://www.iwanami.co.jp/

印刷・理想社　カバー・半七印刷　製本・牧製本

ISBN 978-4-00-025471-7　　Printed in Japan

欧州統合は行きすぎたのか（上）
―〈失敗〉とその原因―
G・マヨーネ
庄司克宏監訳
四六判二八八頁
本体三二〇〇円

欧州統合は行きすぎたのか（下）
―国民国家との共生の条件―
G・マヨーネ
庄司克宏監訳
四六判二四八頁
本体三二〇〇円

統合の終焉 EUの実像と論理
遠藤乾
四六判五〇八頁
本体四〇〇〇円

ポピュリズムとは何か
ヤン=ヴェルナー・ミュラー
板橋拓己訳
四六判一七六頁
本体一八〇〇円

保守の比較政治学
―欧州・日本の保守政党とポピュリズム―
水島治郎編
A5判二六四頁
本体四八〇〇円

―――岩波書店刊―――
定価は表示価格に消費税が加算されます
2018年4月現在